Uwe Konrad
Martina Konrad

MIT DEM WOHNMOBIL DURCH DEN SCHWARZWALD

mit Oberrhein, Kaiserstuhl und Bodensee

Die Anleitung für einen Erlebnisurlaub

womo®
DER WOHNMOBIL-VERLAG
D-98634 Mittelsdorf/Rhön

Bibliografische Information der Deutschen Bibliothek

Die Deutsche Bibliothek verzeichnet diese Publikation in der Deutschen Nationalbibliografie.
Detaillierte bibliografische Daten sind im Internet über <http://dnb.ddb.de> abrufbar.

Titelbild:
Fallershof (Unterfallengrundhof) bei Furtwangen

3. Auflage 2013

Druck:
www.schreckhase.de

Vertrieb:
GeoCenter ILH, 70565 Stuttgart

Herausgeber:
WOMO-Verlag, 98634 Mittelsdorf/Rhön
Position: N 50° 36' 38.2" E 10° 07' 55.6"

Fon: 0049(0)36946-20691
Fax: 0049(0)36946-20692
eMail: verlag@womo.de
Internet: www.womo.de

Autoren-eMail: Konrad@womo.de

ISBN 978-3-86903-163-7

EINLADUNG

Dunkle Wälder, duftende Grasmatten, wilde Schluchten, Kirschwasser, Speck und Kuckucksuhren sind die Markenzeichen einer Region, in der für viele die Welt noch in Ordnung ist. Ist das aber auch wirklich noch so?
Diese Frage ist klar mit einem jein zu beantworten und hängt davon ab, ob Sie bereit sind, aus dem Strom der Touristenmassen auszuscheren.
Ja? Dann begleiten Sie uns doch einfach durch "unseren" Schwarzwald und lassen sich von einer faszinierenden Landschaft, gespickt von kulturellen und kulinarischen Höhepunkten verzaubern. Genau diese Mischung ist es, auf die wir in diesem Büchlein Wert gelegt haben.
Hier haben Sie die Qual der Wahl, ob Sie einen Schwarzwaldgipfel erstürmen, einen entspannten Badetag einlegen, sich der im Übermaß vorhandenen Kultur widmen oder einfach nur über die schönsten Sträßlein rollen möchten, die der Schwarzwald zu bieten hat.
Selbstverständlich haben auch wir die vielen bekannten Ziele, sowohl im Schwarzwald als auch am Bodensee, nicht ausgelassen, haben diese jedoch durch viele weniger populäre - aber nicht minder interessante - ergänzt.
Also, warum in die Ferne schweifen, wenn das Gute so nahe liegt?
Egal, ob Wochenendtripp oder Jahresurlaub, der Schwarzwald sowie der Bodensee sind immer eine Reise wert. Dabei sollten Sie nicht versuchen alle Touren in zwei Wochen abzufahren. Lassen Sie sich Zeit, erhohlen Sie sich gut und wenn es Ihnen gefallen hat, dann kommen Sie einfach wieder.
Hier freut man sich auf Sie und heißt Sie jederzeit willkommen.

Ihre Autoren

Sehr geehrter Leser, lieber WOMO-Freund!

Reiseführer sind für einen gelungenen Urlaub unverzichtbar – das beweisen Sie mit dem Kauf dieses Buches. Aber aktuelle Informationen altern schnell, und ein veralteter Reiseführer macht wenig Freude.
Sie können helfen, Aktualität und Qualität dieses Buches zu verbessern, indem Sie uns nach Ihrer Reise mitteilen, welchen unserer Empfehlungen Sie gefolgt sind (freie Stellplätze, Campingplätze, Wanderungen, Gaststätten usw.) und uns darüber berichten (auch wenn sich gegenüber unseren Beschreibungen nichts geändert hat).
Bitte füllen Sie schon während Ihrer Reise das Info-Blatt am Buchende aus und senden Sie es uns sofort nach Ihrer Rückkehr zu (per Brief, Fax oder formlos als eMail). Dafür gewähren wir Ihnen bei Ihren nächsten Buchbestellungen direkt beim Verlag ein Info-Honorar von 10%.
Bitte schreiben Sie evtl. Korrekturen auch in unser Forum unter: www.forum.womoverlag.de

Um die freien Übernachtungs- und Campingplätze auf einen Blick erfassen zu können, haben wir diese im Text in einem Kasten nochmals farbig hervorgehoben und, wie auf den Karten, fortlaufend durchnummeriert. Wir nennen dabei wichtige Ausstattungsmerkmale und geben Ihnen eine kurze Zufahrtsbeschreibung. "Max. WOMOs" soll dabei andeuten, wie viele WOMOs dieser Platz maximal verträgt und nicht, wie viele auf ihn passen würden (schließlich gibt es auch Einwohner und andere Urlauber)!
Übernachtungsplätze mit **B**ademöglichkeit sind mit hellblauer Farbe unterlegt. **W**anderparkplätze sind grün gekennzeichnet. **P**icknickplätze erkennen sie an der violetten Farbe. Auf Schlafplätzen, denen die gerade genannten Merkmale fehlen – also auf einfache **S**tellplätze – weist die Farbe Gelb hin.
Empfehlenswerte **C**ampingplätze haben olivgrüne Kästchen.
Wanderungen, die wir Ihnen besonders ans Herz legen möchten, haben wir hellgrün unterlegt.

Und hier kommt das Kleingedruckte:
Jede Tour und jeder Stellplatz sind von uns meist mehrfach überprüft worden, wir können jedoch inhaltliche Fehler nie ganz ausschließen. Bitte achten Sie selbst auf Hochwasser, Brandgefahr, Steinschlag und Erdrutsch!
Verlag und Autoren übernehmen keine Verantwortung für die Legalität der veröffentlichten Stellplätze und aller anderen Angaben. Unsere Haftung ist, soweit ein Schaden nicht an Leben, Körper oder Gesundheit eingetreten ist, ausgeschlossen, es sei denn, unsere Verantwortung beruht auf Vorsatz oder grober Fahrlässigkeit.

INHALTSVERZEICHNIS

Zeichenerklärungen für die Tourenkarten

Touren / abseits der Touren

- Autobahn
- 4-spurige Straße
- Hauptstraße
- Nebenstraße
- Schotterstraße
- Wanderweg
- S W P B — WOMO-Stellplatz, Wander-, Picknick-, Badeplatz (nicht für freie Übernachtungen)
- 11 12 13 14 — WOMO-Stellplatz, Wander-, Picknick-, Badeplatz (geeignet für freie Übernachtungen)

Alle übernachtungsgeeigneten Plätze sind im Text und auf den Tourenkarten fortlaufend durchnummeriert.

- Kirche, Kloster
- Burg, Schloss, Ruine
- 1493 m Berggipfel
- Ausgrabungsstätte
- Sehenswürdigkeit
- Aussicht, Rundsicht
- Trinkwasser/Dusche
- V E Ver-/Entsorgung
- WC Toilette
- 15 empf. Campingplatz
- N 50° 36' 38,2" E 10° 07' 56,0" GPS

Gebrauchsanleitung

Sie werden sich vielleicht fragen: Wozu brauchen wir eigentlich einen Reiseführer für den Schwarzwald? Schwarzwaldhochstraße, Mummelsee und Triberger Wasserfälle kennt doch jedes Kind!? Nun ja, wenn Sie sich damit begnügen mit dem Touristenstrom einmal die B500 hoch- und runterzufahren, brauchen Sie tatsächlich keinen, das sollten Sie aber nicht tun!

Denn obwohl sich jährlich knapp 5 Millionen Besucher durch den Schwarzwald drücken gibt es - man kann es glauben oder nicht - durchaus noch Plätzchen, wo sich Fuchs und Hase gute Nacht sagen. Also verlassen Sie ruhig auch mal die ausgetretenen Pfade und entdecken Sie Orte, wo der Schinken noch nicht vakuumverpackt ist und die Schwarzwälder Kirschtorte nicht von Coppenrath & Wiese kommt.

Am Westrand des Schwarzwaldes liegt mit IHRINGEN im Kaiserstuhl der wärmste Ort und mit FREIBURG die sonnigste Großstadt Deutschlands.

Kultur satt können Sie im gesamten Schwarzwald erleben. Überall warten alte Burgen, Klöster, Kirchen und Bauernhöfe auf eine Besichtigung. Mit der Meersburg, dem Pfahlbaumuseum, der Wallfahrtskirche Birnau oder dem Hegaumuseum können Sie Ihren kulturellen Durst auch in der Bodenseeregion stillen.

Zum Baden findet man ebenfalls reichlich Gelegenheit. Sei es in den unzähligen Baggerseen am Rhein, dem Bodensee oder in den kühlen Waldseen, auf ein erfrischendes Bad braucht keiner zu verzichten.

Dieses schöne Fleckchen Erde will aber auch zu Fuß erkundet werden. Egal ob nur ein Spaziergang, eine Tageswanderung oder im Winter eine ausgedehnte Langlauftour: Gelegenheit dazu bietet sich reichlich.

Mit dem Schwarzwald wollen wir das höchste deutsche Mittelgebirge erkunden. Den höchsten Gipfel kann mit 1493 m der Feldberg für sich verbuchen. Die Nord- Südausdehnung reicht vom Kraichgau bis zum Hochrhein, im Westen bildet der Oberrheingraben die Grenze, im Osten das Obere Gäu, der Neckar, die Baarhochfläche und die Wutach. Der gesamte Schwarzwald nimmt dabei eine Fläche von rund 6.000 km^2 ein, ist ca. 150 km lang (Nord- Südrichtung) und durchschnittlich 50 km breit.

Naturräumlich wird das Gebiet in Nord-, Mittel- und Südschwarzwald gegliedert. Das Grundgebirge, hauptsächlich aus Granit und Gneis aufgebaut, steigt im Westen steil aus der Oberrheinischen Tiefebene empor und wird im Nordosten von

Bundsandstein überlagert. Im Osten weist das Gebirge eine sanftere Abdachung auf, wobei es im Schwäbischen Schichtstufenland untertaucht. Die ältesten Gesteine des Schwarzwaldes - die Gneise - haben sich weitestgehend vor 520 - 480 Millionen Jahren entwickelt. Vor 350 Millionen Jahren begann das Variszische Gebirge sich in Mitteleuropa aufzuwölben, zu dessen südlicher Zone auch Schwarzwald und Vogesen gehören. Vor 40 Millionen Jahren ging die Heraushebung der Oberrheinischen Massive und der Einbruch des Oberrheingrabens vonstatten, deren Ursache in Zerrungsbewegungen der Erdkruste zu suchen ist. Die Absenkung verlagerte sich von Süden nach Norden, das Meer drang ein und füllte den Graben mit Sedimenten auf. Vor 1,5 Millionen Jahren gehörte der Schwarzwald zu den wenigen Mittelgebirgen, die während der Eiszeit eine eigene Vergletscherung aufwiesen. Dabei stellte der Feldberg das Zentrum der Vereisung dar. Dieser war von einer dicken Eiskuppe bedeckt, von der einige Talgletscher gespeist wurden. Die dadurch entstandenen Kare sind heute oft von kleinen Seen gefüllt und haben sich zu wahren Attraktionen entwickelt. Mummel-, Wild-, Glaswald- und Feldsee dürfen Sie sich auf keinen Fall entgehen lassen.

Die zahlreichen Thermen (u. a. BADEN-BADEN, BADENWEILER oder BAD KROZINGEN) sind eine Folge des erhöhten Wärmeflusses im Oberrheingraben. Noch heute zeugen kleinere Erdbeben von hoher seismischer Aktivität (oder von dem Basler Geothermieprojekt).

Kaum eine andere Landschaft in Europa bietet so viele Extreme auf einer relativ kleinen Fläche. Diese reichen von Wind und Wetter zerzausten Buchen, schwarzen Tannen, nacktem Fels und schindelverkleideten Höfen auf den Höhen bis zu sonnendurchfluteten, warmen Täler mit wohlhabenden Städten und Dörfer.

Erholung suchten hier bereits die Kelten und Römer, wie z. B. Funde aus BADENWEILER belegen. Heute sind Mummelsee, Titisee, Triberger Wasserfälle und das Wildseemoor die Hauptanlaufstellen der Besucher.

Die Siedlungsgeschichte des Schwarzwaldes begann um 4000 vor Christus. In der Jungsteinzeit lassen sich an den Randzonen des unbewohnten Schwarzwaldes Bauern und Jäger nieder. Ab 800 v. Ch. legten Keltische Stämme die ersten Dörfer an und werden 58 v. Ch. von den Römern zurückgedrängt. Diese gründeten Siedlungen an den heißen Quellen wie z. B. bei BADEN-BADEN oder BADENWEILER. Im Jahr 260 lassen sich Alemannen nieder, deren Mundart und Brauchtum (z. B. Fasnacht) bis heute Bestand haben. Um 600 gründete der Irische Mönch Trudbert im Münstertal eine Einsiedelei, welche die Keimzelle für die Besiedlung des Hochschwarzwaldes war. Im Jahre 868 wird in einer Urkunde im St. Gallener Kloster der Name Saltus Svarzwald erstmals erwähnt. Erst ab dem Jahr 1000 werden die Höhen des Schwarzwaldes zunehmend besiedelt.

Die Tatsache, dass der Schwarzwald heute komplett in Baden-Württemberg liegt, geht auf den Zusammenschluss der Länder Baden, Württemberg und Hohenzollern aus dem Jahre 1952 zurück. 1999 gründeten mehrere Gemeinden die Initiative "Naturpark Schwarzwald" um den Schwarzwald als Erholungsraum zu schützen und Landwirtschaft, Tourismus und Sport behutsam zu entwickeln.

Jetzt aber genug geschwärmt, schließlich trägt dieses Kapitel die Unterschrift "Gebrauchsanleitung", die wir Ihnen nun auch liefern wollen.

Bereits beim ersten Durchblättern im Schnelldurchgang werden Ihnen die verschiedenfarbigen Kästchen aufgefallen sein. Um Ihnen langwieriges und lästiges Blättern zu ersparen, haben wir mit Hilfe der besagten Kästchen die verschiedenen Übernachtungsmöglichkeiten hervorgehoben. Dabei haben wir die Wanderparkplätze grün, die Picknickplätze violett, die Badeplätze blau, die wenigen Campingplätze olivgrün und alle anderen Stellplätze gelb markiert.

Die **Wanderparkplätze** liegen naturgemäß meist einsam am Waldrand und bieten die Möglichkeit von hier aus zu einer Wanderung oder Nordic Walking Tour aufzubrechen. Diese gehören zu unseren Lieblingsplätzen, da die Stille hier meist nur durch Vogelgezwitscher unterbrochen wird.

Um als **Picknickplatz** durchzugehen, muss ein Platz mindestens mit Tisch und Bank ausgestattet sein. Oft findet man da auch noch eine oder mehrere Grillstellen oder gar eine Schutzhütte vor. Die gute Ausstattung - gerade der großen Picknickplätze - ist meist auch noch anderen Besuchern bekannt, so dass Sie hier am Wochenende nicht unbedingt alleine stehen werden.

Die größte Dichte an **Badeplätzen** findet man entlang des Rheins (Tour 2), sowie rund um den Bodensee. Dennoch sind wir stolz, Ihnen in jeder unserer Touren - auch mitten im Schwarzwald - mindestens einen Badeplatz anbieten zu können, wenngleich nicht jeder übernachtungstauglich ist.

Alle anderen Übernachtungsplätze haben wir der Kategorie **Stellplatz** zugeordnet. Darunter finden Sie auch die "offiziellen", von den Gemeinden ausgewiesenen und zum Teil gebührenpflichtigen Plätze.

Bei den **Campingplätzen** haben wir lange hin und her überlegt und sind zu dem Entschluss gekommen, dass eine vernünftige Beschreibung dieser Einrichtungen zu Lasten der freien Stellplätzen gehen würde, allein schon aus Platzgründen. Dabei wollen wir die Campingplätze keinesfalls stiefmütterlich behandelt wissen. Da Sie mit dem dicken Wälzer vom ADAC hier bestens bedient sind, beschränken wir uns auf den einen oder anderen Hinweis im Text, sowie auf das Einzeichnen auf den Tourenkarten.

Neben der obengenannten Einteilung in verschiedene Kategorien finden Sie in den Kästchen noch Informationen zu der Ausstattung, der maximalen Womozahl und zu evt. fälligen Gebühren. Die Anfahrt zu den Plätzen haben wir stets ausführlich im Text beschrieben und zusätzlich mit GPS Daten (soweit möglich auch mit Straßennamen) versehen und durchnummeriert (siehe auch Kapitel GPS unter Tipps).

Um den weniger Bewegungsfreudigen unter uns das überlesen der Wander- und Radfahrtipps zu erleichtern, haben wir diese grün hinterlegt. Bei diesen Wander- bzw. Radfahrtipps können Sie größtenteils auf Kartenmaterial verzichten, da alle nötigen Informationen von uns zusammengetragen wurden.

Damit Sie sich einen besseren Überblick über den jeweiligen Streckenverlauf verschaffen können, haben wir zu jeder Tour eine Karte mit dem Streckenverlauf und allen wichtigen Informationen wie z. B. Übernachtungsplätze, Wasserstellen, Entsorgungsmöglichkeiten oder Sehenswürdigkeiten gezeichnet. Auf der vorletzten Umschlagseite finden Sie zudem noch eine Übersichtskarte in der alle Touren eingezeichnet sind. Dabei sollten Sie trotzdem nicht auf eine vernünftige Straßenkarte verzichten.

Obwohl wir bei der Wahl der Übernachtungsplätze sehr sorgfältig vorgegangen sind und diese zum größten Teil auch selbst getestet haben, können weder wir noch der Verlag inhaltliche Fehler ganz ausschließen. Deshalb können auch beide keine Haftung bzw. Verantwortung für evt. auftretende Unstimmigkeiten übernehmen. Ebenso verhält es sich mit Öffnungszeiten und Eintrittspreisen, dabei können vor allem letztere Schwankungen unterliegen. Ein - vor allem für ältere Wohnmobile - Ärgernis sind die wie Pilze aus dem Boden sprießenden **"Umweltzonen"**. Was das Gebiet unseres Buches betrifft, gibt es im Moment nur ein Fahrverbot in FREIBURG (seit Januar 2010) und zwar für alle die keine gelbe oder grüne Plakette besitzen! Deshalb bitten wir Sie, sollten Sie Abweichungen zu diesem Büchlein feststellen, uns diese mitzuteilen. Dazu können Sie das am Ende des Buches vorbereitete Formblatt verwenden oder uns direkt kontaktieren: e-mail: konrad@womo.de

Jetzt aber los, auf gehts in den Schwarzwald!

KARTE TOUR 1

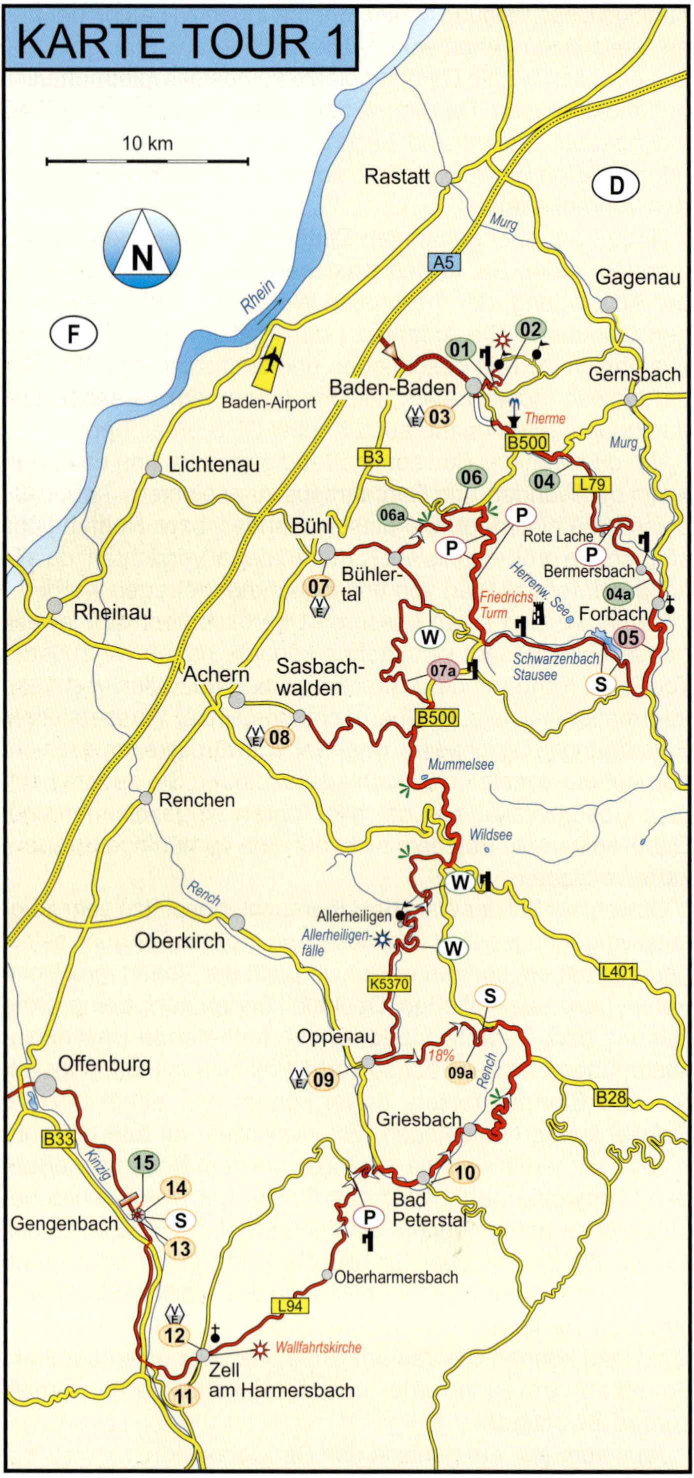

10 km
N
F
D
Rhein
Rastatt
Murg
A5
Gagenau
Baden-Airport
01
02
Gernsbach
Baden-Baden
03
Therme
B500
Murg
B3
Lichtenau
06
04
L79
06a
P
Bühl
P
Rote Lache
P
Bermersbach
Bühler-
tal
07
Herrenw. See
04a
Rheinau
Friedrichs
Turm
Forbach
W
05
Schwarzenbach
Stausee
Achern
Sasbach-
walden
07a
S
B500
08
Mummelsee
Renchen
Wildsee
W
Rench
Allerheiligen
Allerheiligen-
fälle
Oberkirch
W
L401
K5370
S
Oppenau
18%
09a
09
Rench
Offenburg
B28
Griesbach
B33
Kinzig
15
10
14
Bad
Peterstal
Gengenbach
S
P
13
Oberharmersbach
L94
12
Wallfahrtskirche
Zell
am Harmersbach
11

TOUR 1 (ca. 200 km / 5-6 Tage)

Baden-Baden - Bermersbach - Forbach - Bühl - Oppenau - Sasbachwalden - Bad Peterstal - Zell am Harmersbach - Gengenbach

Freie Übernachtung:	Baden-Baden, Wanderparkplatz am Gaisbach, Forbach, Zimmerplatz, Bühl, Oppenau, Zuflucht, Sasbachwalden, Bad Peterstal, Gengenbach.
Ver-/Entsorgung:	Baden-Baden, Bühl, Oppenau, Sasbachwalden, Zell am Harmersbach.
Baden:	Schwarzenbach Talsperre.
Besichtigen:	u. a. Ruine Hohenbaden, Festspielhaus, Kirche Forbach, Innenstadt Bühl, Klosterruine Allerheiligen, Wallfahrtskirche in Unterharmersbach, Zeller Keramikmanufaktur, Gengenbach.
Wandern:	Baden-Baden, Ziegenpfad, Herrenwieser See, Gertelsbacher Wasserfälle.

Unsere Tour durch den Schwarzwald starten wir in BADEN-BADEN. Die A5, auf der man bequem aus Nord und Süd bis zum Rande des Schwarzwaldes rollen kann, verlassen wir an der Ausfahrt BADEN-BADEN und begeben uns auf die B500. Um uns einen Überblick über die Kultur- und Bäderstadt zu verschaffen, beschließen wir, zuerst zur **Ruine Hohenbaden** (Altes Schloss) zu fahren.

Dazu biegen wir am Verfassungsplatz links in die Langestraße Richtung **Hungerberg / Eberstein**, welche wir nach 250 m nach links in die Leopoldstraße verlassen. Nun fahren wir ca. 1 km bergan, um **vor** dem Schlossbergtunnel links abzubiegen. Nach weiteren 200 m steil bergauf geht es scharf nach links (Wegweiser Altes Schloss. Bereits 500 m weiter entdecken wir unseren ersten **Übernachtungsplatz**,

Ruine Hohenbaden (Altes Schloss)

links der Straße mit schöner Aussicht auf die Stadt.

(01) WOMO-Wanderparkplatz: Rotenfelsweg

GPS: N 48° 46' 20.0" E 8° 14' 38.0"; Rotenfelsweg.**max. WOMOs:** 2-3.
Ausstattung/Lage: keine / außerorts.
Zufahrt: Siehe Text.

Da der Tag noch jung und uns noch längst nicht nach Schlafen zu Mute ist, fahren wir weiter und sichten zu unserer Linken einen kräftig sprudelnden **Brunnen** (N 48° 46' 18.0" E 8° 14' 50.0"). Je nach Tageszeit beschleicht einen das Gefühl in Lourdes zu sein, so eifrig sind hier Einheimische und Touristen am Wasserschöpfen (bei unserem letzten Besuch 2012 war der Brunnen abgestellt). Als wir einen dieser "Wallfahrer" nach der Qualität des kühlen Nass fragen, spricht er in aller badischer Bescheidenheit von "Premiumqualität". So füllen wir unsere Tanks und freuen uns auf den Abendtee. 500 m oberhalb des Brunnens finden Sie einen weiteren **Übernachtungs-**

platz auf der rechten Seite (**02:** N 48° 46' 21.0" E 8° 15' 07.0").

Am Schloss angekommen, wollen wir erst einmal die Ruine erkunden. Das gotische Bauwerk, welches seinen Ursprung im 11. Jh. hat, ist in Teilen recht gut erhalten und beherbergt eine **Gaststätte** sowie ein Hotel. Die Öffnungszeiten sind an die der Gaststätte gekoppelt. Das heißt Montag ist Ruhetag! Dafür ist der **Eintritt frei**. Von der Ruine mit ihren hohen Mauern und mächtigen Kellergewölben lassen wir unseren Blick über die Stadt bis hin zum Rhein schweifen. Von hier oben kann man zu verschieden langen Wanderungen, wie z. B. Burg Eberstein, Wolfsschlucht, Battertfelsen..... aufbrechen.

Wir entscheiden uns für den ca. einstündigen Spaziergang zu den Battertfelsen:

WOMO-Wandertipp: Battertfelsen

Gehzeit: 1 h **Schwierigkeit:** leicht **Höhenunterschied:** < 100 m
Strecke: Direkt vor der Ruine wenden wir uns nach rechts und stehen kurz darauf vor einem Schilderwald. Dem unteren Felsweg folgend, spazieren wir durch lichten Buchenwald an der Ritterplatte vorbei zu den Battertfelsen (Wegmarkierung 72 Richtung Felsen). Auf dem Scheitelpunkt, kurz nach der zweiten Serpentine zweigt ein getreppter Weg zur Batterthütte und zur aussichtsreichen Felsenbrücke ab. Dieser bizarre, aus Quarzporphyr aufgebaute Felsrücken ist ein ebenso beliebtes Kletter- wie Wanderrevier. Von hier aus erreichen Sie auch bequem die Burg Eberstein. Wir nehmen den gleichen Weg zurück.

Nach einer ruhigen Nacht beschließen wir uns der Kultur zu widmen, und da hat BADEN-BADEN einiges zu bieten: römische Badruine, Stiftskirche, Festspielhaus, Casino, Trinkhalle, Caracala Therme. Bei der Parkplatzsuche entscheiden wir uns für den ausgewiesenen **Womo-Stellplatz**. Dazu fahren wir über die Langestraße zurück zur B500, verlassen diese nach gut 2 km später Richtung Stadtklinikum um sie sogleich in einer Rechtskurve zu überqueren. Noch zwei mal jeweils bei der nächsten Möglichkeit rechts abbiegen und kurz darauf ist der Stellplatz in Sicht.

(03) WOMO-Stellplatz: BADEN-BADEN

GPS: N 48° 46' 55.0" E 8° 12' 13.0"; Hubertusstr. 2 **max. WOMOs:** >10.
Ausstattung/Lage: Mülleimer, Ver-/ Entsorgung / ca.3 km zum Zentrum (Busverbindung).
Gebühr: 8 EUR / Tag **Zufahrt:** Siehe Text.

Wenn Sie die Stadt mal mit Merkurs Augen sehen wollen, müssen Sie auf den Hausberg der Stadt. Dazu gibt es zwei Möglichkeiten. Den schweißtreibenden Aufstieg oder Sie benutzen die **Merkur-Bergbahn**, welche zwischen 10.00-22.00 Uhr den Berg erklimmt. Die 1913 erbaute Bahn ist 1200 m lang und überwindet eine Steigung von bis zu 54%.

In BADEN-BADEN hat das Baden eine jahrhundertelange Tradition, dem wollen wir uns nicht verschließen und entschei-

Frühling in BADEN-BADEN

den uns für die **Caracala Therme**. Mit ihrer Saunalandschaft und über 1.000 m² Wasserfläche hat sie für jeden Geschmack etwas zu bieten. Vor allem Entspannung!

Innenstadt BADEN-BADEN

BADEN-BADEN verlassen wir über die B500 Richtung FREUDENSTADT, durchqueren den Michaelstunnel und biegen ca. 4 km nach dem Tunnelende rechts Richtung Rote Lache / FORBACH ab. Nur 600 m später fahren wir rechts über eine kleine Brücke auf einen **Wanderparkplatz**. Direkt an einem Bach, unter schattenspendenden Bäumen liegend, lädt er geradezu zum Übernachten ein.

(04) WOMO-Wanderparkplatz: Am Gaisbach

GPS: N 48° 44' 13.0" E 8° 17' 48.0" **max. WOMOs:** 1-2.
Ausstattung/Lage: Mülleimer / außerorts.
Zufahrt: 600 m nach dem Abbiegen von der B500 rechts.

Bereits 5,4 km weiter, der Diesel ist längst noch nicht warm, erreichen wir kurz nach der Gaststätte **Rote Lache** einen **Pick-**

nickplatz mit herrlichem Blick ins **Murgtal** (GPS: N 48° 42' 30.0" E 8° 19' 35.0"). Auf dem Weg ins Tal fallen einem immer wieder kleine Hütten auf, welche für diese Region typisch sind. In ihnen wurde zu früheren Zeiten das im Sommer getrocknete Heu gelagert, welches im Winter in mühevoller Arbeit mit dem Schlitten in die heimischen Ställe geschafft wurde. Mittlerweile sind viele Wiesentäler leider wieder zugewachsen. Die noch offenen zählen zu den wertvollsten Kulturlandschaften der Region. 800 m nach dem Ortsende von Bermersbach rollen wir (mitten in einer Rechtskurve) auf den kleinen Wanderparkplatz, von dem aus wir auf dem Ziegenpfad eines der besagten Wiesentäler erkunden wollen. Ein einzelnes Womo könnte hier sogar Übernachten (**04a:** N 48° 41' 13.0" E 8° 21' 02.0").

WOMO-Wandertipp: Ziegenpfad

Gehzeit: 1,5 h **Schwierigkeit:** leicht **Höhenunterschied:** 130 m

Strecke: Der von April bis November beweidete Ziegenpfad ist durchgängig ausgeschildert. Er führt über einfache Pfade und teilweise quer durch die Weiden. Am Wegesrand vermitteln Infotafeln lustiges und wissenswertes über die Ziegen. Da die Tiere sehr entdeckungsfreudig sind, sollten sie darauf achten, die Tore sorgfältig zu schließen. Ein Erlebnis für Groß und Klein!

Hochaltar in der Kirche FORBACH

Zurück am Womo rollen wir die paar Meter nach FORBACH runter, wo die katholische Kirche mit ihren zwei Türmen unsere Blicke auf sich zieht.

Der monumentale Bau aus rotem Murgtalsandstein wurde im Jahr 1891 fertiggestellt und beherbergt einen durchaus sehenswerten Hochaltar.

Bevor wir FORBACH verlassen, wollen wir auf jeden Fall noch einen Blick auf die mit Schindeln gedeckte, freitragende Holzbrücke werfen. Die 1954 erneuerte Brücke

Holzbrücke in FORBACH

überspannt hier seit 1778 die Murg. Wir verlassen FORBACH in südlicher Richtung und erreichen 2,2 km nach dem Ortsende einen Picknickplatz auf der rechten Straßenseite. Gut ausgestattet mit Tischen und Bänken kann man hier trotz Straßennähe eine einigermaßen geruhsame Nacht verbringen.

(05) WOMO-Picknickplatz: Forbach

GPS: N 48° 39' 38.0" E 8° 21' 32.0" **max. WOMOs:** 3-4.

Ausstattung/Lage: Tisch & Bank / außerorts.

Zufahrt: 2,2 km nach dem Ortsende von FORBACH rechts.

Genau 3 km weiter fahren wir rechts Richtung Talsperre, quälen unser Womo die steile Straße hinauf und parken wenig später vor dem Kiosk an der **Staumauer**. Bei strahlendem Sonnenschein schnüren wir die Wanderstiefel und machen uns auf, den Herrenwieser See und die Badener Höhe zu erkunden. **Badezeug** nicht vergessen!

WOMO-Wandertipp: Herrenwieser See

Gehzeit: 4,5 h **Schwierigkeit:** leicht **Höhenunterschied:** 350 m

Strecke: Wir überqueren die Staumauer und folgen dem rechten Seeufer, wo wir jede Menge schöner Badeplätze entdecken. Kurz vor Seeende an der Seebachmündung, halten wir uns gleich nach der Brücke rechts. Am Seebach entlang geht es leicht bergan, bevor wir nach 15 min. links zum Herrenwieser See abbiegen (rote Raute). Kurz darauf stehen wir vor einem der schönsten Karseen im Schwarzwald, der mit seinem ursprünglichen Zauber jeden Besucher in seinen Bann zieht **(Baden verboten!)**. Ganz nebenbei hat er auch noch die höchste Karwand aufzuweisen. Von hier aus gehts links dem Wegweiser mit der roten Raute folgend. Nach 5 min. an der ersten Gabelung links Richtung "Zwei-Seen-Blick". Nun geht es auf einem Wurzelpfad steil bergauf, vorbei am Zwei-Seen-Blick und zur Badener Höhe mit dem **Friedrichsturm**. Von hier aus hat man einen fantastischen Rundumblick. Die rote Raute führt uns über den Herrenwieser Sattel, vorbei an der Herrenwieser Schwallung zurück zum Stausee. Nun ist es aber höchste Zeit für ein ausgiebiges Bad in dem kühlen See.

Herrenwieser See

Für den Fall, dass Sie nur einen ausgedehnten Spaziergang machen wollen, können wir Ihnen den 6,5 km langen **Rundweg** um den Stausee empfehlen.

Schwarzenbach Talsperre

Wieder am Womo angekommen stellen wir fest, dass sich der Parkplatz ganz schön gefüllt hat. Das Wandern und Schwimmen quittiert uns der Magen mit einem "leichten" Knurren. Weil es sich aber nicht gehört, das wohlverdiente Mahl auf einem abschüssigen Parkplatz einzunehmen, fahren wir noch ein Stück weiter. Biegen Sie in HERRENWIES (6 km nach der Talsperre) rechts zur Kirche / Friedhof ab, so finden Sie links hinter der Friedhofsmauer einen **Wasserhahn**. Nur 1,5 km weiter lädt der **Sand-See** zum Picknick ein. Die Parkfläche an der rechten Straßenseite ist allerdings größer als der See! Am Anfang des Parkstreifens führt ein Schotterweg in 200 m zum See.

Ihnen ist die Luftfederung im neuen Womo zu komfortabel? Für Abwechslung können Sie mit einer Fahrt auf der Bob-Bahn am **Mehliskopf** sorgen.

An der Kreuzung in Sand fahren wir rechts Richtung BADEN-BADEN. Auf der B500 (**Schwarzwald-Hochstraße**) genießen wir 10 km lang die schöne Aussicht bevor wir links Richtung BÜHLERTAL fahren. Nur 500 m weiter (vor der Gabelung!) kann man auf einen ebenen, übernachtungstauglichen Wanderparkplatz rollen.

(06) WOMO-Wanderparkplatz: Zimmerplatz

GPS: N 48° 42' 57.0" E 8° 13' 15.0" **max. WOMOs:** 2-3.
Ausstattung/Lage: Mülleimer, Schutzhütte / außerorts, (straßennah).
Zufahrt: Von der B500 links Richtung BÜHLERTAL, dann noch 500 m.

Haben Sie Ihre **Nordic-Walking** Stöcke dabei? Gut, dann genehmigen Sie sich ruhig noch ein Brötchen mehr zum Frühstück. Denn schon nach gut 3 km Richtung BÜHLERTAL er-

platz mit Tisch und Bank von dem aus Sie die zusätzlichen Kalorien wieder loswerden und ebenso übernachten können **(06a**: N 48° 42' 29.0" E 8° 11' 57.0").

Turm Bühler Rathaus

Da wir heute eine Entsorgungsstation brauchen (aber nicht nur darum), steuern wir nun BÜHL an. Wir rollen auf der Hauptstraße durch BÜHLERTAL Richtung ALTSCHWEILER, fahren im Kreisverkehr nicht Richtung BÜHL sondern nehmen die 3. Ausfahrt Richtung BÜHL-KAPPELWINDECK. In BÜHL folgen wir der Bühlertalstraße bis zum Ende und biegen links auf die Hauptstraße. Ab jetzt folgen wir der Beschilderung Schwarzwaldbad / Womo-Schild. Hier können Sie schwimmen, Ihr Womo wieder "frischmachen" und, wenn Sie wollen, auch übernachten.

(07) WOMO-Stellplatz: Bühl / Schwarzwaldbad

GPS: N 48° 41' 17.0" E 8° 07' 47.0"; Ludwig-Jahn-Str.
Ausstattung/Lage: Entsorgung, Mülleimer, Hallenbad / zentrumsnah.
Gebühr: 5 EUR / 24h **Zufahrt:** Siehe Text. **max. WOMOs:** >5

Das Stadtzentrum erreichen Sie zu Fuß in gut 10 min. Die Innenstadt erkundet man am besten auf dem 1,8 km langen, ausgeschilderten Rundweg, der auf dem Markt- und Kirchenplatz startet. Die stadtbildbestimmenden Bauten sind die 1514 im spätgotischen Stil erbaute **Kirche**, die 1877 aus Platzgründen zum **Rathaus** umgestaltet wurde, sowie das im gleichen Jahr fertiggestellte Münster St. Peter und Paul, welches sich in unmittelbarer Nähe auftürmt. Das im neugotischen Stil erbaute Münster mit seinem durchbrochenen Turm und der üppigen Glasmalerei, beherbergt in seinen Grundmauern je eine Flasche Affentaler Rotwein Jahrgang 1870 sowie eine Flasche Weißwein Jahrgang 1865.

Der **Affentaler**, neben den **Bühler Zwetschgen** das wohl bekannteste Erzeugnis der Region, wurde hier bereits im 12 Jh. durch das Zisterzienserinnenkloster angebaut.

Nach den Gaumenfreuden der badischen Küche gehört es schon fast zum guten Ton ein paar Bühler Zwetschgen in destillierter Form zu sich zu nehmen.

Da dieser "Brauch" mittlerweile auch der örtlichen Polizei bekannt ist, beschließen wir, unser Womo heute nicht mehr zu bewegen.

Am nächsten Morgen fahren wir zurück nach BÜHLERTAL, durchqueren den langgezogenen Ort, um 500 m nach der Abzweigung UNTERSTMATT rechts abzufahren. Nach wenigen Metern erreichen wir auf der rechten Seite einen Wanderparkplatz. Von hier aus geht es zu den **Gertelsbacher Wasserfällen**: (N 48° 40' 06.0" E 8° 12' 11.0").

WOMO-Wandertipp: Gertelsbachschlucht - Wiedenfelsen - Falkenfelsen

Gehzeit: 4 h **Schwierigkeit:** leicht **Höhenunterschied:** 500 m

Strecke: Von hier aus folgen wir der Westwegmarkierung zur Gaststätte Gertelbachhaus und weiter auf dem Kapellenweg in die Gertelbachschlucht: Auf einer Länge von nur einem km überwindet der Bach eine Steilstufe von 220 Höhenmeter, wobei er eindrucksvolle Kaskaden bildet. Auf dem steinigen, wurzeligen Kapellenweg wandern wir neben dem in kleinen Wasserfällen zu Tal brausenden Bach aufwärts und überqueren ihn mehrmals. Später wandern wir unter Felsklippen dahin und erreichen schließlich oberhalb der Gertelbach-Schutzhütte den größten Wasserfall. An der nächsten Verzweigung folgen wir dem Weg links hinauf zum Wiedenfelsen. Diese Felskanzel bietet einen hervorragenden Blick auf das Bühlertal,

Rast am Wasserfall

die Schwarzwald-Vorberge und die Rheinebene. Der Wiedenfelsen liegt in unmittelbarer Nähe zur Straße, an der ein Gasthaus zur Einkehr einlädt. Nach dem Queren der Straße wandern wir auf bequemem Waldweg hinauf zur Schwarzwaldhochstraße, die wir bei der Kapelle Zum Guten Hirten erreichen. Wir queren die Schwarzwaldhochstraße an der Ampelkreuzung und biegen hinter dem Hotel Sand links ab, wo wir bis zum Hotel Oberer Plätting parallel zur B500 nordwärts laufen. Gegenüber dem Hotel Oberer Plättig lohnt ein Abstecher zur Maria-Frieden-Kapelle auf dem Marienfelsen. Der Felsen gewährt eine grandiose Aussicht auf das Bühlertal und die Rheinebene. Zurück am Großparkplatz folgen wir links dem Briefträgerweg, der sich alsbald in den Felsenweg verwandelt und zur Hertahütte auf einen Ausläufer des Falkensteinmassivs führt- ein exzellenter Rast- und Aussichtspunkt. Von der Hertahütte folgen wir dem Pfad weiter abwärts, bis der Weg Richtung BÜHLERTAL abzweigt. Ihm folgen wir kurz in den Steilhang, bis der Briefträgerweg links auf einen Pfad wechselt und uns zurück nach BÜHLERTAL führt.

Wieder am Womo fahren wir die 500 m zurück und setzen den linken Blinker Richtung UNTERSTMATT.Die Straße führt steil bergan und gibt immer wieder herrliche Blicke über die Rheinebene bis nach Straßburg frei. Auf der Höhe angekommen sollten Sie Ihre Aufmerksamkeit von rechts nach links richten, ansonsten werden Sie den schönen Picknickplatz mit Brunnen verpassen (7,4 km ab dem Abzweigen)!

(07a) WOMO-Picknickplatz: Unterstmatt

GPS: N 48° 38' 26.0" E 8° 11' 10.0" **max. WOMOs:** 2-3.
Ausstattung/Lage: Tisch & Bank, Brunnen, Wanderwege / außerorts.
Zufahrt: 7,4 km nach der Abzweigung UNTERSTMATT links.

Sie sind trotzdem vorbeigefahren? Gut 100 m weiter können Sie links in einen Feldweg einbiegen und wenden. Ein paar Kilometer weiter entern wir rechtsblinkend die B500 und verlassen diese gut 1,5 km weiter nach rechts Richtung SASBACHWALDEN. Das schmucke Dorf schmückt sich nicht zu unrecht mit zahlreichen Titel wie „schönstes Dorf Deutschlands“! Die Vorgärten sind ordentlich gepflegt, die Geranien hängen prachtvoll von den Balkonen der Fachwerkhäuser, Schwarzwaldidyll pur! Darüber hinaus findet man in der Win-

zergenossenschaft ein reich sortiertes Weinregal und wenn Sie möchten, können Sie auch auf dem in unmittelbarer Nachbarschaft schön am Bach liegenden WOMO-Stellplatz übernachten. Nach einer ausgiebigen Weinprobe in der Winzergenossenschaft weiß man die Nähe zum WOMO-Platz durchaus zu schätzen.

(08) WOMO-Stellplatz: SASBACHWALDEN

GPS: N 48° 36' 48.4" E 8° 07' 44,6.0"; Talstraße **max. WOMOs:**>10.
Ausstattung/Lage: Ver-/Entsorgung / Ortsrand.
Zufahrt: Ortsende SASBACHWALDEN, beschildert.
Gebühr: 7 EUR / Nacht sehr schön [illegible] Gastronomie

Am nächsten Morgen schnaufen wir mit unserem WOMO mühevoll den Berg hoch zur B500 und merken erst jetzt, wie viele Höhenmeter wir gestern nach SASBACHWALDEN hinuntergekurvt sind.

Wenig später erhebt sich zu unserer Linken die **Hornisgrinde**, mit ihren 1164 m die höchste Erhebung im Nordschwarzwald. Ein paar km weiter verzweifeln wir bei der Parkplatzsuche am **Mummelsee**.

Der auf 1029 m liegende Karsee, in dem laut Sage Mummeln (Nixen) leben sollen, ist durchaus sehenswert. Vorausgesetzt Sie sind Frühaufsteher! Dann haben Sie die Gelegenheit, den See und die Stille zu genießen. Denn mit der Sonne kommen die Touristen, um sich scharenweise durch die Souvenirshops zu schieben und Tretboot zu fahren. Darum ändert der See bei Sonnenaufgang seinen Namen in "RUMMELSEE." Sehr empfehlenswert ist der kurze Spaziergang (1,5 km) zum **Mummelseeblick / Honisgrinde**.

Ruine Allerheiligen

Wieder auf der Schwarzwald-Hochstraße unterwegs, lassen wir auf den folgenden 7 km das Panorama, welches uns der Schwarzwald bietet, auf uns wirken.

Bei RUHESTEIN setzen wir den rechten Blinker und dieseln auf der nicht weniger reizvollen K5370 Richtung ALLERHEILIGEN.

Nach 5 km stoppen wir auf dem **Picknickplatz** links der Straße (GPS: N 48° 32' 53.0" E 8° 12' 07.0") und füllen unsere Wassertanks, bevor wir die 3,5 km steil bergab zur Klosterruine in Angriff nehmen.

Das im 12. Jh. von der Herzogin Uta von Schauenburg gegründete **Kloster** wurde 1803 wieder aufgelöst. Unmittelbar nach dem Auszug des letzten Mönches zerstörte ein Blitzschlag die Kirche. Doch was übrig blieb, ist nach wie vor ein eindrucksvolles Kulturdenkmal vor einer reizvollen landschaftlichen Kulisse.

Allerheiligen-Wasserfall

In unmittelbarer Nachbarschaft zur Klosterruine stürzen sich die **Allerheiligen-Wasserfälle** in mehreren Stufen 83 m in die Tiefe. Um dem tosenden Wasser einen Besuch abzustatten, haben Sie zwei Möglichkeiten:

1. In einem 15 minütigen Fußmarsch vom Kloster aus der Beschilderung folgend.

2. Sie fahren weiter Richtung OPPENAU, passieren nach 2,5 km einen nach Regenfällen etwas sumpfigen Picknickplatz, und rollen bei km 3,7 auf den großen **Parkplatz** links der Straße. Von hier sind es nur wenige hundert Meter zu den Wasserfällen.

Sollten Sie die Geborgenheit einer Ortschaft dem Waldparkplatz vorziehen, so finden Sie in OPPENAU auf dem Parkplatz des Schwimmbades einen ausgewiesene Stellplatz mit Entsorgungsstation (im Ort die 3. links).

(09) WOMO-Stellplatz: Oppenau

GPS: N 48° 28' 35.0" E 8° 10' 12.0"; Hauptstraße. **max. WOMOs:** 5.
Ausstattung/Lage: Entsorgung, Mülleimer, Schwimmbad / Ortsmitte.
Zufahrt: In OPPENAU an der 3. Möglichkeit links (Schwimmbad).

Vom Stellplatz in OPPENAU fahren wir die 150 m zurück, um dann rechts auf die L92 Richtung Zuflucht abzubiegen.

Haben Sie bereits Ihren 75 PS Ducato gegen einen neuen Turbo eingetauscht? Gut, dann brauchen Sie sich solche Nettigkeiten wie "Womoschinder" von dem Platz rechts neben Ihnen nicht anhören, wenn Sie das treue Gefährt die bis zu **18% steile Straße** hinaufquälen. Gut 7 km nach dem Abzweig (direkt vor der Kurve) verlassen wir die Straße und stellen unser WOMO auf den Parkplatz hinter dem Paraglider Flugplatz, kochen Kaffee, wackeln die paar Schritte zur „Zuschauertribüne" zurück und lassen uns von den tollkühnen Manövern der Piloten stundenlang begeistern.

(09a) WOMO-Stellplatz: Paraglide Fluganlage Zuflucht

GPS: N 48° 29' 10.3" E 8° 14' 25.6"; **max. WOMOs:** 2-3.
Ausstattung/Lage: Wanderwege, Tisch & Bank / außerorts.
Zufahrt: siehe Text.

Oben angekommen passieren wir den **Parkplatz** gegenüber der ehemaligen Gaststätte "Zuflucht" (GPS: N 48° 29' 33.0" E 8° 14' 39.0"), nehmen kurz darauf das letzte Stück der B500 in Angriff und fahren an der Alexanderschanze rechts Richtung BAD PETERSTAL-GRIESBACH.

Die Reize des sich eröffnenden **Renchtales** bleiben, angesichts der abschüssigen und kurvenreichen Straße, dem Beifahrer vorbehalten.

Nachdem man GRIESBACH passiert hat, erreicht man BAD-PETERSTAL, bekannt durch das hier abgefüllte **Mineralwas-**

ser.

Im Renchtal stellen mehr als 1.300 Brennereien die traditionellen "**Schwarzwälder Geister**" her und das inmitten goldenen Reblandes, wo edle Weine reifen.

Sehenswert ist neben dem kleinen **Tagelöhner- und Brennereimuseum** ebenfalls das 2004 eröffnete **Schwarzwälder Moped- und Rollermuseum**.

Für die sportlich Aktiven unter uns wird hier einiges geboten, wie z. B.:

Der Nordic-Walking-Kneipp-Parcour, der vom Kurhaus aus gestartet werden kann.

Wintersportler finden hier 80 km gespurte Loipen rund um den Glaswaldsee.

Für die wohlverdiente Nachtruhe haben wir uns einen besonderen Platz ausgesucht.

In der Ortsmitte von BAD-PETERSTAL fahren wir links Richtung SCHAPPACH. Nach 700 m biegen wir wieder links auf den Parkplatz oberhalb des Schwimmbades. Hier können Sie auch schon eine recht ruhige Nacht verbringen. Wir fahren jedoch über den Parkplatz und folgen dem Sträßchen zum Fußballplatz. Hier erwartet uns ein großer, ebener Parkplatz mit einer herrlichen Aussicht über den Ort und das Renchtal.

(10) WOMO-Stellplatz: Sportplatz Bad-Peterstal

GPS: N 48° 25' 40.0" E 8° 12' 34.0"; Am Sportpl. **max. WOMOs:** 3-4.
Ausstattung/Lage: keine / Ortsrand.
Zufahrt: In der Ortsmitte links, 700 m weiter wieder links.

Zurück an der Hauptstraße fahren wir links, setzen 3 km weiter den linken Blinker und folgen der L94 Richtung OBER-

Museum im Storchenturm

HARMERSBACH.

In bester Schwarzwaldmanier schlängelt sich die Straße den Berg hinauf und gibt immer wieder reizvolle Blicke ins Renchtal frei. Auf der Passhöhe angekommen, erwartet einen auf der linken Seite ein **Picknickplatz** mit **Brunnen** (GPS: N 48° 25' 11.0" E 8° 09' 29.0").

Dem Harmersbach folgend rollen wir talwärts und wundern uns beim Anblick der hier ansässigen Holzindustrie, dass es im Schwarzwald überhaupt noch Bäume gibt.

Kurz vor dem Ortsschild von ZELL AM HARMERSBACH geht es links zur **Wallfahrtskirche** "Maria zu den Ketten". Der älteste Teil der heutigen Kirche mit seinen gotischen Fenstern stammt aus dem Jahr 1480. Bedingt durch die ständig wachsende Pilgerzahl musste die Kirche mehrmals vergrößert werden. Auffallend ist, dass sich das Querschiff nicht vorne, sondern hinten befindet.

Museum Fürstenberger Hof

Der Grund: Hier musste die Kirche sprichwörtlich im Dorf bleiben. Sonst hätte die notwendige Verlängerung um den Querbau in das Gebiet der Stadt hineingereicht. Bei der letzten Erweiterung 1910 kam es dann doch soweit, dass man auf Zeller Boden ausweichen musste. Bekannt ist ZELL über die Grenzen des Schwarzwaldes hinaus vor allem durch seine **Keramik**. Motive wie das von Hahn und Henne, welches seit über hundert Jahren ein Verkaufsschlager ist, begegnen einem auf Schritt

und Tritt. Durchaus sehenswert sind die vielen alten Fachwerkhäuser, die man am besten bei einem Stadtrundgang bewundert.

Für Museenfreunde wartet Zell mit einem besonderen Ereignis auf. Die **Nacht der Museen**. Jeweils am 1. Freitag im September laden der Fürstenberger Hof, das Storchenmuseum und die Villa Haasiss bei freiem Eintritt bis 24.00 Uhr zu diesem schon traditionellen Abend ein. Zum Parken und Übernachten haben Sie folgende Möglichkeiten:

1. Sie fahren gerade durch den Kreisverkehr und entdecken bereits nach 50 m einen Parkplatz auf der linken Seite.

(11) WOMO-Stellplatz: Zell am H. 1 (Zentrum)

GPS: N 48° 20' 44.0" E 8° 03' 40.0"; Hauptstraße. **max. WOMOs** 2-3.
Ausstattung/Lage: keine / Ortsmitte.
Gebührenpflichtig (9-18 Uhr)! **Zufahrt:** Siehe Text.

2. Sie fahren im Kreisverkehr rechts Richtung Schwimmbad und folgen der Nordracher Straße, um kurz vor dem Ortsschild links auf den ebenen Parkplatz zu rollen.

(12) WOMO-Stellplatz: Zell am H. 2 (Schwimmbad)

GPS: N 48° 21' 08.0" E 8° 03' 34.0"; Nordracherstr. **max. WOMOs** >5.
Ausstattung/Lage: Ver- / Entsorgung, Mülleimer / Ortsrand, am Fluss.
Gebührenpflichtig (20.00-10.00 Uhr)! **Zufahrt:** Siehe Text.

Wenn der Schwarzwald-Tourist ZELL Richtung BIBERACH verlässt, kommt er um einen Einkaufsstop beim Werksverkauf der Zeller Keramik nicht herum. Sollte Ihr Besuch auf einen Montag oder Mittwoch fallen, können Sie hier um 14.00 Uhr an einer Werksführung teilnehmen.

In BIBERACH fahren wir nicht auf die B33 nach **GENGENBACH**, sondern halten uns Richtung FUSSBACH / STROHBACH und fahren parallel zur vielbefahrenen B33 nach GENGENBACH. Wenn Sie kurz nach dem Überqueren der Bundsestraße rechts Richtung Sportzentrum fahren und gleich darauf wieder links abbiegen, so könnten Sie am Ende der Straße beim Sportplatz bereits gut Übernachten.Das mit dem Tempo 30 sollten Sie ernst nehmen, ansonsten werden Sie und das gesamte WOMO-Inventar beim Überfahren der hier angebrachten Fahrtminderer ordendlich durchgerüttelt!

(13) WOMO-Stellplatz: Sportplatz Gengenbach

GPS: N 48° 23' 56.0" E 8° 01' 17.0"; Brambachstr.**max. WOMOs:** 1-2.
Ausstattung/Lage: Gaststätte / Ortsrand.
Zufahrt: Nach der Überführung rechts und gleich danach links.

Engelgasse in GENGENBACH

Ein geradezu idealer Ausgangspunkt um GENGENBACH zu erkunden, ist der **Parkplatz am Flößermuseum** (nach der Brücke gleich rechts GPS: N 48° 24' 08.0" E 8° 01' 00.0").

Unter all den **Fachwerkstädtchen** ist GENGENBACH eine Perle. Beim Anblick der mittelalterlichen Türme, Tore und engen "Gässle", fühlt man sich gleich ein paar Jahrhunderte zu-

rückversetzt. Da wundert es auch nicht mehr, dass GENGENBACH bereits Kulisse für mehrere historische Filme war. Zu den bekanntesten Sehenswürdigkeiten zählen z. B. die Engelgasse, der Kinzigtorturm, Röhrbrunnen,....

Eine besondere Attraktion in der Vorweihnachtszeit ist das Rathaus. Dann nämlich wird es zum größten **Adventskalender** der Welt umfunktioniert. Jedes der 24 Fenster ist dann ein "Türchen" des Kalenders.

Den Ostteil der Altstadt nimmt das Gebiet der ehemaligen **Benediktinerabtei** ein. Seit der Aufhebung des Klosters 1803 sind die an die Kirche angrenzenden Klosterbauten Sitz einer Fachhochschule.

Die im romanischen Stil erbaute **Kirche** erhielt ihren barocken Turm zu Beginn des 18. Jh. Die dreischiffige Basilika beherbergt einen prächtigen Hochaltar sowie ein barockes Chorgestühl. Die viel zu reiche Ausmalung können Sie allerdings erst bewundern, nachdem Sie 50 Cent für die Beleuchtung geopfert haben!

Durch die Grenznähe wird hier das Beste aus Badischer und Elsässer Küche vereint. Nach einem **Gengenbacher Flammkuchen** und einem Gläschen Rotwein in einer der urigen Kneipen suchen wir uns einen ruhigen Stellplatz.

Dazu haben wir neben dem Stellplatz beim Sportplatz noch zwei weitere Möglichkeiten:

1. Wir rollen vom Flößermuseum über die Bahngleise, danach gleich rechts und erreichen nach gut 100 m den Parkplatz direkt am Stadtpark. Dieser liegt ebenfalls sehr zentral und taugt durchaus auch zum Übernachten.

(14) WOMO-Stellplatz: Gengenbach Zentrum

GPS: N 48° 24' 11.0" E 8° 01' 04.0"; Friedrichstr. **max. WOMOs:** 2-3.
Ausstattung/Lage: Mülleimer, tagsüber Gebühr / zentrumsnah.
Zufahrt: Vom Flößermuseum über die Bahngleise, dann links.

2. Wir biegen nach den Bahngleisen nicht rechts sondern links, folgen dem Straßenverlauf ca. 300 m und fahren dann geradeaus in die Einbahnstraße (nicht der abknickenden Vorfahrtsstraße folgen)! Gut 350 m weiter fahren wir halblinks in die Oberdorfstraße und folgen dem Bachlauf zu unserer Rechten. 700 m später biegen wir halblinks in den Mattenhofweg und erreichen nach einem knappen Kilometer den ebenen, ruhig gelegenen Wanderparkplatz oberhalb der staatlichen Forstschule. Hier können Sie nicht nur eine ruhige Nacht verbringen, sondern gleich am nächsten Morgen zu einer Wanderung oder einer der zahlreichen **Nordic Walking** Touren aufbrechen.

(15) WOMO-Wanderparkplatz: Mattenhof

GPS: N 48° 24' 45.0" E 08° 01' 52.0", Mattenhofweg.
max. WOMOs: 1-2.
Ausstattung/Lage: Mülleimer, Wanderwege / außerorts.
Zufahrt: Siehe Text.

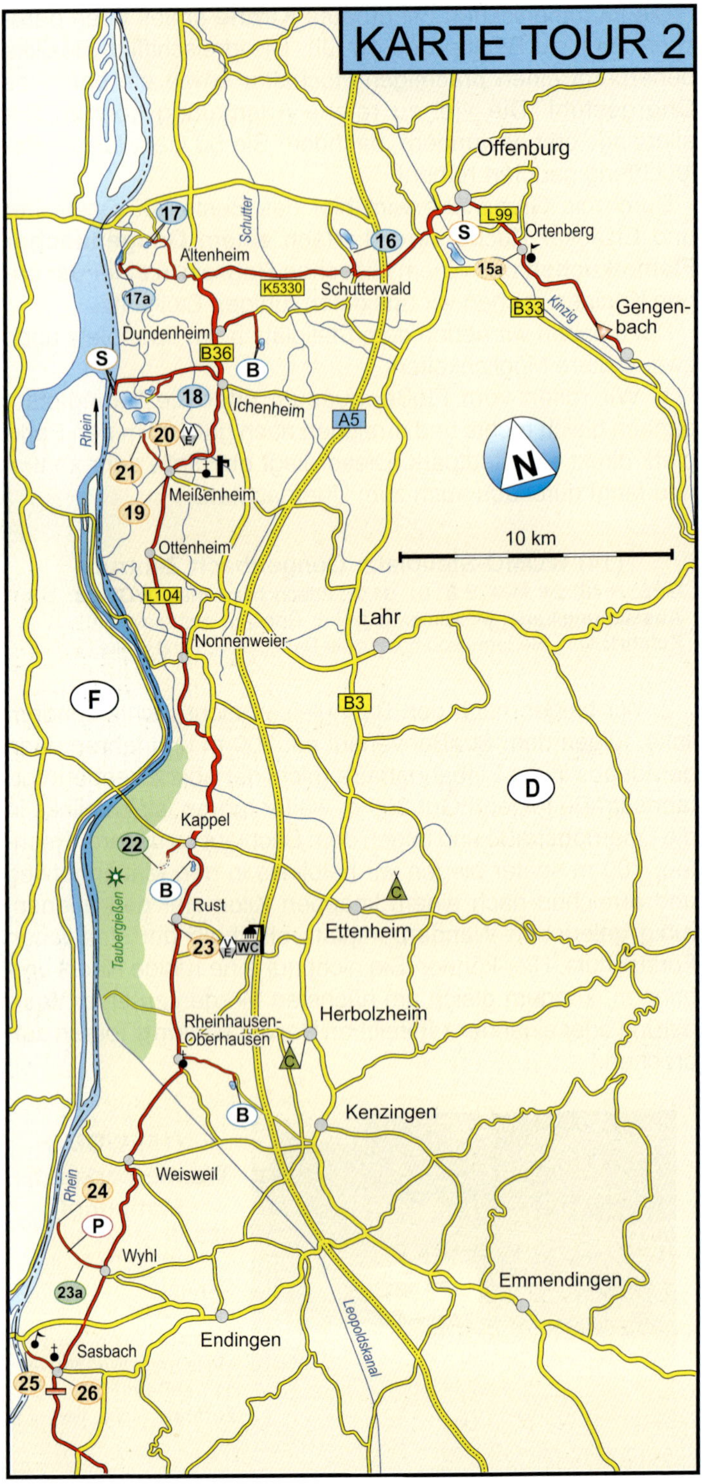
KARTE TOUR 2
Offenburg
L99
Ortenberg
S
15a
B33
Kinzig
Gengen-
bach
17
16
Schutter
Altenheim
K5330
Schutterwald
17a
Dundenheim
B36
B
S
18
Ichenheim
A5
Rhein
20
21
Meißenheim
19
N
10 km
Ottenheim
L104
Lahr
Nonnenweier
B3
F
D
Kappel
22
B
Taubergießen
C
Rust
Ettenheim
23
WC
Rheinhausen-
Oberhausen
Herbolzheim
C
B
Kenzingen
Weisweil
Rhein
24
P
Wyhl
23a
Emmendingen
Leopoldskanal
Sasbach
Endingen
25
26

TOUR 2 (ca. 160 km / 4-6 Tage)

Offenburg - Schutterwald - Meißenheim - Rust - Whyl - Sasbach

Freie Übernachtung:	Ortenberg, Schutterwald, Altenheim, Ichenheim, Meißenheim, Kappel, Whyl, Sasbach.
Campingplätze:	Ettenheim, Herbolzheim.
Ver-/ Entsorgung:	Meißenheim, Rust.
Baden:	Schutterwald, Altenheim, Ichenheim, Dundenheim, Kappel, Rheinhausen.
Besichtigen:	Schloss Büchen, Kirche in Meißenheim, Ruine Limburg.
Wandern:	Kappel (Taubergießen), Whyl.

Vom Parkplatz am Flößermuseum fahren wir rechts über die Bahngleise und dann sofort wieder links. Nun rollen wir auf der Vorfahrtstraße ortsauswärts Richtung ORTENBERG, folgen hier der Beschilderung **Schloss** (rechts den Berg hinauf). An dieser Stelle errichteten die Zähringer bereits im 11. Jh. eine Burg, die jedoch im 17. Jh. zerstört wurde. Das heutige Schloss wurde zw. 1834 - 1840 im neugotischen Burgenstil erbaut und beherbergt ein Weingut sowie eine Jugendherberge. Zur Besichtigung freigegeben ist lediglich die Turmanlage.

Zurück an der Hauptstraße biegen wir rechts und folgen der Straße nach OFFENBURG und entdecken einen kostenlosen ausgeschilderten Übernachtungsplatz bei der Feuerwehr (**15a:** N 48° 26' 59.7" E 7° 58' 15.0").

Noch bevor man die Stadt erreicht, zieht bereits das Burda Medienhaus die Blicke auf sich. Drei Kilometer nach dem Einschwenken auf die Hauptstraße fahren im Kreisverkehr Richtung Stadtmitte. Nach weiteren 500 m ordnen wir uns auf der linken Spur ein, fahren an der Ampel links, über die Brücke und staunen nicht schlecht! Da wo sonst auf der linken Seite noch ein für Wohnmobile kostenloser, übernachtungstauglicher Parkplatz war, steht jetzt ein Gebäudekomplex mit Tiefgarage! Also machen wir uns auf einen anderen für Womos geeigneten Parkplatz zu suchen.

Diesen finden wir an der Oberrheinhalle / Messe. Dazu fahren wir Richtung NEURIED / SCHUTTERWALD, nach der Brücke halb rechts und gleich wieder links. Im Kreisverkehr bei der Tankstelle geht es rechts nach SCHUTTERWALD und links auf den **Parkplatz** bei der Oberrheinhalle (GPS: N 48° 27' 49.0" E 7° 55' 55.0"), Sie haben die Wahl. Die Innenstadt erreichen Sie von hier aus in ca. 15 min. zu Fuß.

Am Ende des Kinzigtals gelegen und bereits 1101 von den Zähringern gegründet, wird OFFENBURG auch gerne das "Tor zum Schwarzwald" genannt. Die Stadt ist kulturelles und wirtschaftliches Zentrum der wein- und obstreichen Ortenau. Neben der hier ansässigen Industrie ist OFFENBURG durch das Haus **Burda** auch als Verlagsstadt bekannt.

Das zum größten Teil aus der Barockzeit stammende Stadtbild der Innenstadt wird durch die zahlreichen Fachwerkbauten etwas aufgelockert. Sehenswerte Bauten sind das Rathaus mit der Ursulasäule, die Einhornapotheke und natürlich die **Heiligkreuzkirche**.

Letztere fiel 1689 dem Stadtbrand zum Opfer, so dass von dem heutigen Bau lediglich eine Grundmauer aus dem 14. Jh. stammt. Der Neubau der dreischiffigen Hallenkirche wurde unter dem Einfluss der Voralberger Bauschule 1720 fertiggestellt. Aus dieser Zeit stammt größtenteils auch die Innenausstattung der Kirche, wobei das Sandstein-Kruzifix von 1521, welches der linke Seitenchor beherbergt, eine der wenigen Ausnahmen ist.

An den Außenwänden der Kirche befinden sich mehrere Grabdenkmäler, darunter auch das des Ritters Jörg von Bach aus dem Jahr 1538.

Mit dem großen Ölberg, auf dem Gelände des ehemaligen Friedhofes, befindet sich ein weiteres Kunstdenkmal hinter der Kirche. Hier verschloss die Steinplatte, welche den Engel trägt, einen vor die Stadtmauer führenden Gang.

Da wir diese Tour "Bade-Tour" nennen wollen, wird es jetzt aber höchste Zeit für einen anständigen Badesee. Dazu fahren wir in SCHUTTERWALD gleich nach dem Ortsschild rechts, biegen an der ersten Ampel wieder rechts in die Bahnhofstraße, welche wir nach 400 m rechtsblinkend verlassen. Nach wenigen hundert Meter auf der Seestraße leiten uns die Parkplatzschilder auf üppig dimensionierte Parkflächen, die zu einer Übernachtung geradezu einladen.

(16) WOMO-Badeplatz: Schutterwald

GPS: N 48° 27' 40.0" E 7° 53' 29.0"; Seestraße. **max. WOMOs:** 3-4
Ausstattung/Lage: Badesee, Gaststätte / Ortsrand.
Zufahrt: Am Ortsschild rechts, an der Ampel rechts, nach 400 m rechts.

Vorher sollte man sich jedoch nicht ein Bad in dem **türkisblauen Wasser** entgehen lassen.

Badesee SCHUTTERWALD

Zurück an der Hauptstraße fahren wir rechts und folgen der K5330 nach ALTENHEIM. Hier überqueren wir an der ersten größeren Kreuzung die B36 und rollen genau 1 km auf der Vogesenstraße, bevor wir rechts abbiegen. Beim Anglerheim (nach 1,2 km) halten wir halb links auf die kleine Brücke zu, 300 m nach der Brücke macht der Weg einen Knick nach links und nur wenig später stehen wir vor dem idyllisch gelegenen **Baggersee**.

Parkplätze sind links der Straße genügend vorhanden, so dass Sie der 2 m Balken an den ersten zwei Parkbuchten nicht beeindrucken muss (**17:** N 48° 28' 55.0" E 7° 47' 40.0").

Einen weiteren sehr schön an einem See gelegenen und deutlich ruhigeren (aber auch einsamen) Übernachtungsplatz finden Sie, wenn Sie an unserem Abzweig von der Vogesen-

Badesee ALTENHEIM: die Temperatur stimmt schon mal.

straße noch weitere 2,3 km der Straße folgen (**17a:** N 48° 28' 33.1" E 7° 46' 39.7").

Da das Frühstück nun doch schon eine ganze Weile zurückliegt, packen wir den Grill aus, zünden die Kohlen an und rein ins Wasser (nicht der Grill, sondern wir). Nach ein, zwei Runden Schwimmen sind die Kohlen richtig heiß und unsere Würste können es kaum noch erwarten es sich auf dem Grill so richtig gemütlich zu machen.

Als wir uns am Abend auf eine geruhsame Nacht einrichten, erzählen uns ein paar Ortskundige von einem übermotivierten "Hilfs-Sheriff", der eine durchaus strenge Auslegung der "Cam-

Badesee ICHENHEIM: einfach herrlich.

ping verboten“ Schilde praktiziert. Uns ist er jedenfalls nicht begegnet.

Wieder an der Hauptstraße geht es rechts auf die B36 und noch bevor wir den fünften Gang einlegen können, taucht vor uns das Ortsschild von DUNDENHEIM auf. Da auch heute der Name Programm ist, machen wir uns auf die Suche nach dem nächsten warmen **Baggersee**.

Also fahren wir kurz vor dem Ortsausgang Richtung OFFENBURG und biegen 800 m nach dem Ortsschild rechts ab. Von hier sind es noch 1,3 km bis zum **Stockfeldsee** (GPS: N 48° 26' 27.0" E 7° 50' 13.0"). Ausgestattet mit Mülleimer und schattenspendenden Bäumen lädt er zu einem gemütlichen Badetag ein.

Zurück in DUNDENHEIM biegen wir an der Hauptstraße links Richtung ICHENHEIM. Trotz der erhöhten Gefahr, dass sich bei uns Kiemen und Schwimmhäute ausbilden, wird zielstrebig der nächste Badesee angesteuert. Dazu rollen wir 700 m nach dem Ortsschild ICHENHEIM am Gasthaus Schwanen rechts in die Rheinstraße (zw. Gasthaus und Kirche). Drei Kilometer weiter zweigt ein schmaler Weg links ab (Wegweiser Anglerheim / Badeplatz). Nach weiteren 900 m wartet der Parkplatz zur Linken und der **See** zur Rechten.

(18) WOMO-Badeplatz: Ichenheim

GPS: N 48° 26' 03.0" E 7° 46' 31.0" **max. WOMOs:** 2-3
Ausstattung/Lage: Badesee, Mülleimer / außerorts.
Zufahrt: Am Gasthaus Schwanen rechts, drei km später links.

Kaum haben wir das Womo unter einem schattenspendenden Baum abgestellt, läuft das weitere Prozedere fast schon automatisch ab (Grill auspacken, am See aufstellen, ...).

Während man nach dem Bad in dem herrlich warmen See so ganz sorglos in der Sonne liegt, sollte man immer einen seiner Lauscher Richtung Straße ausrichten. Der Nachtisch kommt in einem grün / weisen VW Bully und macht sich durch das energische Läuten einer kleinen Glocke bemerkbar. Der geschäftstüchtige **Eisverkäufer** hat mehrere ausgezeichnete Sorten im Angebot und klappert sämtliche Badeseen der Umgebung ab.

Wenn Sie lieber direkt am Rhein stehen oder gar Ihr Wassersportgerät dabei haben, dann biegen Sie von der Rheinstraße **nicht** links zum Badesee ab, sondern fahren die Straße bis zum Ende durch und rollen dann links. Hier befindet sich an der rechten Seite ein langer Parkstreifen, auf dem sehr wahrscheinlich schon ein paar Wohnmobilisten halten (GPS: N 48° 26' 26.0" E 7° 45' 34.0").

Wieder zurück an der Hauptstraße biegen wir gleich nach der Kirche rechts Richtung MEISSENHEIM.

Hier angekommen, folgen wir 500 m nach dem Ortsschild nicht der nach links abknickenden Hauptstraße, sondern halten uns geradeaus Richtung Kirche / Womo Stellplatz. An der schmucken 1776 erbauten Barockkirche sollten Sie auf jeden Fall halten!

Von den zahlreichen Kunstwerken aus Stuckmarmor sind besonders der Altar, die Kanzel und natürlich die berühmte **Silbermann-Orgel** aufzuzählen. Auf letzterer geben immer wieder berühmte Organisten ihre Konzerte.

Eine der sehenswertesten Stellen befindet sich jedoch an der Rückseite der Kirche. Hier fand **Friederike Brion**, eine Pfarrerstochter aus dem Elsass

Friederike Brion

und Jugendliebe unseres Johann Wolfgang von Goethe, ihre letzte Ruhestätte.

Damit auch die absoluten Kulturbanausen den Diesel ihres Womos hier kurz abstellen, haben sich die Meissenheimer etwas ausgedacht. Sie sind hergegangen und haben an der Außenwand der Kirche einen **Wasserhahn** angebracht.

Zum Übernachten ist hier für jeden was dabei. Wer den neuen Stellplatz mit **Entsorgungsstation** bevorzugt, der folgt von der Kirche aus einfach der Beschilderung. Sollten Sie es sich auf dem Weg dorthin doch noch einmal überlegt haben, so können Sie 300 m nach der Kirche rechts in die Goethestraße einschwenken, an der zweiten Möglichkeit links abbiegen und auf den Parkplatz beim Friedhof rollen, wo man durchaus eine ruhige Nacht verbringen kann (**19:** N 48° 24' 45.0" E 7° 46' 46.0").

(20) WOMO-Stellplatz: Meißenheim 1

GPS: N 48° 25' 00.0" E 7° 46' 37.0"; Winkelstraße. **max. WOMOs:** > 5
Ausstattung/Lage: Ver- / Entsorgung, Kanuverleih / Ortsrand
Gebührenpflichtig! **Zufahrt:** Siehe Text.

Alle anderen fahren mit uns (von der Kirchstraße her kommend) an der Kirche links und gleich wieder rechts in die Friedrichstraße, überqueren den Bach und rollen weiter ortsauswärts. Einen großzügig dimensionierten und mit Bäumen geschmückten Parkplatz erreichen wir 900 m nach dem Ortsschild auf der linken Seite.

(21) WOMO-Stellplatz: Meißenheim 2

GPS: N 48° 25' 20.0" E 7° 46' 03.0" **max. WOMOs:** 3-4
Ausstattung/Lage: keine, Camping Verboten / außerorts.
Zufahrt: Siehe Text.

Nach Dauerregen ist der Platz recht aufgeweicht und gerade für schwerere Womos nicht geeignet!

Kaum haben wir das Womo abgestellt, machen wir uns auf den Weg zum nur wenige Gehminuten entfernten Vältinschollen - Baggersee. Enttäuscht stellen wir fest, dass der einzig vernünftige Seezugang im Besitz des örtlichen Segelvereins ist. Wer dennoch nicht aufs Baden verzichten will, muss einen langen Fußmarsch entlang des Sees in Kauf nehmen, um ein schönes Plätzchen zu finden.

MEISSENHEIM verlassen wir über die Kirchstraße Richtung KAPPEL. Hier angekommen, fahren wir 400 m nach dem Ortsanfang rechts Richtung RHINAU, wo sich am Ortsende der Freizeitpark **Funny World** links der Straße samt großem, ebenem Parkplatz präsentiert (GPS: N 48° 17' 39.5" E 7° 43' 59.8"). Wir schwenken 300 m nach Ortsende links auf das schmale Teersträßchen, um nach weiteren 500 m dem Wegweiser "Taubergießen / Waldparkplatz" zu folgen. Kurz danach wechselt der Belag von Teer auf Schotter. Da es die Tage zuvor ausgiebig geregnet hat, sieht unser frisch geputztes Womo im Handumdrehen aus wie das berühmte Tier mit dem Ringelschwanz, so dass wir froh sind kurz darauf noch einmal links abzubiegen und auf den **Wanderparkplatz** zu rollen.

(22) WOMO-Wanderparkplatz: Taubergießen

GPS: N 48° 17' 34.0" E 7° 43' 03.0" **max. WOMOs:** 2-3
Ausstattung/Lage: Mülleimer, einsam / außerorts.
Zufahrt: Siehe Text.

Das **Naturschutzgebiet Taubergießen** ist mit einer Fläche von 1600 Hektar eines der letzten zusammenhängenden Gebiete der ursprünglichen Rheinauenlandschaft. Seine großen, stehenden Wasserflächen, die vielen Altrheinarme, der Auenwald sowie die "Gießen", wo das bei Breisach im Schotter versickerte Wasser wieder zu Tage tritt, sind Rückzugsgebiete für viele vom Aussterben bedrohte Pflanzen und Tiere.

Um dieses Paradies zu erhalten, darf das Gebiet nur auf den ausgewiesenen Wander- bzw. Wasserwegen erkundet werden. So kann man z. B. auf einer Strecke von rund 15 km, auf der sog. "Tauber", die Landschaft vom Paddelboot aus bewundern.

Zurück in KAPPEL, fahren wir Richtung RUST und schwenken 100 m vor Ortsende nach rechts auf den Parkplatz beim **Baggersee** (GPS: N 48° 17' 09.0" E 7° 44' 26.0"). Dass die schöne große Liegewiese leer ist und ein verliebtes Paar Schwäne die einzigen Badegäste sind, hat heute wohl Petrus zu verantworten.

Für unser nächstes Ziel, den Europapark, - **Europas größter Freizeitpark** - hat das schlechte Wetter durchaus seine

Vorzüge. Sie müssen sich zwar in regenfeste Klamotten zwängen, brauchen dafür aber an den Fahrattraktionen, statt der sonst üblichen 0,5 - 1,5 Stunden nur wenige Minuten anstehen. Besonders gelassen kann man dem sonst eher lästigen Spritzen beim Wildwasserfahren entgegenschauen.

Also beenden wir unsere wohlverdiente Mittagspause am Baggersee in KAPPEL und steuern RUST an. Wir durchqueren den Ort und folgen ab dem Kreisverkehr am Ortsende der Beschilderung zum Stellplatz am Europapark.

Dafür, dass Sie neben dem "Tippidorf" stehen dürfen, knöpft man Ihnen hier tagsüber 6 € und wenn Sie übernachten möchten noch einmal **zusätzlich 22 €** ab! So werden Sie ganz sachte an das Preisniveau des Parkes herangeführt, damit Sie nicht ganz so verwundert gucken, wenn die nette Dame an der Kasse, mit einem Lächeln auf den Lippen, "37,50 € pro Person" zu Ihnen sagt (zwei Tage 70 €).

(23) WOMO-Stellplatz: Europapark

GPS: N 48° 16' 20.0" E 7° 43' 03.0" **max. WOMOs:** >10
Ausstattung/Lage: Ver- / Entsorgung, Toilette, Dusche / Europapark. Gebührenpflichtig! **Zufahrt:** Siehe Text.

Da wir den Park von früheren Besuchen kennen, hoffen wir auf besseres Wetter und suchen den nächsten Baggersee. Den findet man indem man in RHEINHAUSEN-OBERHAUSEN an der Fußgängerampel links in die Kirchstraße einbiegen, 1,4 km nach dem Ortsende halb rechts fahren und die 500 m am Seehof vorbei zum Parkplatz rollen (GPS: N 48° 12' 41.0" E 7° 44' 06.0").

Zurück in OBERHAUSEN fahren wir an der Hauptstraße links nach WHYL, biegen hier 300 m nach dem Ortsschild rechts in die Rheinstraße ein (gleich nach der Fußgängerampel) und brummen 900 m nach Ortsende links auf den **Wanderparkplatz** direkt an der Straße (**23a**: N 48° 10' 29.0" E 7° 38' 11.0"). Von hier aus starten wir zu einer kleinen Wanderung auf dem **Naturlehrpfad**.

WOMO-Wandertipp: Naturlehrpfad

Gehzeit: 1 h **Schwierigkeit:** leicht **Höhenunterschied:** < 100 m
Strecke: Vom Parkplatz aus führt der gut ausgeschilderte Weg nach nur wenigen Metern nach rechts in den Wald. Gleich darauf steht man vor dem Seerosenloch,

welches vor allem im Sommer eine Augenweide ist. Im weiteren Verlauf führt uns der Weg vorbei an mächtigen von Efeu und bis zu 15 m hohen Waldreben umschlungenen Buchen, Eschen, Erlen, Ulmen und vielen anderen prachtvollen Bäumen. Den besonderen Charakter des Lehrpfades machen jedoch die Wasserläufe aus. Entlang des Mollikopf (ein Altrheinarm) führt der Weg zurück zur Rheinstraße. Südlich der Straße macht der Pfad einen Bogen und führt über einen abenteuerlichen Steg zu einem Grillplatz. Der zweite Teil des Weges ist geprägt von einer Vielzahl von Sträuchern, Gräsern, Blumen sowie von Holzstegen überspannten Altwasserflächen. Er verläuft vom Grillplatz nördlich der Straße durch den Wald, ehe er auf dem Hochwasserdamm zum Parkplatz zurückführt.

Zu dem bei der Wanderung entdeckten **Grillplatz** sind es vom Parkplatz aus nur noch 700 m Richtung Rhein (GPS: N 48° 10' 49.0" E 7° 38' 02.0"). Rollt man von hier noch 500 m weiter, so entdeckt man auf der linken Straßenseite einen großen Parkplatz direkt hinter dem Rheindamm, wo man durchaus sein müdes Haupt zur Ruhe betten kann.

(24) WOMO-Stellplatz: Whyl (Rhein)

GPS: N 48° 11' 05.0" E 7° 37' 59.0" **max. WOMOs:** 2-3
Ausstattung/Lage: keine / außerorts (am Rhein).
Zufahrt: Vom Wanderparkplatz noch 1,2 km Richtung Rhein.

Wieder in WHYL biegen wir an der Hauptstraße nach rechts und verlassen den darauffolgenden Kreisverkehr an der ersten Ausfahrt Richtung SASBACH. Hier angekommen, verlassen wir den Kreisverkehr an der zweiten Möglichkeit, schwenken 500 m nach Ortsanfang rechts in die Limburgstraße und biegen an deren Ende wieder rechts auf die Hauptstraße. Gut 1 km nach dem Ortsende stellen wir unser Womo links auf dem Parkplatz unterhalb der **Ruine Limburg** ab (**25:** N 48° 08' 51.0" E 7° 36' 05.0") und machen uns auf, die ehemalige Burg zu stürmen. Die von den Zähringern gegründete Burg, auf der 1218 Kaiser Rudolf von Habsburg geboren wurde, erreichen wir in weniger als 15 Minuten. Oben angekommen, wird einem bei dem hervorragenden Ausblick über den Rhein und Umgebung schnell die strategische Rolle der Befestigung klar.

Der Spaziergang von gut einem Kilometer zu der östlich der Ruine inmitten der Weinberge gelegenen **Wallfahrtskapelle** ist durchaus lohnenswert. Allein schon der vielen "Stationen" wegen, welche den Kreuzweg säumen.

Station am Kreuzweg

Der Parkplatz unterhalb der Ruine kann durch die Nähe zur Straße schon auch mal etwas laut sein. Ein wesentlich ruhigeres Plätzchen bietet einem der Parkplatz an der Limburghalle.

(26) WOMO-Stellplatz: Limburghalle (Sasbach)

GPS: N 48° 08' 12.0" E 7° 36' 33.0"; Dorfinsel. **max. WOMOs:** 2-3
Ausstattung/Lage: Mülleimer / Ortsrand.
Zufahrt: 500 m nach dem Ortsschild rechts, dann beschildert.

Dazu fahren wir wieder ortseinwärts, biegen 500 m nach dem Ortsschild rechts ab um der Beschilderung Limburghalle zu folgen, welche uns nur 400 m weiter ein weiteres Mal dazu anhält, den rechten Blinker zu betätigen. Kurz darauf stellen wir unser Womo auf dem ruhigen Parkplatz ab und stimmen uns bei einem Spaziergang durch das Winzerdorf schon mal auf den Kaiserstuhl ein.

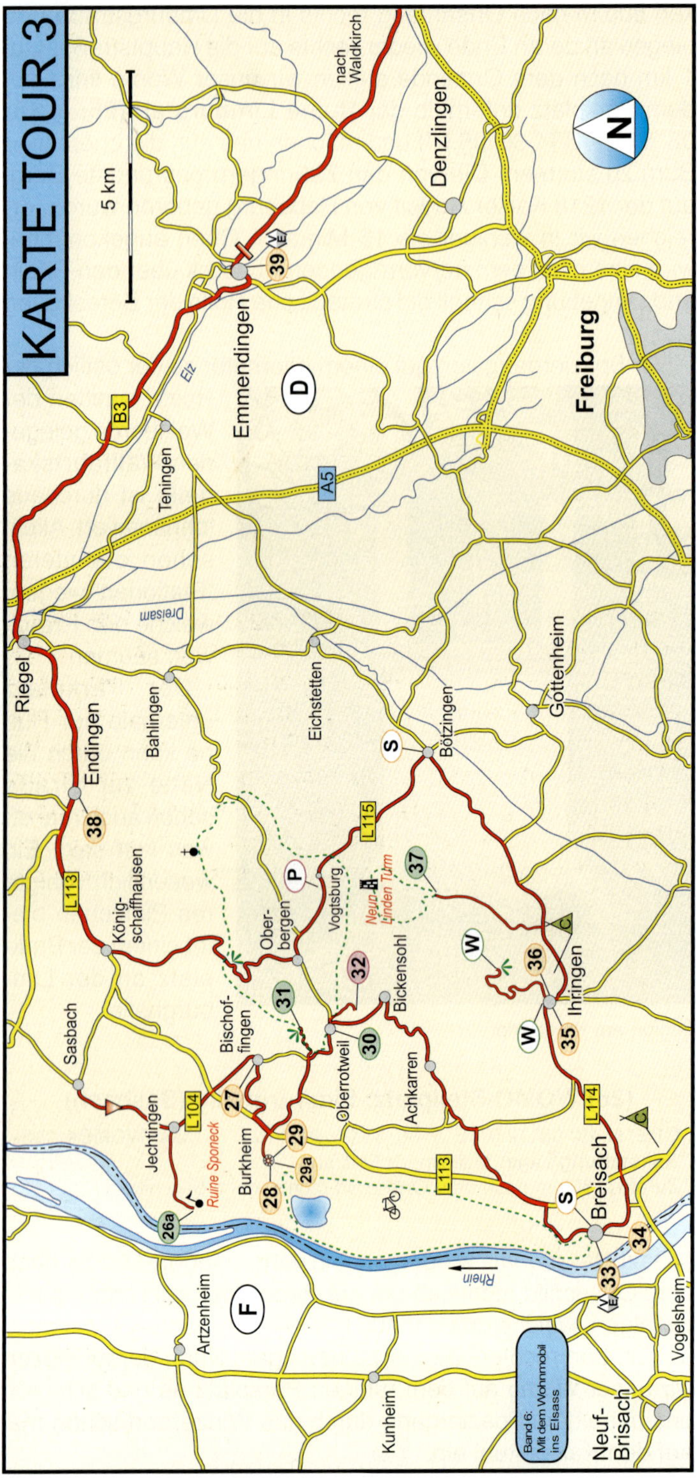
KARTE TOUR 3
5 km
nach Waldkirch
Denzlingen
Emmendingen
Freiburg
Teningen
Elz
B3
A5
D
Riegel
Endingen
Bahlingen
Eichstetten
Dreisam
Gottenheim
Bötzingen
L115
Königschaffhausen
L113
Oberbergen
Vogtsburg
Neuen Linden Turm
Sasbach
Bischoffingen
Oberrotweil
Bickensohl
Ihringen
Achkarren
Jechtingen
L104
Ruine Sponeck
Burkheim
L114
Breisach
Rhein
Artzenheim
F
Kunheim
Vogelsheim
Neuf-Brisach
Band 6: Mit dem Wohnmobil ins Elsass
26a
27
28
29
29a
30
31
32
33
34
35
36
37
38
39

TOUR 3 (ca. 95 km / 3-5 Tage)

Bischoffingen - Burkheim - Oberrotweil - Breisach - Ihringen - Bötzingen - Endingen - Emmend.

Freie Übernachtung:	Burkheim, Breisach, Ihringen, Lilliental, Oberrotweil, Endingen, Emmendingen.
Campingplätze:	Breisach-Hochstetten, Ihringen.
Ver-/Entsorgung:	Breisach, Emmendingen.
Baden:	Burkheim.
Besichtigen:	Winzergenossenschaft, Altstadt Burkheim, St. Alban Kapelle in Bötzingen.
Wandern:	Oberrotweil, Lillientał, Bötzingen.
Radfahren:	Breisach.

Der Kaiserstuhl, ein kleiner Höhenzug zwischen Oberrheingraben und Schwarzwald, ist nicht nur wegen der über die Region hinaus bekannten Weine einen Abstecher wert. Angesichts der recht überschaubaren Größe, mit einem Durchmesser von 16 km und einer maximalen Erhebung von 557 m (Totenkopf), könnte einem die vorgeschlagene Reisedauer von 3 - 5 Tagen etwas überdimensioniert vorkommen. Dennoch sollten Sie sich die Zeit einfach nehmen, schließlich reisen Sie durch **Deutschlands wärmste Gegend**. In dem beinahe

Einstimmung auf die wärmste Gegend Deutschlands

mediterranen Klima, wo **Kiwibäume** Früchte tragen und die **Mandelbäume** schon im Februar blühen, kann man bereits im Straßencafe sitzen, während im Schwarzwald noch die Skilifte in Betrieb sind.

Das sanft gerundete Aussehen verdankt die vulkanische Landschaft einer gelben Lößdecke, die am Fuß der Berge eine Schichtdicke von bis zu 60 m aufweist. In den siebziger Jahren hat man, zu Gunsten eines rationellen Weinbaus, begonnen riesige Terrassenfelder anzulegen, was dazu führte, dass vielerorts das ursprüngliche Landschaftsbild mit kleinen Weinbergen und den bis zu 20 m tiefen Hohlwegen verschwand.

Unser erstes Ziel heute ist die Burg Sponneck. So verlassen wir SASBACH in Richtung JECHTINGEN und rollen dort 250 m nach dem Ortsschild rechts dem Wegweiser folgend zur Burgruine (**26a:** N 48° 06' 54.0" E 7° 34' 58.0"). Da das um 1300 erbaute Anwesen in Privatbesitz ist, bleibt uns nur der neugierige Blick über den Zaun, von wo aus man auch die Grundmauern des ehemaligen römischen Kastells bestaunen kann. Als Ausweichprogramm empfehlen sich die Rad- und Wanderwege.

Wesentlich intensiver und aus einer viel kürzeren Entfernung wollen die **Fresken** aus dem 14. und 15. Jahrhundert in der Kirche von BISCHOFFINGEN bewundert werden. Also verlassen wir JECHTINGEN, schleichen 500 m nach Ortsende links über den unbeschrankten Bahnübergang und halten uns nur 100 m später weiter Richtung BISCHOFFINGEN. Hier angekommen, biegen wir kurz nach dem Ortsschild rechts in den Sinnweg und stellen unser Womo 100 m weiter auf dem Parkplatz an der Turnhalle ab (**27:** N 48° 06' 18.0" E 7° 37' 30.0"). Von hier aus spazieren wir in wenigen Minuten durch das urige Winzerdorf zum besagten Gotteshaus (**WC** hinter der Kirche).

Betrachtet man die, für den ganzen Kaiserstuhl typischen, aneinandergebauten und durch hohe Holztore von der Straße getrennten Häuser, könnte man auf den Gedanken kommen es mit einem verschlossen und eigenbrötlerischen Menschenschlag zu tun zu haben. Spätestens bei einer ausgiebigen Weinprobe in einer der Winzergenossenschaften oder nach einem geselligen Abend in einer der zahlreichen Weinstuben weiß man es besser.

BURKHEIM

Unseren Parkplatz verlassen wir nach rechts, fahren am Ende der Straße noch einmal rechts, vorbei an der Winzergenossenschaft, und folgen der Straße nach **BURKHEIM**. Hier angekommen zirkeln wir unser Womo 400 m nach Ortsanfang, vor dem Stadttor (**nicht** dem Schild "P-Mittelstadt" folgen) rechts um die Ecke. An dem steilen Berg geben wir dem Betteln unseres Boliden nach dem ersten Gang schließlich nach und stehen 200 m weiter auf einem wie für Wohnmobile geschaffenen Parkplatz. Direkt über einem Weinberg gelegen, weiß man nicht, wohin man seinen Blick zuerst richten soll: auf die in Reih und Glied stehenden Reben, die immer noch mächtige Schlossruine oder doch lieber auf den Kirchturm?

(28) WOMO-Stellplatz: Burkheim Altstadt

GPS: N 48° 06' 06.0" E 7° 35' 48.0"; Bundlergasse. **max. WOMOs:** 2-3
Ausstattung/Lage: Brunnen, Tisch & Bank, Mülleimer / Ortsrand.
Zufahrt: Siehe Text.

Der Aufgeschlossenheit der Burkheimer hat man es wohl zu verdanken, dass hier auch noch an einen **Brunnen** mit Tisch,

Bank und Mülleimer gedacht wurde. Dem Spaziergang durch den nur wenige Minuten entfernten historischen Ortskern mit seinen engen Gässchen und Fachwerkhäusern steht nun nichts mehr im Wege. Ein leichter Nebelschleier, als Folge des regnerischen Wetters der letzten Tage, verleiht dem Städtchen sowie der **Schlossruine** einen ganz besonderen mittelalterlichen Charakter.

Eine Zeichnung des intakten Schlosses findet man in der Pfarrkirche St. Pankratius. Dazu muss man allerdings einen Blick hinter den Hochaltar werfen.

In einem Ort in dem die Gastfreundschaft bereits auf dem Parkplatz beginnt, kann sie in der Weinstube wohl kaum schlechter sein. Also beschließen wir heute den Herd kalt zu lassen und sitzen kurz darauf in der alten Schmiede. In dem überschaubaren Kellergewölbe, wo noch vor gut 30 Jahren der Hammer geschwungen wurde, werden jetzt schmackhafte Vesper, leckere Flammkuchen und selbstverständlich Burkheimer Weine dargeboten.

Wenn Sie mal eine ausgefallene Stadtführung wünschen, dann können Sie einen der berühmten **Burkheimer Nachtwächter** auf seinem Streifzug durch die Stadt begleiten.

Die nächtlichen Nebelreste haben sich am nächsten Morgen genauso schnell verzogen wie die Auswirkungen des kräftigen Spätburgunders, so dass wir nach dem Frühstück noch unseren Wassertank auffüllen, bevor der Diesel dem Kaltstart

Hochaltar in der Kirche von BURKEIM

entgegenfiebert.

Vom nächtlichen Lager aus rollen wir ortsauswärts, überqueren beim Hotel "Kreuz Post" die L113 und fahren weiter Richtung OBERROTWEIL. Zwei weitere übernachtungstaugliche Parkplätze (in Burkheim) finden Sie in dem Sie an dem besagten Hotel nicht geradeaus sondern rechts, kurz darauf zweimal halbrechts, dann links abbiegen und den Parkplatz an der Ecke Rheinstraße / Im Ayle ansteuern (**29:** N 48° 05' 56.0" E 7° 35' 59.0"), oder den Schotterplatz am Ortsende entern.

(29a) WOMO-Stellplatz: Burkheim "Badesee"

GPS: N 48° 05' 51.0" E 7° 35' 38.0"; Rheinstraße **max. WOMOs:** 2-3
Ausstattung/Lage: Badesee (1 km) und Altstadt in der Nähe / Ortsrand.
Zufahrt: Die Rheinstraße weiter geradeaus, 200 m nach Ortsende rechts.

In OBERROTWEIL angekommen, fahren wir Richtung Ortsmitte, biegen am Ende der Straße links, gleich nach der Kirche wieder rechts, um ca. 300 m weiter auf dem Wanderparkplatz auszurollen.

(30) WOMO-Wanderparkplatz: Oberrotweil Kirche

GPS: N 48° 05' 09.0" E 7° 37' 40.0"; Eisentalstr. **max. WOMOs:** 1-2
Ausstattung/Lage: keine / Ortsrand.
Zufahrt: Nach der Kirche rechts, dann noch 300 m.

Von hier aus wollen wir den Kaiserstuhl heute per pedes erkunden, also rein in die Wanderschuhe und los gehts.

WOMO-Wandertipp: Katharinenberg (Rundw.)

Gehzeit: 4 h **Schwierigkeit:** mittel **Höhenunterschied:** 500 m
Strecke: Von unserem Parkplatz aus laufen wir die Eisentalstraße bis zur Hauptstraße vor, biegen dort links und die nächste gleich wieder rechts ab, überqueren den Krottenbach und folgen der nach links abknickenden Straße bis zur Kreuzung. Nun folgen wir der Straße ortsauswärts, wo uns die Wegweiser durch Weinberge zum Aussichtsparkplatz an der Mondhalde führen. Oben angekommen kann man erst einmal verschnaufen und die großartige Aussicht genießen. Nun folgen wir dem Verlauf des Kammes zunächst am Waldrand, dann durch lichten Wald, queren den Parkplatz "Auf dem Eck" und wandern weiter zur Kapelle auf dem Katharinen-

berg, wo wir uns eine Pause mit allem, was beim Wandern so dazugehört verdient haben. Frisch gestärkt werfen wir noch ein paar Blicke ins Innere der Kapelle,
bevor es weiter geht. Nachdem wir beim Parkplatz "Bahlinger Eck" die Straße gequert haben, geht es über sonnendurchflutete Matten vorbei an der Eichelspitze, bevor wir am Vogelsangpass abermals die Straße queren. Weiter geht es Richtung Totenkopf, wo wir uns allerdings für den Weg unterhalb von Totenkopf und Neunlindenbuck entscheiden. Diesem folgen wir durch den Wald zurück nach OBERROTWEIL, wo uns die Hauptstraße in westlicher Richtung zum Ausgangspunkt zurückführt.

Wer sich unserem Wandertipp angeschlossen hat, dem ist der schöne Stellplatz auf der Mondhalde sicherlich nicht entgangen. Also dieseln wir zurück bis zur Winzergenossenschaft, biegen rechts Richtung BURKHEIM ab und folgen (dort wo es links nach BURKHEIM geht) rechts der Beschilderung zum **Aussichtsparkplatz Mondhalde**. Bereits nach der dritten Kehre können Sie Ihrem Mobil eine Pause verschaffen, indem Sie an dem **Brunnen** einen Stopp einlegen und Ihre Wasserreserven aufbessern.

Oben angekommen, haben wir die Wahl zwischen dem Parkstreifen links der Straße und der Aussichtsplattform mit herrlichem Blick über Kaiserstuhl und Oberrhein. Also tuckern wir auf dem schmalen Sträßlein (Durchfahrt für Fahrzeuge über 2,8 Tonnen verboten) die paar Meter hoch zur Plattform, wo wir eben einparken.

(31) WOMO-Wanderparkplatz: Oberrotweil Mondhalde

GPS: N 48° 05' 50.0" E 7° 38' 22.0" **max. WOMOs:** 1-2
Ausstattung/Lage: Mülleimer / außerorts.
Zufahrt: An der Kreuzung nach Burkheim rechts, dann beschildert.

Dank der milden Temperaturen und der zahlreich vorhandenen Tische und Bänke, können wir unser Abendessen unter freiem Himmel einnehmen und den Tag gemütlich ausklingen lassen.

Mindestens genauso reizvoll wie der Sonnenuntergang ist der Anblick, den die sich auflösenden Nebelschwaden im Frühjahr morgens in die Landschaft zaubern.

Zurück in OBERROTWEIL fahren wir an der Winzergenossenschaft wieder links und biegen 800 m weiter rechts Richtung BICKENSOHL / ACHKARREN ab. Fährt man jedoch geradeaus durch den Ort, und biegt kurz nach Ortsende rechts ab, so erreicht man nach ca. 1,2 km einen **idyllisch** gelegenen **Waldparkplatz** mit Tisch, Bank und Grill.

(32) WOMO-Picknick-platz: Oberrotweil

GPS: N 48° 05' 01.0" E 7° 38' 50.0"
max. WOMOs: 1-2
Ausstattung/Lage: Tisch & Bank, Mülleimer, Grillstelle / außerorts.
Zufahrt: Siehe Text.

Die Straße nach BREISACH verlassen wir an der Abfahrt BREISACH Nord und finden 1,4 km nach Ortsanfang einen gebührenpflichtigen Stellplatz mit **Entsorgung** direkt hinter dem Rheindamm vor.

(33) WOMO-Stellplatz: Breisach (Rhein)

GPS: N 48° 01' 47.0" E 7° 34' 32.0"; Josef-Bueb Str. **max. WOMOs:** >5
Ausstattung/Lage: Mülleimer,Ver- / Entsorgung, Gebühr / Ortsrand.
Zufahrt: Abfahrt Breisach Nord, nach dem Ortsanfang noch 1400 m.

Da uns gebührenfreie Stellplätze wesentlich sympathischer sind, verlassen wir den Stellplatz nach rechts, folgen der Vorfahrtsstraße bis zum Kreisverkehr und verlassen diesen an der zweiten Ausfahrt Richtung Bahnhof. Nach 500 m folgen wir der Beschilderung "Breisgauhalle / Schulzentrum", verlassen den nächsten Kreisverkehr an der dritten Ausfahrt und biegen 400 m später in die Friedhofsallee, wo wir unser Womo auf einem der Parkplätze beim Friedhof abstellen (GPS: N 48° 01' 54.0" E 7° 35' 05.0"). Einen weiteren geräumigen Parkplatz finden Sie vor, wenn Sie von hier aus zwei mal links abbiegen (vor der Seniorenwohnanlage).

Den **Münsterberg** mit seinen mittelalterlichen Gassen erreichen wir von hier aus in weniger als 10 Minuten. Das beherrschende Gebäude ist hier das vom 12.-15. Jahrhundert erbaute **Stephansmünster**. Trotz der Zerstörungen während des Zweiten Weltkrieges konnten wertvolle mittelalterliche Malereien wie z.B. “Das jüngste Gericht“ von Martin Schongauer (1488) erhalten werden. Nicht weniger wertvoll ist der Hochaltar, der in beeindruckender Weise einen Einblick in die Schnitzkunst am Rhein erlaubt.

Stephansmünster

Verlässt man den Münsterberg in nordwestlicher Richtung, kommt man an der **Freilichtbühne** der Breisacher Festspiele vorbei. Hier werden von Juni bis September jedes Wochenende zwei Stücke aufgeführt, ein Kinderstück am Nachmittag und ein anspruchsvoller Klassiker am Abend.

Wieder am Womo angekommen, richten wir den Blick noch einmal nach oben und beschließen bei soviel Blau die Fahrräder abzuschnallen und uns die milde Luft noch ein wenig um die Nase wehen zu lassen.

WOMO-Radfahrtipp: Zw. Kaiserstuhl und Rhein

Fahrzeit: 1,5 h **Schwierigkeit:** leicht **Länge:** ca. 20 km

Strecke: Von unserem Parkplatz am Friedhof radeln wir durch die Friedhofallee zur Hohenzollernstraße, biegen dort links und gleich darauf rechts in die Zähringerstraße, welche uns zur Burkheimer Landstraße bringt. Dieser folgen wir stadtauswärts, queren die Hafenstraße und lassen ab dem Gehöft Batzenhäusle den Autoverkehr hinter uns. Die Strecke führt uns nun durch Felder, entlang eines Bachlaufs und vorbei an der sanften Hügellandschaft des Kaiserstuhls. An der Ortstafel von

BURKHEIM schwenken wir nach links, wo wenig später ein Baggersee mit kühlem Nass und schattigen Ufer auf uns wartet. Am westlichen Ende des Sees rollen wir über einen Steg zum Rheindamm.Während wir auf dem Damm zurück nach BREIASCH radeln, bieten sich uns viele Gelegenheiten, die Schifffahrt auf dem Rhein zu beobachten.

Einen freien Übernachtungsplatz finden wir vor, indem wir vom Stellplatz am Rhein kommend, den Kreisverkehr an der ersten, den gleich darauffolgenden an der zweiten Ausfahrt verlassen, nach der Brücke links fahren und 300 m weiter auf dem Parkplatz beim Freibad ausrollen.

(34) WOMO-Stellplatz: Breisach Freibad

GPS: N 48° 01' 20.0" E 7° 35' 34.0" **max. WOMOs:** 2-3
Ausstattung/Lage: keine / außerorts.
Zufahrt: Siehe Text.

Zurück im Kreisverkehr am Bahnhof, verlassen wir diesen Richtung EMMENDINGEN und halten uns gleich danach links der Beschilderung IHRINGEN folgend. Hier angekommen folgen wir am Dorfbrunnen der nach rechts abknickenden Vorfahrtstraße, setzen bei der zweiten Möglichkeit den linken Blinker und stehen kurz darauf auf einem geräumigen Parkplatz, auf dem freitags am Vormittag der Wochenmarkt abgehalten wird (**35:** N 48° 02' 40.0" E 7° 38' 53.0").

Da der Tag noch jung ist und wir noch hoch hinaus wollen, verlassen wir den Synagogenplatz, der Einbahnstraße folgend, schwenken an deren Ende nach rechts in die Kirchstraße und

Straße zum Lenzenberg

Blick vom Lenzenberg

fahren 200 m weiter links Richtung Friedhof / Lenzenberg. Der Wegweiser führt uns den Berg hoch, wo wir einmal links abbiegen und kurz darauf an einer Weggabelung stehen. Folgen wir der Straße nach links und biegen gleich danach rechts, stehen wir nach wenigen Metern auf dem **Wanderparkplatz** zwischen Friedhof und Weinberg (GPS: N 48° 02' 51.0" E 7° 38' 54.0").

Wir entscheiden uns allerdings für das halbrechts zum **Lenzenberg** aufsteigende **schmale Sträßlein**. Wie im Bilderbuch schlängelt sich die Straße, zum Teil tief in den Lösboden eingeschnitten, durch den Weinberg, an steilen Wänden entlang den Berg hinauf (knapp 2 km). Oben angekommen, kann man in der Wirtschaft, unter freiem Himmel sitzend, den Blick weit hinunter über ein schönes Stück Kaiserstuhl schweifen lassen (GPS: N 48° 03' 17.0" E 7° 39' 17.0").

Zurück in IHRINGEN biegen wir am Dorfbrunnen links auf die Vorfahrtsstraße, folgen dieser Richtung EMMENDINGEN, wo es 200 m nach dem Linksknick zum Parkplatz an der Kaiserstuhlhalle geht, der eine weitere zentrale Übernachtungsmöglichkeit bietet (**36:** N 48° 02' 37.0" E 7° 39' 01.0").

Unser nächstes Ziel, das Liliental, erreichen wir indem wir 1,3 km nach dem Ortsende von Ihringen dem weißen Wegweiser nach links folgen und nach weiteren 2,8 km rechts auf den großen ruhigen Parkplatz rollen.

(37) WOMO-Wanderparkplatz: Liliental

GPS: N 48° 04' 00.0" E 7° 40' 32.0" **max. WOMOs:** 3-4
Ausstattung/Lage: keine / außerorts.
Zufahrt: 1,3 km nach Ihringen links, dann noch 2,8 km.

Hier im **Liliental** wurde in den Jahren 1957 und 1958 ein einmaliges Reservoir an seltenen Bäumen und Sträuchern geschaffen. So kann sich das Auge des Wanderers z. B. an griechischen Tannen, Lotuspflaumen, Tulpen- oder Mammutbäumen erfreuen.

WOMO-Wandertipp: Neun Linden

Gehzeit: 2 h **Schwierigkeit:** leicht **Höhenunterschied:** 350 m

Strecke: Vor der Gaststätte führt uns der Wegweiser "neun Linden" nach links, wo wir nur wenig später die Möglichkeit haben, den Berg von links oder rechts anzugehen. Wir entscheiden uns für die linke Variante, vorbei am Totenkopf, welcher zusammen mit dem Neunlindenbuck als Doppelgipfel den "Kaiserstuhl" bildet, zum Aussichtsturm neun Linden. Nach dem herrlichen Panorama, welches einem die Aussichtsplattform bietet, laden unterhalb des Turmes Bänke zum Verweilen ein. Den Rückweg treten wir in östlicher Richtung an, wo wir nach ca. 15 min. dem Wegweiser nach rechts folgen. Nach dem Passieren des Grillplatzes sind es nur noch 300 m bis zu unserem Ausgangspunkt.

Hungrig von der Wanderung, packen wir Tisch und Stühle aus und widmen uns dem leiblichen Wohl. Die Stille, welche nur durch Vogelgezwitscher unterbrochen wird, genießend sitzen wir noch vor dem Womo als sich die Sonne längst schon verabschiedet hat.

Fresken in St. Alban

Nach einer ruhigen Nacht steuern wir BÖTZINGEN, den ältesten Weinbauort im Kaiserstuhl an und stellen dort unser Womo an der Turnhalle ab. Dazu folgen wir 600 m nach dem Ortsschild (vorbei an Rathaus und Winzergenossenschaft) dem Wegweiser (GPS: N 48° 04' 21.0" E 7° 43'

14.0"). Von hier aus bietet sich uns die Möglichkeit Natur und Kultur miteinander zu verbinden, das heißt, die Wanderung entlang des **Weinlehrpfades** und ein Besuch der **Kapelle St. Alban** mit ihren wertvollen und gut erhaltenen Fresken.

WOMO-Wandertipp: Weinlehrpfad

Gehzeit: 2,5 h **Schwierigkeit:** leicht **Höhenunterschied:** < 200 m
Strecke: Vom Parkplatz aus folgen wir dem Wegweiser mit dem Traubensymbol, vorbei am Friedhof in die Kirchgasse. Um die Fresken der in den Pestjahren 1473 - 1481 erbauten Kapelle St. Alban nicht zu verpassen, verlassen wir den Weinlehrpfad, indem wir die Kirchstraße bis zu deren Mündung in die Bergstraße durchlaufen. Hier folgen wir der Straße 200 m in gleicher Richtung weiter und schon haben wir die rechts oberhalb der Straße stehende Kapelle erreicht. Den Schlüssel gibt es bei der Familie Hunn (Bergstraße 87). Nach dem Bewundern der Fresken aus dem 15. Jh. folgen wir an der Kapelle ein Stück dem

Brunnenlehrpfad bergauf, der kurz darauf wieder auf den Weinlehrpfad trifft. Vorbei an herrlichen Aussichtspunkten mit Blick auf Freiburg, den Schwarzwald und die Rheinebene führt der Rundweg zurück nach BÖTZINGEN.

Von hier aus fahren wir zurück zur Ampelkreuzung und biegen dort rechts Richtung OBERROTWEIL ab. Auf dem Weg nach ENDINGEN durchqueren wir den Kaiserstuhl noch einmal von Süd nach Nord und entdecken immer wieder schöne Rastplätze wie z. B. den **Picknickplatz** 800 m nach VOGTSBURG (GPS: N 48° 05' 32.0" E 7° 40' 23.0").

In OBERBERGEN folgen wir der Beschilderung KÖNIGSCHAFFHAUSEN nach rechts und machen 1,7 km nach Ortsende einen Fotostop auf dem aussichtsreichen Parkplatz.

In ENDINGEN rollen wir **vor** dem Stadttor rechts, gut 500 m (vor dem Gasthaus Schützen) noch einmal rechts und sichten dann sogleich den großen Parkplatz, auf dem Wohnmobile willkommen sind.

(38) WOMO-Stellplatz: Endingen

GPS: N 48° 08' 18.0" E 7° 42' 13.0"; Freiburger Weg. **max. WOMOs:** 3
Ausstattung/Lage: Mülleimer / zentrumsnah.
Zufahrt: Vor dem Stadttor rechts, nach 500m noch einmal rechts.

An besagtem Gasthaus vorbei erreichen wir die **mittelalterliche Innenstadt**, welche ENDINGEN zu einem der schönsten Orte am Kaiserstuhl macht, in weniger als 10 Minuten. Die beiden Pfarrkirchen in dem recht kleinen Ort zeugen bis heute von dem doppelten Siedlungsursprung der Stadt. Im Jahre 880 schufen nämlich die Herren von Uesenberg aus einer alemannischen Siedlung und einem danebenstehenden Fronhof eine ummauerte Stadt. Die **St. Peterskirche** gilt als einer der letzten bedeutenden Kirchbauten des Barock.

Zurück an der Durchgangsstraße fahren wir rechts durch das Stadttor (Durchfahrtshöhe 3,20 m!!!), durchqueren den Ort und verlassen den Kreisverkehr vor RIEGEL an der zweiten Ausfahrt Richtung SASBACH, um kurz darauf rechts nach EMMENDINGEN abzubiegen. Hier rollen wir weiter auf der B3, um an der dritten Ampel dem Wegweiser Freibad zum Wohnmobilstellplatz zu folgen. Kostenlos, mit Entsorgungsstation, zentrumsnah (1 km) und dem Schwimmbad gegenüber ist dieser nicht die schlechteste Wahl.

(39) WOMO-Stellplatz: Emmendingen

GPS: N 48° 07' 05.0" E 7° 50' 27.0"; Am Sportfeld. **max. WOMOs:** >5
Ausstattung/Lage: Mülleimer, Ver- / Entsorgung / Ortsrand.
Zufahrt: Siehe Text.

TOUR 4 (ca. 150 km / 4-6 Tage)

Waldkirch - St. Peter - St. Märgen - Hinterzarten - Titisee - Feldberg - Todtnau - Freiburg

Freie Übernachtung:	Kandel, St. Märgen, Ravennaschlucht, Bärental, Notschrei, Freiburg.
Campingplätze:	St. Peter, Titisee, Todtnau-Muggenbrunn, Freiburg.
Ver-/Entsorgung:	Freiburg, Waldkirch.
Baden:	Titisee
Besichtigen:	Klosteranlage St. Peter, Kirche St. Märgen, Adlerschanze (Hinterzarten), Bergwerk (Schauinsland), Freiburg (Münster, Altstadt...).
Wandern:	Kandel, Balzer Herrgott (Hexenlochmühle), Ravennaschlucht, Feldberg.

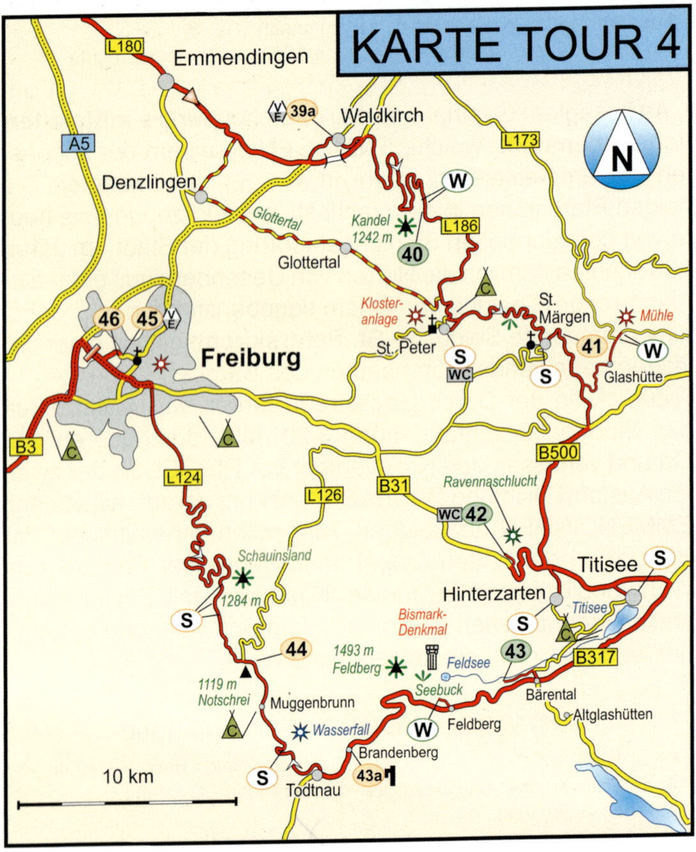

Von EMMENDINGEN kommend kann man einen Abstecher in die Orgelbauerstadt WALDKIRCH machen. Neben dem ruhigen und für zwei Tage kostenfreien Stellplatz Am Stadtrain (**39a:** N 48° 05' 25.0" E 7° 57' 29.0") mit **Ver- / Entsorgung** (ausgeschildert), Brauereigaststätte und Schwimmbad in der Nähe, hat WALDKIRCH auch noch einiges an Kultur zu bieten. So z. B. das Elztalmuseum mit seiner **Orgelsammlung**. Aber auch die zahlreichen gepflegten Fachwerkhäuser mit den Sraßencafes laden zu einem Stopp ein.

Wer lieber hoch hinaus will, durchquert den Tunnel und brummt Richtung **Kandel**. Noch einmal rechts abgebogen und schon ist man auf der **"Schwarzwald-Panoramastraße"**, welche sich zum Kandel hochschlängelt (verboten für Fahrzeuge mit einer Breite über 2,10 m!). Das teils schmale und steile Sträßlein ist - der Servolenkung sei Dank - eine wahre Freude und trägt ihren Namen zu Recht. Heute jedoch meint Petrus es nicht ganz so gut mit uns, und so wird die graue Regen- und Nebelsuppe mit jedem Höhenmeter dichter. Auf der Passhöhe angekommen, rollen wir auf den Parkplatz (Mülleimer; Restaurant) und staunen nicht schlecht über den ausgewachsenen Sturm mit Graupelschauer (GPS: N 48° 03' 56.0" E 8° 00' 57.0"). Sonnenverwöhnt vom warmen Kaiserstuhl, beschließen wir heute keinen Fuß vor die Tür zu setzen und halten, anstatt wandern zu gehen, eine südländisch anmutende Siesta ab. Hat man mit dem Wetter allerdings etwas Glück, so kann mann entspannt im Biergarten sitzen, den Blick über die Rheinebene, den Kaiserstuhl bis hin zu den Vogesen schweifen lassen oder den Gleitschirmflieger bei ihren tollkühnen Manövern zusehen.

An dieser Stelle noch einen Appell an die Kapitäne aller "Dickschiffe": So schön die Strecke auch sein mag, im Winter (und wegen der Breitenbeschränkung) sollten Sie mit Ihrem Flaggschiff lieber die Route über das **Glottertal** wählen!

Vor der Weiterfahrt nach ST. PETER beschließen wir morgen noch einmal hierher zurückzukommen, um die geplante Wanderung nachzuholen.

WOMO-Wandertipp: Kandel

Gehzeit: 3 h **Schwierigkeit:** leicht **Höhenunterschied:** 250 m

Strecke: Vom Parkplatz führen uns Wegweiser in wenigen Minuten zu

Blick von der Thomashütte ins Glottertal

der auf dem aussichtsreichen Gipfel stehenden Pyramide. Von der Pyramide folgen wir über eine Wiese entlang des Buchenwaldes der Beschilderung St. Peter in südöstlicher Richtung (bergab). Bevor der Weg im Wald verschwindet, biegen wir rechts ab, passieren einen Weidezaun und lassen uns von der gelben Raute den Weg weisen, während wir unsere Blicke hinunter nach FREIBURG schweifen lassen. Dass der Kandel einer der aussichtsreichsten Gipfel des Schwarzwaldes ist, werden Sie spätestens an der Thomashütte feststellen. Besonders müde ist man hier natürlich noch nicht. Trotzdem kommt man um eine Pause auf der vor der Hütte stehenden Bank mit der Bilderbuchaussicht ins Glottertal wohl nicht herum. Nach der Hütte enden die steil nach unten führenden Serpentinen auf einem Forstweg, dem wir für ca. 10 min nach rechts folgen, bevor wir ihn, der gelben Raute folgend, nach links verlassen. Vorbei am großen Kandelfelsen verläuft der Josef-Seger-Weg durch den grasreichen Wald, wo ein Schild vor Steinschlag warnt. Nach dem Überqueren des Kandelbächle führt uns der Weg als schmaler Pfad oberhalb der Kandelstraße durch den Wald, quert diese in einer Serpentine und leitet rechts hinüber zum Heibeerfelsen. Kurz nach der Aussichtsstelle ins Elztal mündet der Pfad auf einen breiten Weg. Von hier aus geht es rechts zurück zum Aussichtspunkt.

Während wir den Berg wieder hinunter rollen, sichten wir knapp 400 m nach der Passhöhe einen weiteren geräumigen

ST. PETER, Kirche mit Klosteranlage

Parkplatz auf der rechten Seite. Fährt man von hier aus noch ca. 150 m weiter, geht es nochmals rechts zu einem durch Bäume von der Straße abgetrennten Stellplatz , der (im Sommer) durchaus zum Übernachten taugt (**40:** N 48° 03' 34.0" E 8° 01' 15.0"). Ab der Kreuzung, wo sich die Straße vom Kandel mit der vom Glottertal vereinigt, fahren wir die verbleibenden zwei km nach ST. PETER wieder zusammen mit den Glottertalfahrer. Dort angekommen, nehmen wir nicht die erste Abfahrt in den Ort, sondern rollen am Sportplatz vorbei und schwenken dann in die Zähringerstraße. 400 m nach dem Ortsschild biegen wir rechts auf den Parkplatz (**WC**) bei der Klosteranlage (GPS: N 48° 00' 59.0" E 8° 02' 05.0").

Als erstes wollen wir uns der ehemaligen **Klosterkirche** zuwenden, welche ihr heutiges Erscheinungsbild Peter Thumb, einem der begnadetsten Baumeister des deutschen Barock, zu verdanken hat. Der Innenraum präsentiert sich als geräumige Wandpfeilerhalle, bei der die reiche Ausstattung mit Stuckaturen und Gemälden auffällt. Besonders beachtenswert sind die Wandpfeiler mit den goldverzierten Statuen der Zähringerherzöge (die Gründer der Anlage), von Anton Feuchtmayr.

Kirche in ST. PETER

Bibliographische Schätze aus vier Jahrhunderten birgt

der **Rokoko Bibliothekssaal** im angrenzenden ehemaligen Klostergeviert. Dabei ist der Saal selbst mit seinen filigran ausgearbeiteten Figuren, Stuckaturen, sowie der bemalten Kuppel, selbst ein Kunstwerk, das seinesgleichen sucht. Besuchen können Sie die Bibliothek allerdings nur im Rahmen einer Führung (Di 11.00; Do 14.30; Sonn und Feiertags 11.30).

Auf dem Weg nach ST. MÄRGEN fällt es mir, angesichts der herrlichen Landschaft nicht immer leicht, den Blick auf die Straße zu richten und so wird unser Fotoapparat an jeder Haltemöglichkeit gestresst . Dort angekommen, brummen wir die Glottertalstraße bis zum Ende durch, biegen rechts ab, fahren an dem kleinen Parkplatz an der Kirche vorbei und stellen unser Womo direkt nach dem Ortsende auf dem geräumigen Parkplatz ab (GPS: N 48° 00' 21.0" E 8° 05' 23.0").

Von hier gelangen wir in wenigen Minuten zu der barocken **Wallfahrtskirche St. Maria**, welche mit ihren von Kuppelhelmen bedeckten Zwillingstürmen bereits unser Interesse erweckt hat. Den Brand von 1907, bei dem ein Großteil der Kirche zerstört wurde, überstand das aus dem Jahr 1118 stammende Gnadenbild wie durch ein Wunder. Wundern kann man sich hier jedoch auch über die bereitliegenden Überweisungsformulare, die zu einer Spende animieren sollen.

So faszinierend und beeindruckend die Kirchen und Klöster dieser Welt auch sein mögen, wenn der Abend naht, sehnt sich der Wohnmobilist nach einem Plätzchen für die Nacht. Dieses finden wir, indem wir zurückfahren, den Ort Richtung

Wallfahrtskirche St. Maria

Hexenlochmühle

TITISEE-NEUSTADT durchqueren und 800 m nach dem Ortsende links auf dem Parkplatz bei den Sportanlagen / Schwarzwaldhalle einschwenken.

(41) WOMO-Stellplatz: St. Märgen

GPS: N 48° 00' 42.0" E 8° 06' 10.0" **max. WOMOs:** 3-4
Ausstattung/Lage: keine / außerorts.
Zufahrt: Richtung TITISEE-NEUSTADT und 800 m nach Ortsende links.

Am nächsten Morgen wollen wir herausfinden, was es mit dem **"Hexenloch"** und dem **"Balzer Herrgott"** auf sich hat. Deshalb rollen wir nach links auf die Straße, biegen 2,9 km weiter noch einmal links Richtung GLASHÜTTE / Hexenloch ab und stellen nach weiteren 4,2 km unser Womo gegenüber der **Hexenlochmühle** ab (GPS: N 48° 00' 32.0" E 8° 08' 22.0"). Einen weiteren Parkplatz finden Sie rund 300 m weiter.

Lassen Sie sich mit dem Fotografieren ruhig ein wenig Zeit, denn schließlich ist das Motiv eine der schönsten und romantischsten Mühlen im Schwarzwald.

Nachdem ich mit meiner Knipserei die Geduld meiner Frau zum wiederholten Male auf die Probe gestellt habe, machen wir uns auf zum Balzer Herrgott.

WOMO-Wandertipp: Balzer Herrgott

Gehzeit: 1,5 h **Schwierigkeit:** leicht **Höhenunterschied:** 250 m
Strecke: Vorbei an der Terrasse des Cafes an der Hexenlochmühle folgen wir der gelben Raute steil bergan, wo der Pfad (markiert mit einem roten Strich) nach rechts auf dem bewaldeten Rücken weiter läuft und später auf einen Wirtschaftsweg mündet. Dieser führt leicht

bergab, vorbei an einem Brunnen, von dem aus wir den Weg nach ca. 10 min verlassen und nach rechts auf einen Serpentinenpfad abzweigen (gelbe Raute). Durch die sonnendurchflutete Flanke führt uns dieser aufwärts zum Balzer Herrgott. Um die hier in eine Buche eingewachsene Gottesfigur ranken sich viele Legenden. Am wahrscheinlichsten ist wohl die Tatsache, dass hier vor ca. 120 Jahren jemand die umgestürzte Gottesfigur an die Buche gelehnt hat. Im Laufe der Jahrzehnten hat der Baum die Figur nach und nach umschlungen und dabei Beine und Arme abgesprengt. Damit der Kopf nicht ganz einwächst wird das Loch regelmäßig freigeschnitten. Von hier aus folgen wir dem Waldweg Richtung Mörderloch / St. Märgen hinab, halten uns unten auf dem Wirtschaftsweg jedoch links, wo uns schon bald der bereits bekannte Weg zum Womo zurückführt.

Zurück an der Hauptstraße biegen wir links ab, rollen bis zur B500 und fahren dort rechts Richtung HINTERZARTEN. Hier finden wir gleich am Ortsanfang (links) einen geräumigen, gebührenpflichtigen Parkplatz mit **WC** und Mülleimer vor, auf dem wir unser Womo abstellen (GPS: N 47° 54' 37.0" E 8° 06' 02.0").

Bei einem Spaziergang durch den Ort werden wir auf den **Moorlehrpfad** durch das Hinterzarter Hochmoor aufmerksam. So laufen wir am Bahnhof und Adlerweiher vorbei und halten links auf den Moorquerweg zu. Bald schon poltern unsere Wanderschuhe über Holzbohlen und die Augen erfreuen sich an der skandinavisch anmutenden Landschaft. Leider führt der Weg schon bald aus der Idylle heraus und verläuft in Straßennähe.

Also kehren wir um und laufen diesmal am Adlerweiher vorbei in Richtung Süden, wo wir kurz darauf vor einer der berühmtesten Sprungschanzen, der **Adlerschanze**, stehen. Auf der mattenbelegten Schanze messen sich jeden Sommer die besten Skispringer der Welt beim **FIS Grand Prix** Sommerskispringen.

Den kurzen Abstecher (4 km) in die **Ravennaschlucht** wollen wir uns nicht entgehen lassen. Also rollen wir an der zweiten Auffahrt Richtung FREIBURG auf die B31, kurven das Höllental runter, setzen gut 600 m nach dem Unterqueren der Eisenbahnschienen den rechten Blinker und folgen dem Wegweiser Ravennaschlucht / Hofgut Sternen. Der geräumige Parkplatz mit **WC** liegt zwar direkt an der Bundesstraße, wobei sich der Lärm, dank des Lärmschutzwalles, im erträglichen Rahmen hält (**42:** N 47° 54' 58.0" E 8° 04' 22.0"). Von hier aus machen wir uns auf zu einer Wanderung durch die wildromantische Schlucht.

WOMO-Wandertipp: Ravennaschlucht

Gehzeit: 2 h **Schwierigkeit:** leicht **Höhenunterschied:** 300 m
Strecke: Wir unterqueren das Eisenbahnviadukt und folgen oberhalb des Ravennaweiher dem Bachlauf. Über Treppen und Stege geht es weiter durch die Klamm, wo sich immer wieder kleinere Wasserfälle und Kaskaden abwechseln, so dass das Wasser vor lauter "fallen" kaum noch zum Fließen kommt. Bei einer Rast an der 1883 erbauten Großjockenmühle kann man sich ausmalen, wie schön es die legendäre Prinzessin aus Ravenna, die es hierher verschlagen haben soll, gehabt haben muss. Aus der Schlucht draußen, halten wir uns Richtung Picketfelsen (nach dem Anwesen mit Spielplatz links bergan). Dort angekommen, bietet sich uns ein herrlicher Tiefblick ins Höllental und auf unser doch arg geschrumpftes Womo. Weiter geht es ca. 15 min. auf bequemem Weg durch lichten Wald auf der Breitnau-Mulde, über eine kleine Holzbrücke. Hier führt uns der Wegweiser Ravennaschlucht / Hofgut Sternen talwärts zurück zum Ausgangspunkt.

Von der Ravennaschlucht wenden wir uns, mit dem Ziel TITISEE-NEUSTADT, ab und verlassen die B31 an der Abfahrt TITISEE / Campingplätze. Würden wir uns hier nicht am größten Natursee des Schwarzwaldes befinden, hätten wir die Parkplatzsuche wahrscheinlich schon aufgegeben und wären weitergezogen. So also suchen wir weiter und stellen fest, dass die einzige sinnvolle und stressfreie Möglichkeit die große gebührenpflichtige Parkfläche am Bahnhof ist (ein Teil ist für Womos reserviert).

Dazu folgen wir der Hauptstraße 1,5 km bis zum Kreisverkehr am Bahnhof und rollen auf den besagten Parkplatz (GPS: N 47° 54' 16.0" E 8° 09' 24.0"). Tagsüber will man hier von Ihnen moderate 2,50 €. Eine - gelinde gesagt- Frechheit sind die 10 € fürs Übernachten zwischen Straße und Eisenbahnschienen. Ein Schelm, wer denkt, das könnte etwas mit den vier Campingplätzen zu tun haben die sich am See tummeln. Aber dafür haben Sie ja das kleine blaue "Sparbuch" vom Womo-Verlag gekauft.

Als wir gerade widerwillig den Geldbeutel zücken winkt uns ein netter holländischer Wohnmobilist mit seinem Parkzettel und meint mit einem Lächeln "ist ja den ganzen Tag gültig".

In gut 5 min erreichen wir die Seestraße, durch die sich im Sommer die Touristenströme zum See wälzen. Hier wird jedes Schwarzwaldklischee, von der Kuckucksuhr bis zum "original" Schwarzwälder Schinken bedient. Letzteren sollten Sie jedoch lieber in einer kleinen Dorfmetzgerei oder einem Hofladen kaufen. Ihre Geschmacksnerven werden es Ihnen danken!

Nach einem Spaziergang am Seeufer lassen wir uns in ei-

nem der zahlreichen Cafés mit Seeblick nieder und beobachten beim Verzehr der gesparten Parkgebühr das bunte Hin und Her der Paddel- und Elektrobooten.

Unseren Parkplatz verlassen wir ortsauswärts, wo wir kurz nach Ortsende das neue Spaßbad (**Badeparadies Schwarzwald**) mit seinen 18 Rutschen, Wellnessoase,... passieren. Wir halten uns zunächst Richtung DONAUESCHINGEN und biegen kurz darauf wieder rechts dem Wegweiser Feldberg (B317) folgend ab.

In BÄRENTAL fangen wir an dem Abzweig zur B500 / ALTGLASHÜTTEN an zu bremsen, um 100 m weiter dem Wegweiser Burderhalde nach rechts folgen zu können! Die Straße dieseln wir 1,4 km runter, folgen dann (direkt in einer Rechtskurve) der Beschilderung Raimartihof / Wanderparkplatz nach links und biegen kurz darauf (100 m) noch einmal links. Die nächsten 2,2 km auf dem zum Teil **sehr schmalen** Sträßlein legen wir im zweiten Gang zurück, um dann auf dem ruhigen, an einem Bach gelegenen Wanderparkplatz auszurollen.

Wer den kreisrunden **Feldsee** ohne das Überwinden größerer Höhenunterschiede besuchen will, braucht hier nur dem Wegweiser zu folgen. Alle anderen müssen sich noch ein wenig gedulden und uns auf der Wanderung über den Feldberg begleiten.

(43) WOMO-Wanderparkplatz: Feldsee

GPS: N 47° 52' 04.0" E 8° 04' 28.0" **max. WOMOs:** 2-3.
Ausstattung/Lage: Mülleimer / außerorts.
Zufahrt: Siehe Text.

Frisch gestärkt machen wir uns am nächsten Morgen auf den höchsten Berg des Schwarzwaldes, den **Feldberg**, zu erstürmen. Auf der Passhöhe angekommen folgen wir rechts der Beschilderung "Sessellift / Feldberg" und stellen unser Womo auf dem großen Parkplatz zwischen der Seilbahn und dem Haus der Natur ab (GPS: N 47° 51' 33.0" E 8° 02' 08.0"). Saubere **Toiletten** findet man an der Seilbahn vor.

Will man auf den 1493 m hohen Gipfel des Feldber-

Aussichtsturm auf dem Feldberg

Bismarckdenkmal

ges, dann bietet sich vom Parkplatz aus die Strecke über den etwas kleineren Vorposten, den **Seebuck** (1448 m) an. Mit der dort endenden Seilbahn, der großartigen Fernsicht, und vor allem dem **Bismarck-Denkmal** stiehlt er dem großen Bruder fast die Schau.

Mit einer Niederschlagsmenge von ca. 2.000 mm / Jahr - was im Winter gewaltige Schneemengen bedeutet - und einer Reihe seltener Pflanzen, wie den Sumpfenzian, kann das Feldbergmassiv durchaus als **subalpine Insel** im Schwarzwald betrachtet werden. Ein besonders reizvolles Relikt der letzten Eiszeit ist der unterhalb des Seebuck, an einer fast senkrecht aufragender Wand ruhende, kreisrunde Feldsee.

Es ist jetzt zwar erst 9.00 Uhr (morgens) und trotzdem schon höchste Zeit aufzubrechen, will man die Aussicht vom Bismarck-Denkmal noch in aller Ruhe genießen. Denn heute scheinen sich das schöne Wetter und das Wochenende verabredet zu haben, so dass der Feldberg, was die Besucherzahl anbelangt, den Vergleich mit einem mittelgroßen Volksfest nicht scheuen muss.

Also Wanderschuhe schnüren und auf gehts!

WOMO-Wandertipp: Feldberg (mit Feldsee)

Gehzeit: 3 h **Schwierigkeit:** mittel **Höhenunterschied:** 300 m

Strecke: Vom Parkplatz aus steuern wir das Bismarck-Denkmal auf dem Seebuck an (rote Raute). Oben angekommen, genießen wir die tolle Alpensicht und riskieren einen Blick über die Karwand in das dunkle Auge des kreisrunden Feldsees. Von hier aus senkt sich der Weg in den Grüble-Sattel, wo der Emil-Thoma-Weg Richtung Feldsee abzweigt. Bevor wir jedoch dem besagten Weg folgen, machen wir natürlich einen kleinen Abstecher auf den nur wenige Minuten entfernten Feldberggipfel.

Dieser schöne unbefestigte Weg führt uns anfangs auf gleicher Höhe, später immer schmaler und steiler werdend durch eine urwüchsige und üppige Vegetation. An der ersten "größeren" Kreuzung folgen wir dem

Holzschild Raimartihof und biegen ca. 15 min später (wo der Wegweiser "Hinterzarten" geradeaus zeigt) **rechts** auf einen schmalen Pfad, der uns bergab führt. Unten angekommen halten wir uns rechts, wo wir wenig später den Raimartihof und ein paar Meter weiter den Feldsee erreichen. Letzteren umrunden wir, bevor wir den Auslauf des Seebaches überqueren und durch die südliche Karwand den Aufstieg zum Parkplatz beginnen. Der herrliche Pfad, der sich an die fast senkrechte Wand anschmiegt, verlangt dem geübten Wanderer nicht besonders viel ab, außer **gutem Schuhwerk!** Oben angekommen, staunen wir nicht schlecht, als uns ein Paar, gekleidet in feinem Zwirn und mit "Salonschleicher" bzw. Sandalen besohlt, nach der Entfernung zum Feldsee fragt.

Todtnauer Wasserfall

Zurück an der B317 biegen wir rechts ab Richtung TODTNAU, folgen dort der Beschilderung "Wasserfall" nach rechts, kurven die Straße hoch und parken vor dem Kiosk (GPS: N 47° 50' 32.0" E 7° 55' 58.0").

Kurz davor, in BRANDENBERG, (zwischen FAHL und TODTNAU) wartet linker Hand, oberhalb der Straße noch ein Stellplatz auf müde Wohnmobilis-

Schauinslandturm

ten (**43a:** N 47° 50' 06.0" E 7° 58' 21.0"). Uns steht der Sinn eher nach Wasserrauschen und so spazieren wir in nur wenigen Minuten zu dem **wildromantischen Wasserfall**, wo sich der Stübenbach 94 m tief über die Klippen stürzt. Dort angekommen können Sie das Rauschen auf bequemen Holzliegen genießen oder sich das Spektakel von oben ansehen. Vorausgesetzt Sie sind bereit, 100 Höhenmeter mit Hilfe von Treppen zu überwinden!

Weiter gehts bis zum "Notschrei", wo es kurz vor der Passhöhe rechts zum großen, übernachtungstauglichen Parkplatz des Notschrei Nordic Center geht (**44:** N 47° 52' 32.3" E 7° 54' 47.5"). Kurz darauf fahren wir links Richtung **Schauinsland** und schnauben dem Gipfel entgegen.

Um so nah wie möglich am Gipfel zu parken lasse ich - entgegen dem guten Rat meiner Frau - einen Parkplatz nach dem anderen sowohl links als auch rechts der Straße liegen mit dem Ergebnis, dass ich auf der schmalen Straße wenden und wieder zurückfahren muss! Also denken Sie daran: 4,5 km nach dem Abbiegen haben Sie die letzte Parkmöglichkeit erreicht (GPS: N 47° 54' 26.0" E 7° 53' 28.0").

Dass Sie auch hier nicht ganz alleine unterwegs sein werden, können Sie an den bereits erwähnten zahlreichen Parkmöglichkeiten erahnen. Neben dem Hochblauen (Tour 5) ist der Schauinsland nämlich so ziemlich der einzige Gipfel, den man im Schwarzwald motorisiert erreichen kann.

Trotzdem sollten Sie den Spaziergang zum Gipfel nicht scheuen. Von hier oben können Sie den Blick vom Feldberg über den Oberrheingraben und natürlich nach FREIBURG schweifen lassen.

Wenn Sie jetzt den **Aussichtsturm** besteigen wollen, prüfen Sie genau, was Ihr Vordermann / Frau für Schuhwerk trägt! Der Erbauer des Turmes hat bei der Wahl der Treppen aus Metallgitter (nach unten natürlich offen) nicht an grobstollige

Wanderschuhe gedacht. So rieselt alles, was sich da unterwegs im Profil so angesammelt hat, fröhlich durch die Gitter nach unten. Eine Kopfbedeckung ist keine schlecht Wahl (Regenschirm wäre besser, sieht bei Sonnenschein jedoch albern aus).

Den Schauinsland verlassen wir nicht ohne dem **Museumsbergwerk**, das auf eine 800 Jahre alte Geschichte zurückblicken kann, einen Besuch abzustatten. Ohne das **Silber,** das hier zu Tage gefördert wurde, wäre das Freiburger Münster wohl eine Nummer kleiner ausgefallen. Hier werden Führungen für jeden Geschmack, von der Familienführung bis zu der 2,5 Stundenführung für die ganz Neugierigen angeboten. Geöffnet ist das Bergwerk von Juli - September täglich, in der Nebensaison Mi, Sa, So und Feiertags (von Nov - Mai geschlossen).

Turm Freiburger Münsters

Bei der Weiterfahrt nach FREIBURG genießen wir die grandiose Aussicht, während unsere Bremsen sich ganz schön ins Zeug legen müssen.

Unten angekommen, rollen wir auf der Schauinslandstraße, welche in die Gunterstalstraße übergeht nach FREIBURG hinein. 4,6 km nach Ortsanfang (nachdem wir die Dreisam überquert haben) biegen wir links ab, fahren 2,9 km rechts des Flusses weiter um dann nach rechts Richtung Messe abzufahren. Nach nur 400 m schwenken wir links auf die Berliner Allee und setzen an der Ampel (weitere 400 m) den rechten Blinker. Von hier bis zum Womo Platz (Bissierstraße) sind es nur noch 600 m (**45:** N 47° 59' 59.0" E 7° 49' 32.0", Gebühr).

Hinweis zur Umweltzone in FREIBURG!

Seit Januar 2010 ist nahezu das gesamte Stadtgebiet von Freiburg nur noch für Fahrzeuge mit gelber und grüner Umweltplakette zu befahren! Eine Ausnahmeregelung für Womos hat die Stadtverwaltung bei unserer Nachfrage abgelehnt! Da sich dies womöglich noch ändert, kann ein Anruf bei der Touristeninformation nicht schaden (Tel.0761-3881880).

Davor entdecken wir aber noch zwei kostenlose und übernachtungstaugliche P+R Parkplätze **(Siehe Hinweis!**). Einer gleich nach der Ampel auf der rechten (**46:** N 48° 00' 06.0" E 7° 49' 12.0") und einer kurz darauf auf der linken Seite.

Die oben genannten Parkplätze sind die einzig vernünftige Parkmöglichkeit, wenn man mit dem Womo unterwegs ist. Denn wie Sie als erfahrene Wohnmobilisten sicher wissen, passen mittelalterliche Städte und Womos nicht so recht zusammen und **FREIBURG** ist so eine Stadt! Ganz sicher verkraften Ihre Füße den 15 minütigen Spaziergang zur Innenstadt besser als Ihre Nerven das Parkplatzsuchen (die Straßenbahn verkehrt ja auch noch).

FREIBURG ist nicht nur die südlichste- sondern ganz bestimmt auch eine der schönsten Großstädte Deutschlands. Auffallend sind die schier unzähligen Kübelpflanzen, sowie der Gehwegbelag der Altstadt, der größtenteils aus halbierten Rheinkieselsteinen besteht. Nicht zu vergessen die **"Bächle"**, welche seit dem Mittelalter (gespeist von einem Nebenarm der Dreisam) die Stadt durchziehen.

Das alles überragende Bauwerk der Stadt ist natürlich das **Münster** mit dem wohl **"schönsten Turm der Christenheit"** (der für die nächste Zeit leider mit einem hässlichen Gerüst versehen ist), der übrigens (u.a.) für das Straßburger Münster sowie den Kölner Dom Pate stand und bei dessen Berechnung auch heute noch die allermeisten Statiker scheitern! Wer zur obersten Galerie des 116 m hohen Turmes will, der muss ersteinmal die 328 Stufen überwinden.

Um 1200 begann man mit dem Bau des Münsters in romanischer Form und vollendete es 1513 im gotischen Baustil. Wobei das mit der Vollendung so eine Sache ist, wenn man bedenkt, dass auch heute noch dauerhaft ca. 15 Steinmetze beschäftigt werden! Den Innenraum muss man einfach auf sich wirken lassen. Da kann man sich schon mal klein, verloren und in ein früheres Jahrhundert versetzt vorkommen.

Um das Regenwasser vom Dach zu bekommen hat man gleich mehrere Duzend Wasserspeier in Form von Dämonen, Propheten und Aposteln angebracht. Bei einem der besagten Wasserspeier hat der Architekt, der im Streit mit einem Anwohner lag, wohl eine alte Rechnung beglichen, indem er einen ganz besonderen Weg für das himmlische Nass gewählt hat, nämlich einen Jüngling. Das besondere daran ist, dass der Jüngling mit seinem nackten Hinterteil genau auf das Fenster des streitbaren Nachbars zielt. Den Anblick bei stärkerem Regenfall kann man sich gut vorstellen.

Diesen "nachbarschaftlichen Racheakt" können Sie an der Südseite des Münsters bewundern (zweiter Pfeiler, vom Turm aus gesehen).

Weitere Prachtbauten in unmittelbarer Umgebung des Münsters sind das Kaufhaus, das Kornhaus sowie die Hauptwache. Von den Toren FREIBURGS sind das **Schwaben- und das Martinstor** hervorzuheben. Hinter letzterem können Sie im "Fressgässle" auf kulinarische Weltreise gehen. Hier kochen und braten in der Markthalle Köche aus aller Herren Länder um die Wette und um Ihre Gunst.

Über Herrenstraße und Karlsplatz führt uns eine Brücke zum 1887 angelegten Stadtgarten, wo sich auch die Schlossbergbahn befindet. Friedhöfe sind für uns bei einem Stadtbesuch normalerweise nicht unbedingt die erste Anlaufstation. Wer jedoch den **Alten Friedhof** (nördlich des Stadtgartens gelegen) in FREIBURG auslässt, der hat etwas verpasst! Eine ganz besondere Stimmung breitet sich in den frühen Morgenstunden der dritten Jahreszeit aus, wenn sich die restlichen Nebelschwaden verziehen und die goldgelben Blätter sich sanft auf die zwischen hohen Bäumen liegenden Gräber legen.

Dass FREIBURG - mit einem Studentenanteil von 10 % - eine durchaus lebendige Stadt ist, kann man an sonnigen Tagen an den Ufer der Dreisam ablesen, wo sich dann jeder tummelt, der ein Fahrrad besitzt.

KARTE TOUR 5

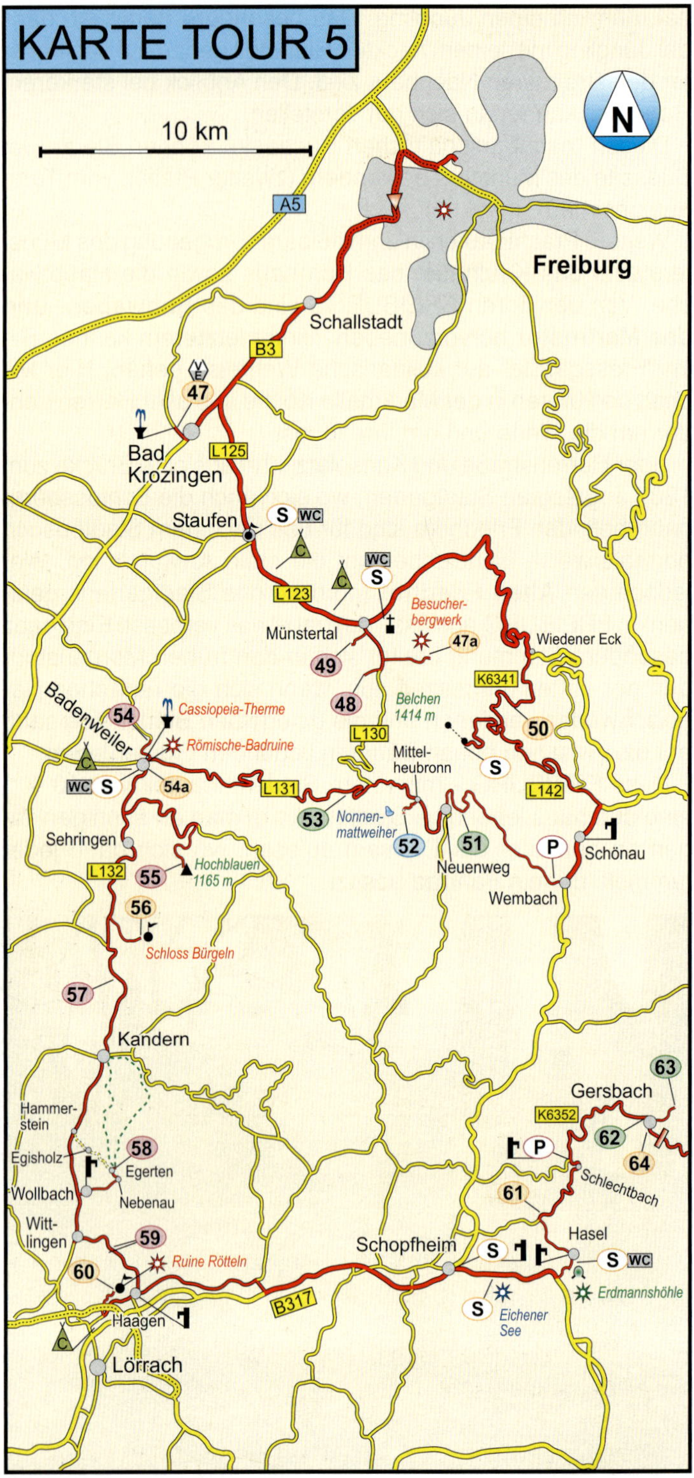
10 km
N
A5
Freiburg
Schallstadt
B3
47
Bad Krozingen
L125
Staufen
S
WC
L123
Münstertal
Besucher-bergwerk
47a
Wiedener Eck
49
48
K6341
Belchen 1414 m
50
L130
Badenweiler
54
Cassiopeia-Therme
Römische-Badruine
54a
L131
Mittel-heubronn
L142
53
Nonnen-mattweiher
52
51
Neuenweg
P
Schönau
Wembach
Sehringen
L132
55
Hochblauen 1165 m
56
Schloss Bürgeln
57
Kandern
Hammer-stein
Egisholz
58
Egerten
Wollbach
Nebenau
Witt-lingen
59
Ruine Rötteln
60
Haagen
Lörrach
B317
Schopfheim
Eichener See
Hasel
Erdmannshöhle
61
Schlechtbach
62
64
63
Gersbach
K6352

TOUR 5 (ca. 240 km / 5-7 Tage)

Bad Krozingen - Staufen - Münstertal - Badenweiler - Kandern - Schopfheim - Hasel - Gersbach

Freie Übernachtung:	u. a. Münstertal, Langlaufzentrum Hohentann, Wanderp. Belchen, Nonnenmattweiher, Wanderp. Kreuzweg, Badenweiler, Schloss Bürgeln, Kandern, Planetenweg, Burg Rötteln, Gersbach.
Campingplätze:	u. a. Staufen, Münstertal, Badenweiler, Lörrach.
Ver-/Entsorgung:	Bad Krozingen.
Baden:	Nonnenmattweiher (Mittel-Heubronn).
Besichtigen:	Bergwerk Teufelsgrund, Kloster St. Trudbert, Römerbad Badenweiler, Burgruine Rötteln, Erdmannshöhle.
Wandern:	Belchen, Planetenweg, Rinderlehrpfad.

FREIBURG verlassen wir indem wir an der Ampel links, kurz darauf wieder rechts auf die B31A abbiegen (Beschilderung Autobahn) und diese nach 1,4 km Richtung LÖRRACH verlassen. Die B3 führt uns nun über SCHALLSTADT nach BAD KROZINGEN.

Wer eine **Entsorgungsmöglichkeit** benötigt oder einfach nur in der Therme entspannen möchte, der durchquert den Ort und folgt (direkt am Ortsende rechts) dem Wegweiser die 800 m zur **"Vita Classica Therme"**, wo man sowohl rechts als auch links der Straße einen Stellplatz mit Vollausstattung vorfindet.

(47) WOMO-Stellplatz: Bad Krozingen

GPS: N47° 55' 3.0" E7° 41' 17.0"; Südwest-Tangente. **max. WOMOs:** >5
Ausstattung/Lage: Ver- / Entsorgung, Mülleimer / Ortsrand.
Gebührenpflichtig! **Zufahrt:** Siehe Text.

Alle anderen folgen ca. 200 m vor dem Ortsanfang der Beschilderung nach STAUFEN. An der Ampelanlage vor dem Ort biegen wir rechts ab, rollen auf der Durchgangsstraße zum "Parkplatz Stadtmitte", wo wir unser Womo abstellen und zu einem Stadtbummel aufbrechen (GPS: N 47° 52' 42.0" E 7° 43' 51.0").

Der Weg in die Stadt führt nach nur wenigen Metern vorbei

Burgruine STAUFEN

an der **Brennerei Schladerer**, deren Namen für edle Brände steht und die hier erzeugten Weine beinahe in die zweite Reihe verdrängt. Das Städtchen hat neben Wein und Schnaps natürlich noch viel mehr zu bieten. So präsentiert sich der Ortskern mit seinen schmucken Häusern aus dem 17. und 18 Jh. durchaus malerisch. Sie sollten sich jedoch beeilen, denn die Folgen eines Geothermieprojektes haben durch eine Landhebung bereits gehörige Schäden in der Altstadt verursacht! Am Gasthaus zum Löwen erinnert eine Inschrift an den historischen **Dr. Faust**. Georg Faust, der für die Herren von Staufen alchemistische Künste betrieb, soll 1539 in diesem Gasthaus vom Teufel geholt worden sein.

Wenn Sie sich die Füße in dem “Bächle“ abgekühlt haben, sollten Sie einen Spaziergang durch die Weinberge zur über der Stadt thronenden Burg unternehmen. Für die Mühe entschädigt die schöne Aussicht.

Heute leider geschlossen.

In MÜNSTERTAL fahren wir 1,9 km nach Ortsanfang rechts und folgen nach weiteren 1,6 km der Beschilderung zum **Besucherbergwerk** Teufelsgrund, wo wir auf dem leicht schrägen Parkplatz mit Imbiss einparken. (**47a:** N 47° 50' 40.0" E 7° 49' 09.0"). Hier erhalten die Besucher seit 1970 einen Einblick in die Arbeit der Bergleute. Dabei hat man schon bald festgestellt, dass Asthmatiker in der besonders reinen und feuchten Luft des Stollens große Linderung ihrer Beschwerden verspüren. So hat man in einem Seitenstollen eine Asthma Therapiestation eingerichtet. Das Bergwerk ist in der Hauptsaison täglich (außer montags) von 14.00 - 17.00 geöffnet. In der Nebensaison beschränken sich die Öffnungszeiten auf Di, Do, Sa und So. Den durch die Doku **"Schwarzwaldhaus 1902"** bekannt gewordenen Hof erreichen Sie von hier aus in einem ca. 15 minütigen aussichtsreichen Spaziergang.

Vom Bergwerk fahren wir die 2,3 km zurück, biegen links, 600 m weiter wieder rechts ab und lassen uns vom Wegweiser "Kohlenmeiler" (kleines Holzschild) zu einem Picknickplatz führen (weitere 600 m).

(48) WOMO-Picknickplatz: Kohlenmeiler

GPS: N 47° 50' 11.0" E 7° 47' 10.0" **max. WOMOs:** 1-2
Ausstattung/Lage: Tisch & Bank, Grillstelle, Mülleimer / außerorts.
Zufahrt: Siehe Text.

Bevor wir jetzt das Grillfeuer in Gang setzen, machen wir uns auf den Weg zum **Kohlenmeiler** (400 m). Dort wird die Herstellung der bei Grillfreunden geschätzten Holzkohle aus-

Blick in das MÜNSTERTAL

führlich auf mehreren Schautafeln dargestellt. Mit ein wenig Glück können Sie sogar einem der letzten Köhler im Schwarzwald, der den Meiler 3 - 4 mal im Jahr abbrennt, bei der Arbeit zuschauen.

Von hieraus rollen wir zur Hauptstraße zurück, biegen links ab, fahren nach 1,6 km wieder links und erreichen 1,3 km später einen weiteren übernachtungstauglichen **Picknickplatz**.

(49) WOMO-Picknickplatz: Süßenbrunn

GPS: N 47° 50' 34.0" E 7° 46' 35.0" **max. WOMOs:** 1-2
Ausstattung/Lage: Tisch & Bank, etwas schräg / außerorts.
Zufahrt: Siehe Text.

Zurück im Ort biegen wir rechts auf die Straße nach SCHÖNAU und rollen 2 km weiter auf den Parkplatz beim **Kloster St. Trudbert** (GPS: N 47° 51' 55.0" E 7° 48' 08.0").

Die Geschichte des Klosters hat ihren Ursprung um das Jahr 600. Damals ließ sich der irische Glaubensbote Trudbert, mit der Absicht den christlichen Glauben zu verbreiten, hier nieder. Am 26. April 607 soll er von zwei seiner Knechte mit einem Beil erschlagen worden sein. Die schändliche Tat ist auf dem Hochaltarbild in der St. Trudberts-Kapelle, welche am Tatort errichtet wurde, festgehalten.

Benediktinermönche ließen sich dann um das Jahr 815 hier nieder und gründeten das Kloster. Dieses ging 1806 durch die Gunst Napoleons in den Besitz des Großherzogtums Baden

Kloster St. Trudbert

über und fand damit nach tausendjährigem Bestehen sein Ende. Seit 1919 wird der Klosteralltag von dem Orden der "Schwestern des Hl. Josef" bestimmt.

Die heutige Kirche - die vierte an dieser Stelle - wurde im Jahr 1727 nach den Plänen von Peter Thumb fertiggestellt. Die Vorgängerbauten wurden in den Kriegswirren der Jahrhunderten immer wieder zerstört. Dabei verbrannten bei der letzten Feuersbrunst im Jahr 1632 ein Teil der Gebeine des Hl. Trudbert.

Wir verlassen das Münstertal, schlängeln uns mal im zweiten, mal im dritten Gang den Berg hoch und fahren am "Berghotel Wiedener Eck" rechts (Beschilderung Belchenbahn). Knapp 3 km weiter bietet sich der Parkplatz am Langlaufzentrum (auch im Sommer) zur Übernachtung an.

(50) WOMO-Stellplatz: Langlaufzentrum

GPS: N 47° 49' 46.0" E 7° 51' 33.0". **max. WOMOs:** 2-3
Ausstattung/Lage: Loipe / außerorts.
Zufahrt: Siehe Text.

Nach weiteren 2,5 km haben wir den Abzweig zur Talstation der **Belchenbahn** erreicht (GPS: N 47° 49' 16.0" E 7° 51' 04.0"). Da wir nicht vor haben den Berg mit Hilfe der Seilbahn zu bezwingen, fahren wir weiter Richtung SCHÖNAU. Beim runterkurven auf der schönen Straße, die sich malerisch durch die Landschaft schlängelt, bekomme ich ein riesen Schreck als zwei todesmutige Motoradfahrer mitten in der Kurve auf uns zuhalten. Mit ein wenig Adrenalinüberschuss erreichen wir SCHÖNAU, wo wir 1 km nach Ortsanfang auf dem großen Parkplatz am Friedhof anhalten und unsere Wasservorräte auffüllen (GPS: N 47° 47' 24.0" E 7° 53' 55.0").

2,2 km nach Ortsende biegen wir rechts Richtung WEM-

BACH / BADENWEILER ab, kurz darauf passieren wir einen Picknickplatz (GPS: N 47° 46' 39.0" E 7° 52' 24.0") und brummen die noch verbleibenden 6,1 km (ab dem Ortsende) auf der schmalen Straße bis zu dem **Wanderparkplatz** unterhalb des **Belchen** auf der linken Seite. Hier parken wir unser Womo und genießen den herrlichen Blick ins Tal und auf NEUENWEG.

(51) WOMO-Wanderparkplatz: Belchen

GPS: N 47° 47' 42.0" E 7° 50' 08.0" **max. WOMOs:** 2-3
Ausstattung/Lage: Bank / außerorts. **Zufahrt:** Siehe Text.

Als Belchen werden im alemannischen Sprachraum kuppelförmig aufgewölbte Berge mit waldfreien Kuppen bezeichnet.

Der **Schwarzwälder Belchen**, dritthöchster Berg im Südwesten (1414 m), ist einer der schönsten Aussichtsberge Deutschlands und gilt daher zurecht als der "König des Schwarzwaldes"! Manche Forscher bringen den Namen Belchen mit dem keltischen Sonnengott Belenos in Verbindung. Dies könnte man damit untermauern, dass die Belchenberge seit grauer Vorzeit von den Anhängern des Sonnenkultes als heilige Stätte verehrt werden.

Interessant ist jedenfalls, dass - vom Schwarzwälder Belchen aus gesehen - die Sonne zur Zeit der Tag- und Nachtgleiche genau am Großen Belchen in den Vogesen untergeht und am kürzesten Tag des Jahres genau über dem Jura Belchen in der Schweiz steht.

Ausgeruht und voller Vorfreude machen wir uns am nächsten Morgen gleich nach dem Frühstück fertig, um dem "König" aufs Dach zu steigen.

Grandiose Aussicht vom Belchen

WOMO-Wandertipp: Belchen

Gehzeit: 4 h **Schwierigkeit:** leicht **Höhenunterschied:** 600 m

Strecke: Der Aufstieg durch den Südhang des Belchen mit seiner bestechenden Aussicht ist eine der schönsten Routen zum Gipfel. Hier kann man auch bei einer Inversion nebelfrei wandern, während in anderen Orten wie SCHÖNAU oder MÜNSTERTAL Waschküchenwetter angesagt ist. Vom Parkplatz überqueren wir die Straße und folgen dem Wegweiser bergan. Vorbei an alten Grenzsteinen aus dem Jahr 1792 auf denen das badische Wappen noch auszumachen ist, führt uns der Weg aus dem Wald und hält auf ein Viehgatter zu. Nachdem wir das Tor wieder sorgfältig geschlossen haben, laufen wir zwischen den grasenden Rinder weiter und erfreuen uns an der immer besser werdenden Aussicht. Kurz darauf trete ich in etwas weiches und höre mich Sch.... sagen, echter Schwarzwälder bull shit eben. Weiter oben verengt sich der Weg zu einem Steig auf dem es sich ein Ziegenbock in der Sonne bequem macht und jede Streicheleinheit dankbar entgegennimmt. Die Aussicht und nicht Ihre Fitness ist schuld daran, wenn sie hier nicht so

Wegelagerer

richtig voran kommen, aber so überwinden Sie die 600 Höhenmeter spielend und wundern sich über das bunte Treiben am Belchenhaus. Von hier sind es noch gut fünf Minuten zum Gipfel. Um die Aussicht von hier oben angemessen zu beschreiben reicht der für diese Wanderung vorgesehene Platz nicht ganz aus, also nehmen Sie sich etwas Zeit und lassen den "König des Schwarzwaldes" auf sich wirken.

Schwarzwaldschönheit

Wo kann man die Eindrücke einer so aussichtsreichen Wanderung besser nachwirken lassen als an einem ruhigen Badesee?

Also verlassen wir unseren Parkplatz nach links, biegen gut 7 km weiter, in MITTELHEUBRONN noch einmal links ab und folgen 200 m später dem braunen Wegweiser zum **Nonnenmattweiher**. Die letzten 400 m holpern wir über Schotter und kommen auf dem geräumigen Parkplatz vor dem Naturschutzgebiet zum Stehen.

Nonnenmattweiher

(52) WOMO-Badeplatz: Nonnenmattweiher

GPS: N 47° 47' 50.0" E 7° 48' 26.0" **max. WOMOs:** 2-3
Ausstattung/Lage: keine / außerorts.
Zufahrt: In MITTELHEUBRONN links, nach 200 m ausgeschildert.

Nach der künstlichen Aufstauung Anfang des 18. Jahrhunderts löste sich ein Teil des vermoorten Karbodens, so dass eine **schwimmende Torfinsel** entstand. Diese dient verschiedenen Lebensformen als Rückzugsgebiet und ist einmalig im Schwarzwald. Da hier 1987 ein Naturschutzgebiet eingerichtet wurde, muss man die knapp 15 Minuten Fußmarsch zum See in Kauf nehmen. Weiter geht es am Ufer entlang vorbei an der Torfinsel zum abgegrenzten Badebereich mit Liegewiese, Tischen, Bänken und Grillstelle. Im Gegensatz zum Inselbereich ist das Wasser hier klar und ansprechend.

Zurück an der Landstraße biegen wir links ab und rollen ein paar Kehren weiter (ca. 3,5 km) auf den großen, **aussichtsreichen Parkplatz** auf der Passhöhe (linke Seite).

(53) WOMO-Wanderparkplatz: Kreuzweg

GPS: N 47° 47' 56.0" E 7° 46' 42.0" **max. WOMOs:** 3-4
Ausstattung/Lage: Tisch & Bank, Grillstelle, Mülleimer / außerorts.
Zufahrt: Ab MITTELHEUBRONN ca. 3,5 km links der Straße.

Unser Womo parken wir so, dass wir sowohl den Belchen als auch den sich wie ein silberner Faden ins Tal schlängelnde Weiherbach im Blick haben. Obwohl wir heute kaum ein Dutzend Kilometer auf dem Tacho haben, denken wir nicht einmal daran jetzt noch weiterzufahren. Neben der fantastischen Aussicht, zahlreichen Wanderwegen kann der 1079 m

Römische Badruine in BADENWEILER

hoch gelegene Parkplatz noch mit einem weit verzweigten Loipennetz sowie einem Skilift (auf der anderen Straßenseite) punkten.

Am nächsten Morgen wollen wir uns der alten Bäderstadt BADENWEILER zuwenden. Fährt man direkt vor dem Ortsschild rechts Richtung Römerberg Klinik erreicht man 1,2 km später (vorbei an den Klinikparkplätzen) auf der linken Seite einen bestens ausgestatteten Übernachtungsplatz.

(54) WOMO-Picknickplatz: Schwärze Hütte

GPS: N 47° 48' 54.0" E 7° 40' 46.0"; Schwärzestr. **max. WOMOs:** 2-3
Ausstattung/Lage: Tisch & Bank, Grillstelle, Mülleimer / außerorts.
Zufahrt: Vor BADENWEILER rechts, dann noch 1,2 km.

Wir jedoch fahren noch 200 m nach BADENWEILER hinein, vorbei am kleinen Parkplatz am Ortsanfang und folgen der Beschilderung zum Parkplatz Ost nach links. Dieser erweist sich - obwohl im unteren Teil für Womos gesperrt - mit Einkaufsmöglichkeit und **Toiletten** ausgestattet als idealer Ausgangspunkt für eine Stadterkundung (GPS: N 47° 48' 22.0" E 7° 40' 43.0").

Als erstes führt uns der Weg durch den schmucken Stadtgarten mit dem schön angelegten Schildkrötenteich zu der **römischen Badruine**. Die im 2. Jh. n. Chr. errichtete und 1784 wiederentdeckte Anlage gilt als die am besten erhaltene antike Badeanstalt Deutschlands. Das Bad besteht aus zwei absolut symmetrischen Hälften, von denen eine den Frauen und eine den Herren der Schöpfung vorbehalten war. Zum Schutz der Anlage hat man diese 2001 mit einem Glasdach überspannt. Das Bad ist in der Hauptsaison täglich von 10.00 - 19.00 Uhr und in der Nebensaison von 10.00 - 17.00 Uhr geöffnet.

Wer sich einmal wie die alten Römer fühlen möchte, kann der **Cassiopeia-Therme** direkt gegenüber einen Besuch abstatten.

Die beste Aussicht über die Stadt und Umgebung hat man von der im 11. Jh. errichteten und 1678 zerstörten **Burg Baden**.

Burg Baden

In der Kaiserstraße 10 (gegenüber der Therme) finden alle die es schon immer wussten ihre Bestätigung: Elvis lebt! Zumindest im **Wachsfigurenkabinett** von Josephine Tussaud, wo er sich in bester Gesellschaft mit Jackie Kennedy und Richard Nixon befindet. Zu bewundern Fr, Sa, sowie Sonn- und Feiertags.

Den Parkplatz verlassen wir nach rechts und halten uns an der nächsten Kreuzung links Richtung KANDERN, wo wir kurz vor dem Ortsende einen schönen, übernachtungstauglichen Parkplatz links oberhalb der Straße entdecken (**54a:** N 47° 47' 45.7" E 7° 40' 10.8"). Kurz nach dem Ortsschild können wir dem Wegweiser **Hochblauen (1165m),** in der Hoffnung auf schöne Aussicht, nicht wiederstehen und schwenken links auf das steile Sträßchen ein. Die gut 700 Höhenmeter bewältigt unser 75 PS Geschoss spielerisch im zweiten Gang und so hat auch der Fahrer noch was von der Landschaft, die mit zunehmender Höhe immer schöner wird. Gut 7,5 km nach dem Abzweig wartet rechts der Straße ein Picknickplatz mit Tisch, Bank und einer herrlichen Aussicht auf die Fahrer besser motorisierter WOMOs (**55:** N 47° 46' 43.5" E 7° 41' 59.0"). Noch besser wird die Aussicht wenn Sie bis zu dem etwas schrägen Parkplatz bei der Gaststätte fahren und sich die Mühe machen auf den Aussichtsturm zu steigen!

2,9 km nach dem Ortsende von SEHRINGEN schwenken wir links hinauf zum Schloss Bürgeln, dessen geräumigen Parkplatz wir nach 2 km erreichen. Eine Grillstelle mit Brunnen befindet sich ca. 20 m vor dem Parkplatz auf der linken Seite.

(56) WOMO-Stellplatz: Schloss Bürgeln

GPS: N 47° 45' 09.0" E 7° 40' 42.0" **max. WOMOs:** 2-3
Ausstattung/Lage: Tisch & Bank, Grillstelle / außerorts.
Zufahrt: 2,9 km nach SEHRINGEN links.

Der hübsche Barockbau von 1762 ist von einem Park umgeben und bietet dem Besucher obendrein eine prächtige Aussicht. Führungen finden täglich (außer Di) statt.

Einen weiteren Übernachtungsplatz mit Tisch, Bank und schöner Aussicht findet man 2,6 km nach dem Abzweig zum Schloss auf dem Parkplatz beim Johannis Breitehof vor (rechte Seite).

(57) WOMO-Picknickplatz: Johannis Breite

GPS: N 47° 44' 34.0" E 7° 39' 41.0" **max. WOMOs:** 1
Ausstattung/Lage: Tisch & Bank / außerorts.
Zufahrt: 2,6 km nach der Abzweigung zum Schloss Bürgeln rechts.

In KANDERN müssen wir leider feststellen, dass unser schöner ebener Übernachtungsplatz am Museumsbahnhof leider von einen Parkverbotsschild für WOMOs "geschmückt" wird.

Da es in Kandern einen Campingplatz gibt, beschleicht uns das Gefühl, dass man die Übernachtungsgäste auch gerne auf selbigem sieht. So erübrigt es sich fast zu erwähnen, dass WOMOs auch auf dem schönen, schattigen Parkplatz beim Schwimmbad nich lange geduldet werden.

Schade, denn KANDERN kann neben der bereits erwähnten **Museumsbahn "Chanderli"** noch mit einer der schönsten klassizistischen Platzanlagen Süddeutschlands seine Besucher beeindrucken (über die Hauptstraße zu erreichen). Um den Marktplatz zu vergrößern, riss man hier 1840 eine Häuserzeile an der Hauptstraße ab und legte den **"Blumenplatz"** neu an. Jedes Jahr am zweiten Montag im September kommen all diejenigen auf Ihre Kosten, die etwas für jede Menge "PS" übrig haben. Die Rede ist hier nicht von irgend einer Tuning-Show sondern von dem seit 1925 stattfindenden **Pferdemarkt**. Das dazugehörige traditionelle Bauernpferdeturnier wurde - es lebe der Kommerz - mittlerweile zu einem internationalen Reitturnier mit hochkarätigen Reitern ausgebaut.

Parken können Sie in KANDERN wenn Sie von der Sitzenkirchner Straße kommend, an deren Ende links fahren, entlang des Stadtbächles (Parkstreifen), oder kurz danach Richtung LÖRACH abbiegen, KANDERN erneut (in südwestlicher Richtung) durchqueren und sich für den Parkplatz am Bürgersaal entscheiden (GPS: N 47° 42' 48.5" E 7° 39' 52.4").

KANDERN verlassen wir Richtung LÖRRACH, biegen 2,5 km nach dem Ortsende von HAMMERSTEIN links Richtung WOLLBACH / EGERTEN und passieren 700 m weiter einen **Brunnen** zu unserer Linken. Die Nebenauer Straße führt uns - wer hätte das gedacht - nach NEBENAU, wo wir 400 m nach Ortsanfang links Richtung EGERTEN abbiegen und bereits 100 m weiter das Ortsschild passieren. Am Ende der Straße fahren wir rechts und rollen die 400 m zum Wanderparkplatz (rechte Seite) auf der Wollbacher Straße runter.

Wenn Sie nun denken Sie fahren auf Straßen auf denen noch nie zuvor ein Womo fuhr und sich so ein bisschen wie

Captain Kirk (der von dem berühmten Raumschiff) fühlen, dann sind Sie hier genau richtig! Ja, schauen Sie sich ruhig mal um. Sie haben Ihr Womo gerade am "**Planetenweg**" geparkt und zwar in unmittelbarer Nähe zur Sonne.

(58) WOMO-Picknickplatz: Planetenweg

GPS: N 47° 40' 46.0" E 7° 40' 06.0"; Wollbacher Straße.
Ausstattung/Lage: Tisch & Bank / Ortsrand. **max. WOMOs:** 1-2
Zufahrt: Siehe Text.

Hier wurde auf einer Länge von 6 km ein maßstabgetreues Modell unseres Sonnensystems in die schöne Landschaft eingebettet (Maßstab 1:1 Mrd). Den von 12 Texttafeln, maßstabsgetreuen Planetendarstellungen sowie faszinierenden Originalfotos gesäumten Weg wollen wir natürlich erwandern. Sollten Sie Ihre Fahrräder dabei haben (der berühmte Captain hatte übrigens keines), können Sie den Ausflug ins Sonnensystem auch auf dem Drahtesel antreten.

WOMO-Wandertipp: Planetenweg

Gehzeit: 3 h **Schwierigkeit:** leicht **Höhenunterschied:** <100 m

Strecke: Da wir nun in puncto "Weltraumwanderungen" alle keine Experten sind, vorab noch ein paar Daten zu Geschwindigkeit und Entfernung. Wenn wir von einer Schrittlänge von 70 cm ausgehen, dann entspricht das in unserem Modell einer Entfernung von 700.000 km / Schritt, welche wir mit ca. dreifacher Lichtgeschwindigkeit zurücklegen. So passieren wir flugs Merkur, Venus, kommen an der Erde vorbei und bekommen einen direkten Größenvergleich mit der Sonne (hoffentlich dauert das mit dem Ausdehnen der Selbigen noch eine Weile). Nach dem Mars werden die Entfernungen zwischen den Planeten immer größer so dass der "degradierte" Planet Pluto seinen Platz in KANDERN findet (Hauptstraße 39). Von hier aus führt uns die rote Raute vorbei an EGISHOLZ zu unserem Parkplatz zurück.

Zurück an der L134 biegen wir links, durchqueren WITTLINGEN, fahren am Ortsende links Richtung HAAGEN und durchqueren den Ort erneut (diesmal in nordöstlicher Richtung). 1,3 km nach dem Ortsende finden wir sowohl links als

auch rechts der Straße einen schönen geräumigen **Parkplatz mit Grillstelle** vor, wo wir unser Womo im Schatten parken.

(59) WOMO-Picknickplatz: Kleeplatz

GPS: N 47° 39' 11.0" E 7° 40' 05.0"
max. WOMOs: 3-4
Ausstattung/Lage: Tisch & Bank, Grillstelle / außerorts.
Zufahrt: Siehe Text.

In HAAGEN fahren wir an der Stoppstelle rechts Richtung LÖRRACH, passieren 500 m nach Ortsanfang einen Brunnen und folgen 1 km weiter (nach der Unterführung) dem braunen Wegweiser zur Burg Rötteln.

(60) WOMO-Stellplatz: Burg Rötteln

GPS: N 47° 38' 15.0" E 7° 40' 00.0" **max. WOMOs:** 2-3
Ausstattung/Lage: Mülleimer / außerorts.
Zufahrt: In HAAGEN Richtung LÖRRACH; nach 1500 m beschildert.

Mit der **Burgruine Rötteln** haben wir eine der größten mittelalterlichen Burgen Süddeutschlands vor uns. Erstmals urkundlich im Jahr 1259 erwähnt, wurde sie 1356 beim großen

Burg Rötteln

Burg Rötteln

Erdbeben von Basel schwer beschädigt. Im Dreißigjährigen Krieg abwechselnd von den Kaiserlichen und den Schweden besetzt, wurde die Burg 1678 von den Franzosen endgültig zerstört. Seit 1926 bemüht sich der Röttelnbund um den Erhalt der Ruine. Im Sommer dient sie als Bühne der gern besuchten Freilichtspiele.

Wem der Sinn nach ein wenig Konsum steht, der kann von der Burg in das benachbarte LÖRRACH fahren und sich in der schönen, großen Fußgängerzone, mit ihren vielen Geschäften so richtig austoben. Die Vielzahl der Läden ist nicht zuletzt der Grenznähe zur Schweiz geschuldet. Seit den Höhenflügen des Schweizer Franken sind in LÖRRACH fast mehr Autos mit schweizer Kennzeichen auszumachen als einheimische.

Wir entscheiden uns heute für das beschauliche Schopfheim, das seine ganz eigenen Reize hat.

Dazu fährt man an der Hauptstraße links, biegt an der ersten Ampel rechts in die Eisenbahnstraße und folgt der Beschilderung B317 / SCHOPFHEIM. Die B317 verlassen wir an der Abfahrt SCHOPFHEIM-WEST, nehmen im Kreisverkehr die erste Ausfahrt Richtung SCHOPFHEIM-Stadtmitte und verlassen den darauffolgenden Kreisel an der ersten Ausfahrt. Knapp 100 m danach geht es links in die Bismarckstraße, wo wir nach weiteren 300 m auf den Parkplatz (linke Seite) mit **Brunnen** rollen (GPS: N 47° 38' 51.0" E 7° 49' 11.0").

In der romantischen **Altstadt** mit den idyllischen Gassen fühlt man sich in eine Zeit versetzt in der die Welt noch in Ordnung war. Etwas "revolutionärer" geht es seit dem dritten Oktober 2004 vor dem Rathaus zu. Hier enthüllte am Tag der Deutschen Einheit **Peter Lenk** seine **Plastik** zur Badischen Revolution. 1848 folgten in Schopfheim genau zwei Bürger und ein Hund dem flammenden Aufruf Friedrich Heckers zur Revolte. Dies genügte dem provokativen Künstler vom Bodensee als Inspiration für eine gelungene Großplastik.

So wird die als "Amazone der Revolution" bekannte Emma Herwegh auf einer Kanone sitzend und der Staatsmacht die nackte Kehrseite zuwendend, dargestellt. Peter Lenk wäre nicht er selbst, würde er der Staatsmacht nicht ein "Zeitgenössisches" Gesicht verpassen. So muss sich der ehemalige Ba-

Lenk-Plastik zur Badischen Revolution

den-Württembergische Ministerpräsident Erwin Teufel, als Pickelhauben gekrönter Soldat (gleich sechsfach geklont), den Allerwertesten des resoluten "Revolutionsweibes" ansehen.

Weil man so ein Kunstwerk am besten bei Kaffee und Kuchen bewundern kann, sind die meisten Stühle der umliegenden Straßencafe's entsprechend ausgerichtet.

Von unserem Parkplatz aus rollen wir nach links, verlassen den ersten Kreisverkehr an der dritten und den zweiten an der ersten Ausfahrt. 1,9 km nach dem Ortsende biegen wir rechts ab und rollen auf den Parkplatz unterhalb der Straße (GPS: N 47° 38' 48.0" E 7° 51' 23.0"). Hier heißt es aufgepasst! Denn außer dem Vorfahrtsschild gibt es keinen weiteren Hinweis auf den Parkplatz.

Von hier aus spazieren wir in 5 min zu dem **Eichener See**, bei dem wir allerdings nicht garantieren können, dass er auch da ist! Der See bildet sich nämlich nur wenn die unterirdischen "Bäche", welche etwa 40 m tief im mittleren Muschelkalk verlaufen, Hochwasser führen. Dann sprudelt das Wasser zwischen den Grashalmen hervor und füllt die Doline bis zu einer Wassertiefe von 3 Meter. Eine weitere Besonderheit des Sees sind die darin lebenden Tanymastix Lacunae, etwa 2 cm lange Krebstiere die sich dank ihrer Dauereier hier entwickeln können. Zusammen mit den Krebsen ist der See einzigartig in Europa.

Eichener See? Vieleicht haben Sie ja mehr Glück!

Die Bundesstraße verlassen wir gut 2 km weiter Richtung HASEL, wo uns die unübersehbaren braunen Schilder zur **Erdmannshöhle** führen (GPS: N 47° 38' 58.0" E 7° 53' 47.0").

Um die seit dem 14. Jh. bekannte Höhle ranken sich allerlei Sagen und Legenden, von denen sich selbst Künstler wie Johann Peter Hebel inspirieren ließen. In der auf 560 m begehbaren Tropfsteinhöhle haben die verschiedenen Räume so klangvolle Namen wie Irrgarten, Tempel, Märchenreich oder Fürstengruft. Letztere kann mit zwei mehr als 4 m hohen Tropfsteinen glänzen. Bedenkt man, dass die Tropfsteine eine durchschnittliche Wachstumsgeschwindigkeit von 1 mm / 100 Jah-

Jahrtausend alte Tropfsteine in der Erdmanshöhle

re haben, dann bekommt man eine Vorstellung über das Alter der Höhle. Nicht weniger beeindruckend ist der Höhlenbach, der munter vor sich hinplätschert.

In einem kleinen See am Anfang der Höhle kann man mit ein wenig Glück ein paar der fast durchsichtigen Krebse beobachten, die es sich hier unten gemütlich gemacht haben.

Die Höhle kann im Rahmen einer Führung von Mai - September 10.00 - 17.00 Uhr und in der Nebensaison 13.00 - 17.00 Uhr besichtigt werden. Von November bis März ist die Höhle geschlossen.

HASEL verlassen wir Richtung GERSBACH und passieren kurz vor dem Ortsende einen **Brunnen** (linke Seite). Das sehr schmale Sträßlein führt uns 2 km durch eine sanft hügelige Wiesenlandschaft, bevor es auf die Landstraße nach GERSBACH trifft. Dieser folgen wir 300 m nach rechts, bevor wir in einer Kurve den Wanderparkplatz auf der linken Seite ansteuern.

(61) WOMO-Stellplatz: Hasel

GPS: N 47° 40' 02.0" E 7° 52' 51.0" **max. WOMOs:** 2-3
Ausstattung/Lage: Tisch & Bank / außerorts.
Zufahrt: Siehe Text.

Für den abendlichen Spaziergang stehen zahlreiche Waldwege zur Auswahl.

Am nächsten Morgen beschließen wir den heutigen Vormittag den Rindern zu widmen und machen uns auf nach GERS-

Stellplatz bei HASEL

BACH. Auf dem Weg dorthin stoppen kurz nach SCHLECHT-BACH auf dem Picknickplatz um Wasser zu fassen (GPS: N 47° 41' 54.0" E 7° 53' 56.0").

In GERSBACH finden wir direkt vor dem Ortsschild, auf der rechten Seite, ein geräumiger, ebener Parkplatz mit Toiletten und Infopavillon auf dem wir unser Womo abstellen.

(62) WOMO-Wanderparkplatz: Gersbach

GPS: N 47° 41' 57.0" E 7° 55' 19.0"; Wehratalstr. **max. WOMOs:** 2-3
Ausstattung/Lage: Toilette, Mülleimer / Ortsrand.
Zufahrt: Am Ortsanfang auf der rechten Seite.

Von hier aus wollen wir nun alles, was es über Rinder zu wissen gibt, auf dem 2002 eingerichteten 33 ha großen Lehrpfad in Erfahrung bringen.

WOMO-Wandertipp: Rinderlehrpfad

Gehzeit: 1,5 h **Schwierigkeit:** leicht **Höhenunterschied:** 200 m
Strecke: Wir biegen an der ersten Straße dem Wegweiser folgend links ab. Der erste Teil des Weges führt über eine Teerstraße bergan, wo insgesamt 12 Infotafeln Antworten auf fast alle Fragen geben. Neben den Tafeln wollen aber auch noch Rinder aller Rassen wie Schottische Hochlandrinder, tibetanische Jaks oder südamerikanische Lamas beäugt werden. Auf der Höhe angekommen führt der Weg nach rechts, wo wir dann endlich auch den Teerbelag verlassen können. An dem robuster gebautem Gehege können wir es bereits erahnen, dass wir nun das Revier des Wisent erreicht haben. Die Vorkehrungen haben durchaus ihre Berechtigung, handelt es sich hierbei doch um Europas schwerstes Landtier. Trotz ihrer Masse von bis zu 1.000 kg erreichen diese Tiere eine Geschwindigkeit von bis zu 60 km/h und überspringen Hindernisse von 2 m Höhe! Auf uns wirken sie allerdings fried-

lichund einigermaßen fotogen. Am Wiesentgehege endet der Lehrpfad so dass wir, im Ort angekommen, zum Womo zurücklaufen und dieses gerade noch vor dem wolkenbruchartigen Regenschauer erreichen.

Dem aufmerksamen Wanderer wird der kleine, schattige Parkplatz am Waldrand nicht entgangen sein. Wer hier nächtigen möchte, der fährt in GERSBACH die erste links und folgt dem Teersträßchen ca. 1,5 km bergan (**63:** N 47° 42' 37.0" E 7° 55' 02.0").

Einen weiteren Übernachtungsplatz findet man auf dem großen Parkplatz beim Bergbrunnenlift vor. Dazu verlassen wir GERSBACH in Richtung TODTMOOS und rollen 250 m nach dem Ortsende rechts auf den Parkplatz.

(64) WOMO-Stellplatz: Gersbach Skilift

GPS: N 47° 41' 36.0" E 7° 55' 59.0" **max. WOMOs:** 3-4
Ausstattung/Lage: keine / Ortsrand.
Zufahrt: 250 m nach Ortsende (Richtung TODTMOOS).

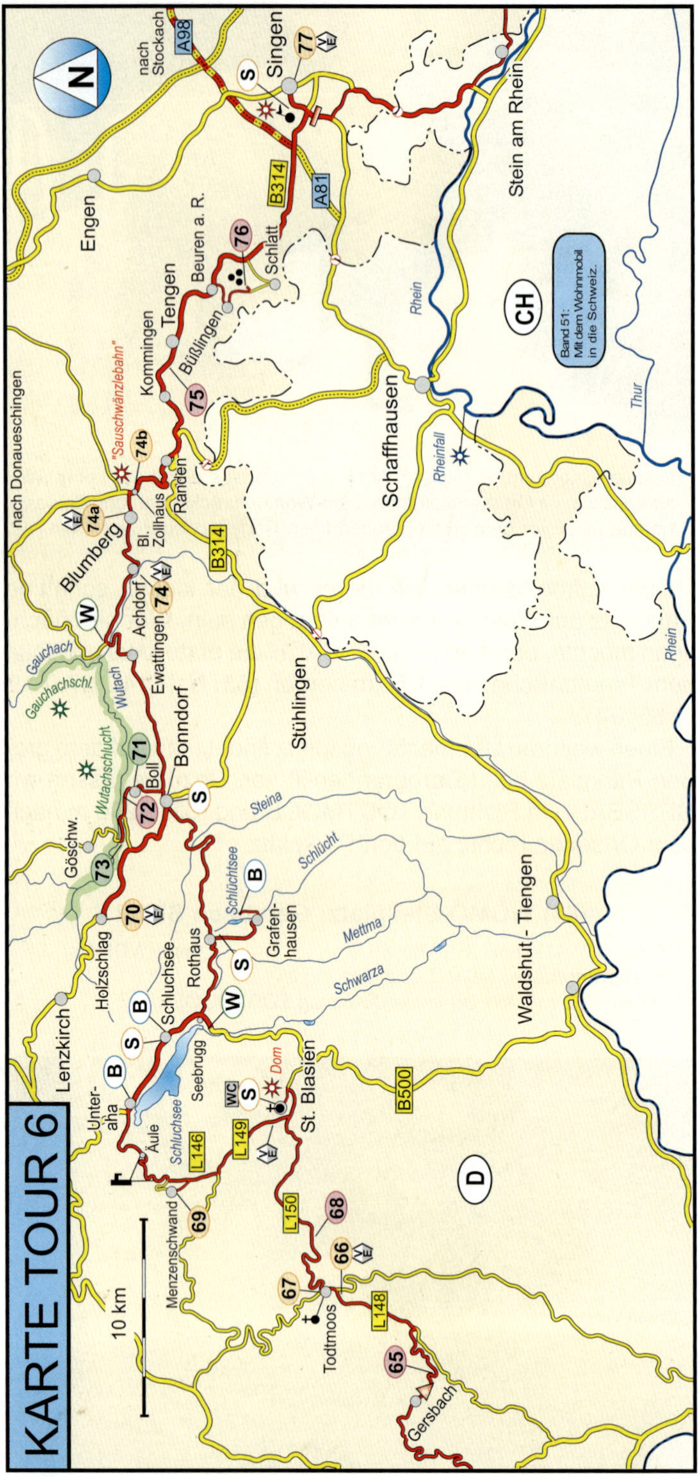
KARTE TOUR 6
N
10 km
nach Stockach
A98
Singen
77
Engen
B314
A81
Beuren a. R.
76
Schlatt
Tengen
Kommingen
Büßlingen
75
"Sauschwänzlebahn"
74b
nach Donaueschingen
Randen
Bl. Zollhaus
74a
Blumberg
B314
Achdorf
74
W
Ewattingen
Gauchach
Gauchachschl.
Wutach
Wutachschlucht
Bonndorf
71
Boll
72
S
Göschw.
73
70
Steina
Schlücht
Schlüchtsee
B
Grafenhausen
Mettma
Rothaus
S
Schwarza
Holzschlag
Schluchsee
Lenzkirch
B
S
W
Seebrugg
Unter-aha
B
Äule
Schluchsee
L146
L149
WC
S
Dom
St. Blasien
B500
D
Menzenschwand
69
L150
68
66
67
Todtmoos
L148
65
Gersbach
Stühlingen
Waldshut - Tiengen
Schaffhausen
Rheinfall
Rhein
Thur
CH
Stein am Rhein
Band 51: Mit dem Wohnmobil in die Schweiz.

TOUR 6 (ca. 145 km / 4-6 Tage)

Todtmoos - St. Blasien - Schluchsee - Bonndorf - Wutachschlucht - Blumberg - Singen

Freie Übernachtung:	Gersbach, Todtmoos, Menzenschwand, Seebrugg, Bonndorf, Boll, Schattenmühle, Achdorf, Kommingen, Büßlingen, Singen.
Campingplätze:	u. a. Schluchsee, Rothaus, Tengen.
Ver-/Entsorgung:	u. a. Todtmoos, St. Blasien, Bonndorf, Singen.
Baden:	Schluchsee, Schlüchtsee.
Besichtigen:	Wallfahrtskirche Todtmoos, Dom (St. Blasien), "Hüsli", Schloss / Narrenmuseum Bonndorf, Ruine Hohentwiel.
Wandern:	St. Blasien, Wutachschlucht.

GERSBACH verlassen wir Richtung TODTMOOS und machen gleich 2,1 km nach dem Ortsende einen Picknickplatz links oberhalb der Straße aus, auf dem man durchaus eine geruhsame Nacht verbringen kann.

(65) WOMO-Picknickplatz: Gersbach

GPS: N 47° 41' 13.0" E 7° 57' 01.0" **max. WOMOs:** 1-2
Ausstattung/Lage: Tisch & Bank, Schutzhütte / außerorts.
Zufahrt: 2,1 km nach GERSBACH links oberhalb der Straße.

Den Stellplatz mit **Entsorgungsstation** in TODTMOOS erreicht man, indem man das Ortsschild links liegen lässt, 150 m auf der Landstraße weiterrollt und dann rechts abbiegt. Gut 50 m weiter geht es rechts auf den Parkplatz neben dem Edeka-Markt.

(66) WOMO-Stellplatz: Todtmoos (Edeka)

GPS: N 47° 44' 02.0" E 8° 00' 11.0"; Jägermatt. **max. WOMOs:** >5
Ausstattung/Lage: Entsorgung, Mülleimer / zentrumsnah.
Gebührenpflichtig! **Zufahrt:** Siehe Text.

Die benachbarte Diskothek ist ein ganzes Stück weit weg und wahrscheinlich nicht zu hören. Fünf Euro bezahlen, um es herauszufinden, wollen wir heute allerdings auch nicht. Also werfen wir den Diesel nach dem Entsorgen noch einmal an, fahren zur Durchgangsstraße zurück und biegen dort rechts ab. 300 m nach dem Ortsanfang setzen wir den rechten Blinker und folgen die restlichen 400 m der Beschilderung zum Schwimmbad. Hier haben wir unser ruhiges Plätzchen für heute Nacht dann auch schon gefunden.

(67) WOMO-Stellplatz: Todtmoos Schwimmbad

GPS: N 47° 44' 40.0" E 8° 00' 15.0"; Schwimmbadweg.
Ausstattung/Lage: keine / Ortsrand. **max. WOMOs:** 1-2
Zufahrt: 300 m nach Ortsanfang rechts, dann ausgeschildert.

Der Name des kleinen, im reizvollen Wehratal liegenden **Wallfahrts- und Erholungsortes**, geht auf einen Waldsumpf zurück, dem "Toten Moos". Hier sollen giftige Dämpf aufgestiegen sein und den raschen Tod vieler Menschen und Tiere verursacht haben. Den Spuk beendete ein Priester 1255, als ihm die Mutter Gottes erschien und ihm befahl, eine bestimmte Tanne (die Wurzel des Übels) zu fällen. Als Dank errichtete dieser eine Kapelle mit einem Gnadenbild und machte TODTMOOS zu einem Wallfahrtsort.

Wallfahrtskirche in TODTMOOS

Über dem schön gestalteten Ort erhebt sich heute die **Wallfahrtskirche** Mariä Himmelfahrt. Die barocke Kirche wurde von 1770 - 1778 umfassend neu gestaltet und mit wertvoller Ausstattung versehen.

Alljährlich im Winter verbreiten die durch den Südschwarzwald hechelnden Huskies ein Hauch von Alaska. Mutige Schlittenlenker steuern dann zu Klängen von Dave Dudley ihre Gefährte durch die verschneite Landschaft und lassen das "Yukon-Gefühl" aufkeimen.

Vom Schwimmbad kommend schwenken wir vor dem Rathaus nach links auf die Sankt-Blasier-Straße, die sich in Serpentinen den Berg hocharbeitet. Die vielen schönen Picknick- und Übernachtungsplätze sind schuld daran, dass wir in den letzten Tagen nicht so recht vorankommen. Trotzdem halten wir gerne auch 4,8 km nach dem Ortsende von TODTMOOS auf dem großzügigen **Picknickplatz** rechts der Straße an, um ihn in unsere Liste aufzunehmen.

(68) WOMO-Picknickplatz: Todtmoos

GPS: N 47° 44' 45.0" E 8° 02' 37.0"
max. WOMOs: 4-5
Ausstattung/Lage: Tisch & Bank, Grillstelle, Mülleimer / außerorts.
Zufahrt: Siehe Text.

Am Ende der L150 biegen wir rechts auf die Umgehungsstraße, umfahren ST. BLASIEN und verlassen den Kreisverkehr Richtung Stadtmitte / Busparkplatz. 900 m weiter blinken wir links, fahren über eine kleine Brücke und schon stehen wir auf dem Parkplatz direkt beim Dom. Dieser ist zwar gebührenpflichtig, dafür aber mitten im Zentrum und mit **Toiletten** ausgestattet (GPS: N 47° 45' 37.0" E 8° 07' 55.0").

Wer St. Blasien besucht wird mit ziemlicher Sicherheit als aller erstes den Gang zum **Dom** antreten. Das hat auch durchaus seine Berechtigung. Schließlich ist die Kirche des heiligen St. Blasius nach dem Petersdom, dem Panteon und dem Dom von Florenz, der **viertgrößte Kuppelbau Europas**. Mit einem Kuppeldurchmesser von 36 m übertrifft er die St. Paul's Cathedral in London immerhin um 2 m! Die mächtige, 63 m hohe Kuppel wird von 20 korinthischen Säulen getragen.

Dem 1771 - 1783 anstelle einer zweitürmigen Barockkirche errichteten Gotteshaus standen bewegte Jahre bevor. So wurde im Zuge der Säkularisation der Dom geschändet, die Einrichtung

Dom in ST. BLASIEN

samt der Silbermannorgel herausgerissen und zerstört. Nachdem 1874 ein Feuer die Kirche schwer beschädigte wurde sie 1913 zum zweiten mal geweiht. Der letzte Brand von 1977 hatte umfangreiche bauliche Sanierungsmaßnahmen zur Folge.

Das angrenzende ehemalige Benediktienerkloster beherbergt seit 1934 ein **Jesuitenkolleg** mit Internat, welches international hoch angesehen ist und Schulabgänger wie z. B. Heiner Geißler in seiner Kartei verzeichnen kann.

Eine Besonderheit ist die 1780 entstandene **Sonnenuhr** am östlichen Amtsgebäude beim Kurgarten. Chronos der Zeitgott persönlich hält hier in einer Hand das Zeitband in der anderen den Zeigerstab und so wundert es einen nicht, dass man neben der Uhrzeit auch noch den jeweiligen Monat ablesen kann. Das Besondere ist jedoch die senkrechte Achterschleife, welche die Sonnenuhr zur sogenannten "Mittagsuhr" macht. Immer wenn das Licht, durch die Lochscheibe am Ende des

Sonnenuhr in ST. BLASIEN

Zeigerstabes, auf die Achterschleife trifft und dabei die entsprechende Datumsstelle überquert, dann ist in ST. BLASIEN genau 12.00 Uhr Mittag. Dieser Einrichtung bediente man sich früher um die Domuhr nachzustellen!

Am gegenüberliegenden Ufer der Alb zieht das Haus Schmidt-Arkaden die Blicke der Besucher auf sich.

Da die Umgebung von ST. BLASIEN ein hervorragendes Wandergebiet ist, nehmen wir Sie nun gerne mit zu einer Wanderung auf den Lehenkopf.

WOMO-Wandertipp: Lehenkopf

Gehzeit: 4 h **Schwierigkeit:** leicht **Höhenunterschied:** 400 m

Strecke: Vom Dom kommend geht es vor dem Steinenbächle links auf das Kollegsgelände, hinten die Treppe hinauf, vor dem Gebäude links und gleich rechts durch die Unterführung zur Wegspinne mit Wegweiser. Wir folgen der Beschilderung zum 1039 m hohen Lehenkopf (gelbe Raute), den wir nach ca. 45 idyllischen Wanderminuten erreichen. Nachdem wir den Turm bestiegen und uns an der Aussicht über das bunte Blätterdach erfreut haben, geht es bergab Richtung Urberg / Rüttewies. An der Lehenhütte geht es rechts weiter Richtung Klosterweiher (blaue Raute). Dort angekommen macht sich ein wenig Enttäuschung breit. Der See ist ziemlich heruntergekommen, so dass wir hier keine Badeempfehlung aussprechen können. An der ehemaligen Gaststätte Klosterweiherhof geht es am See entlang, wo wir dem Uferverlauf nach rechts durch die Büsche folgen, vorbei an dem Schilfgürtel bis zur "Liegewiese". Hier geht es vor dem verlandeten, sumpfigen Zufluss links durch den Wald. Der schmale, stellenweise kaum zu erkennende Pfad führt steil bergan und stößt wenig später auf den Grillplatz bei der Horbachermoor-Hütte. Von hier aus geht es auf dem Naturlehrpfad weiter, bis dieser wenig später auf einen Wirtschaftsweg trifft. Diesem folgen wir nach rechts und halten uns an der nächsten Gabelung wieder rechts. An der Straße angekommen folgen wir dieser zunächst Richtung Urberg bis zum Ende des Parkstreifens. Von dort führt uns die gelbe Raute wieder bergab nach ST. BLASIEN.

Zurück im Kreisverkehr verlassen wir diesen an der ersten Ausfahrt Richtung BERNAU. Kurz darauf (100 m nach der Ampel) geht es links zum Parkhaus Dom, wo man eine kostenlose **Ver- / Entsorgungsmöglichkeit** vorfindet (GPS: N 47° 45' 45.0" E 8° 07' 29.0").

Wir verlassen ST. BLASIEN und fahren an der nächsten Weggabelung rechts der Beschilderung MENZENSCHWAND / Feldberg folgend, wo wir nach der zweiten Kehre einen **Brunnen** passieren (linke Seite). Sollten Sie den Brunnen verpasst haben, keine Sorge, der nächste sprudelt nur ein paar Minuten weiter und zwar kurz vor dem Ortsende von AEULE.

Wenn Sie nicht nur Wasser tanken, sondern lieber gleich einen schönen, ruhigen Stellplatz am Bach bevorzugen, dann sollten Sie sich für den kurzen Abstecher nach MENZENSCHWAND entscheiden und dort der Beschilderung zum Stellplatz folgen.

(69) WOMO-Stellplatz: Menzenschwand Skilift

GPS: N47° 48' 47.9" E8° 04' 08.8"; Rehbachweg. **max. WOMOs:** 4-5
Ausstattung/Lage: Ver- / Entsorgung, Tisch & Bank, Skilift / außerorts.
Gebührenpflichtig! **Zufahrt:** Im Ort beschildert.

Nun ist unser nächstes Ziel, der **Schluchsee**, bereits in Sichtweite. Je näher man dem beliebten Ausflugsziel kommt, um so kürzer werden die Abstände zwischen den Parkflächen, was (zumindest in der Hauptsaison) auf eine hohe Besucherzahl schließen lässt. Trotz allem werden Sie hier noch ruhige Plätze finden und von dem Rummel wie z. B. am Titisee ist man hier noch ein ganzes Stück weit entfernt.

Als Mitte des 19. Jh. erste Touristen aus England den Weg an die Ufer des Schwarzwaldsees fanden, war dieser noch wesentlich kleiner und vor allem seines Fischreichtums wegen überregional bekannt. 1932 begann man in SEEBRUGG mit der Errichtung einer 35 m hohen Staumauer, so dass der See seine heutige Größe von 1.5 x 7,5 km erreichte und zum **größten Schwarzwaldsee** aufstieg.

Um den Höhenunterschied von 620 m zwischen Schluchsee und Rhein optimal zur Stromgewinnung nutzen zu können, hat man ein ausgeklügeltes treppenförmiges System von Kraftwerken (drei an der Zahl) und Speicherbecken gebaut. So ist man in der Lage zu Spitzenzeiten Strom mit einer Leistung von 490 Megawatt zu produzieren, während man das Wasser bei einem Überangebot von Strom (meistens nachts) wieder in den See zurückpumpt.

Also biegen wir am Ende der Straße rechts Richtung SCHLUCHSEE, wo es 300 m weiter links zum Bahnhof von

UNTERAHA geht. Dort kann man sein Womo z. B. für einen Abstecher ins Strandbad, abstellen (GPS: N 47° 49' 58.0" E 8° 08' 04.0").

500 m nach dem Ortsanfang von SCHLUCHSEE (kleines grünes Schild) lassen wir uns von der Beschilderung Bahnhof auf den Parkplatz des selbigen leiten (GPS: N 47° 49' 03.0" E 8° 10' 34.0"). Von hier aus können Sie den größten Ort am See mühelos auf Schusters Rappen erkunden.

Sollte Sie die Badelust gepackt haben, das Strandbad liegt vom Bahnhof aus gesehen knapp 10 min in östlicher Richtung. Wenn Sie Ihr Womo dorthin mitnehmen möchten, dann fahren Sie am Bahnhof vorbei, links durch die Unterführung und halten sich gleich danach rechts, der Beschilderung Strandbad folgend (GPS: N 47° 48' 56.0" E 8° 10' 51.0"). Der Parkplatz (rechte Seite) ist zwar ebenfalls kostenpflichtig, aber immerhin kann das Bad mit einer 75 m Rutsche, einem Strömungskanal und herrlich kühlem und sauberem Seewasser auftrumpfen.

Wenn Sie neben Extremrelaxen noch andere Sportarten Ihr Hobby nennen, dann sind Sie hier genau richtig. Schon lange kommen Angler, Segler und Surfer auf dem See, der übrigens nicht mit Motorbooten befahren werden darf, auf ihre Kosten. Mittlerweile haben auch die Taucher den See für sich entdeckt und ihr "Revier" im Ortsteil SEEBRUGG abgesteckt. Durch seine Entstehungsgeschichte hat der See auch unter Wasser allerlei Sehenswürdigkeiten wie alte Gebäude oder die alte Poststraße zu bieten.

Neben den zahlreichen Wanderungen wie z. B. von der Ortsmitte in SCHLUCHSEE zum Riesenbühlturm (einfacher Weg 5 km), würden wir Sie gerne zu einer **Seeumrundung** überre-

Schluchsee

den. Dazu verlassen wir den Parkplatz am Strandbad nach rechts und biegen gleich danach links auf die B500.

Nur wenige Kilometer später stellen wir unser WOMO auf dem Parkplatz kurz hinter der Staumauer ab, wo wir unsere Rundwanderung starten. (GPS: N 47° 47' 57.0" E 8° 10' 57.0").

WOMO-Wandertipp: Schluchsee

Gehzeit: 4,5 h **Schwierigkeit:** leicht **Höhenunterschied:** <100 m
Strecke: Vom Parkplatz aus machen wir uns auf, den See im Uhrzeigersinn zu umrunden. Dazu laufen wir vor bis zur Bundesstraße, wo uns der parallel dazu verlaufende Fußweg zur Staumauer führt. Hier wenden wir uns von der Straße ab, überqueren die Staumauer und lassen uns vom Ufer den Weg entlang des autofreien Südwestufer weisen. Wie bereits erwähnt findet man hier trotz der regen Besucherzahl noch einsame Plätzchen zum Baden oder einfach nur zum Entspannen. Der Weg auf der gegenüberliegenden Seeseite ist wegen der Straßennähe nicht ganz so entspannend, dafür sonniger und ebenfalls gut zum Baden geeignet. Wer die Wanderung auf das Südwestufer beschränken möchte, der kann von UNTERAHA bis SEEBRUGG den Zug benutzen.

Vom Parkplatz SEEBRUGG brummen wir die 700 m zur Kreuzung zurück und fahren dort geradeaus Richtung ROTHAUS / BONNDORF. 4,2 km weiter rollen wir (gegenüber der Rothausbrauerei) rechts und lassen uns nach weiteren 300 m vom Wegweiser "**Heimatmuseum Hüsli**" links auf den Parkplatz leiten (GPS: N 47° 47' 35.0" E 8° 14' 47.0"). Das 1912 von einer erholungssuchenden Konzertsängerin errichtete und

Heimatmuseum Hüsli

1966 zum Heimatmuseum umfunktionierte Haus erlangte als Drehort der Fernsehserie **“Schwarzwaldklinik“** einen hohen Bekanntheitsgrad. Hier wohnte der omnipotente Chefarzt Professor Brinkmann samt seiner Familie.

Nach dem Ausstrahlen der Serie 1985 erlebte das Hüsli einen regelrechten Besucheransturm, was auch den Übernachtungsbetrieben der Region ein ordentliches Umsatzplus einbrachte. So verzeichnete man im Glottertal, wo die berühmte Klinik steht, gut 30 % mehr Übernachtungen. Wenn Sie jetzt denken Sie sind am Glottertal vorbeigefahren und haben die Klinik verpasst, keine Sorge. Die Klinik ist mittlerweile geschlossen, war ohnehin nie für Besucher zugänglich und gedreht wurden hier lediglich die Außenaufnahmen. Das liebevoll eingerichtete Hüsli empfängt dagegen gerne jeden, der sich an einem volkskundlich orientierten Museum erfreuen will.

Den Parkplatz am Hüsli verlassen wir nach links und biegen 1 km nach dem Ortsanfang von GRAFENHAUSEN noch einmal links Richtung Sportplatz / **Schlüchtsee**. Der alleeenartigen Straße folgen wir 1 km, bevor wir erneut links fahren und 700 m weiter den großen Parkplatz am Schlüchtsee erreichen (GPS: N 47° 47’ 15.0” E 8° 15’ 42.0”). Eben, schattig, mit Bank, Tisch und Grillstelle ausgestattet, würde er sich geradezu zum Übernachten anbieten, wenn da nur die kleinen fiesen Verbotsschilder nicht wären.

Also schnappen wir unsere Badesachen und schlendern zum See hinunter, ein Idyll! Der malerisch in einem botanisch sehr

Schlüchtsee

interessanten Naturschutzgebiet liegende See ist ausschließlich den Schwimmern vorbehalten. An dem von schattenspendenden Bäumen durchsetzten Uferbereich findet jeder sein ruhiges Plätzchen, so dass Erholung und Entspannung garantiert sind. Alleine das von **Seerosen** zum Leuchten gebrachte nördliche Seeende rechtfertigt bereits den Eintrittspreis von 1,50 €.

Fährt man nun am Domizil der Brinkmanns vorbei zur Hauptstraße zurück hält man direkt auf die **"Staatsbrauerei Rothaus"** zu. Eingeschworene Badener behaupten, der hier gebraute Gerstensaft sei - natürlich nach dem Fürstenberger - das einzig genießbare Bier. Nun, diese Entscheidung wollen wir Ihnen selbst überlassen und setzen unsere Fahrt nach BONNDORF fort.

Hier angekommen, möchten wir uns erst ein mal bei einem Spaziergang den **Japanischen Garten** ansehen. Dazu fahren wir die Rothausstraße stadteinwärts bis zum Ende durch. Dort biegen wir rechts, gleich darauf noch einmal rechts und folgen der Beschilderung zur Stadthalle, wo wir unser Womo abstellen (GPS: N 47° 49' 05.0" E 8° 20' 27.0"). Von dem Kurpark mit dem Japanischen Garten und **Schloss** trennen uns von hier nur noch ein paar hundert Meter.

Auf der natürlichen, bis ins Stadtzentrum reichenden Grünzunge hat man 1980 begonnen einen Landschaftspark anzulegen. Dabei wollte man nicht einfach nur eine Grünanlage zum Durchspazieren schaffen, sondern einen Park, der die menschlichen Sinne anspricht und sowohl passiv als auch aktiv erlebt werden kann.

Dies ist mit der Gestaltung nach japanischem Vorbild hervorragend gelungen. Kaum ist man hier ein paar Minuten

Schloss in BONNDORF

unterwegs, fasziniert einen der von einem Bachlauf durchzogene Garten so sehr, dass man sogar den Regen vergisst. Die vier Lebenselemente (Erde, Wasser, Luft und Feuer) werden anhand praktischer und greifbarer Beispielen anschaulich dargestellt.

Da wir gerade die einzigen Besucher sind, testen wir mit wachsender Begeisterung die ansonsten wohl eher von Kinder beanspruchten Dinge wie Rufsäulen, Summstein oder Klangwindrad ganz ungeniert.

Der Stellplatz in Bonndorf wurde geschlossen und in den Ortsteil HOLZSCHLAG verlegt.

(70) WOMO-Stellplatz: Bonndorf-Holzschlag

GPS: N47° 50' 59.0" E8° 16' 4.0"; Bonndorfer Str. **max. WOMOs:** 3-4
Ausstattung/Lage: Ver-/ Entsorgung, Mülleimer / Ortsmitte.
Zufahrt: von Bondorf Richtung LENZKIRCH bis HOLZSCHLAG, dort bis zum Dorfplatz.

Von der Stadthalle fahren wir zurück zur Durchgangsstraße, biegen dort rechts ab, halten uns an deren Gabelung links Richtung DONAUESCHINGEN und folgen kurz vor dem Ortsende von BONNDORF der Beschilderung BOLL / Wutachschlucht. In BOLL brummen wir rechts den Berg runter und rollen 400 m nach dem Ortsanfang auf den Wanderparkplatz.

(71) WOMO-Wanderparkplatz: Boll (Ort)

GPS: N 47° 50' 13.0" E 8° 21' 01.0"; Wutachstr. **max. WOMOs:** 1-2
Ausstattung/Lage: Tisch & Bank, Mülleimer, Gaststätte / Ortsrand.
Zufahrt: In BOLL rechts halten (400 m nach Ortsanfang) .

Hier haben wir die erste Einstiegsmöglichkeit in die **Wutachschlucht** erreicht. Die "wilde Wutach", die sich mit einem Gefälle von 1% - ein ausgeglichener Fluss hat 0,1% - regelrecht in die Landschaft eingeschnitten hat, (und dies immer noch tut) hat hier eine **einzigartige Landschaft** geformt. So kann der geologisch interessierte sich auf eine Wanderung durch mehrere 100 Millionen Jahre Erdgeschichte begeben! Die 30 km lange Wanderstrecke zeigt einen Schnitt, angefangen von Schwarzwälder Gneisen und Graniten durch Bundsandstein, Muschelkalk, Keuper und schließlich durch die Juraschichten Lias und Dogger. Die wildromantische Schlucht, die stellenweise an einen Canyon erinnert, ist nur dank der fleißigen Helfer des Schwarzwaldvereins für Wanderer zugänglich. Trotz der stabilen Stege, Leitern, Brücken und Seilsicherungen sind festes Schuhwerk und Trittsicherheit Grundbedingungen für einen ungetrübten Wandertag. Besonders nach langanhaltenden Regenfällen saugt sich der in dem Muschelkalk und Keuper vorhandene Gips mit Wasser voll, so dass die aufgequollenen Steine recht rutschig werden können.

Um die seltenen "Unfallopfer" rasch versorgen zu können, hat die Bergwacht die ganze Schlucht in gut markierte Rettungssektoren eingeteilt, so dass rasche Hilfe garantiert ist.

WOMO-Wandertipp: Wutachschlucht

Gehzeit: 8 h **Schwierigkeit:** mittel **Höhenunterschied:** 350 m
Strecke: Vom Parkplatz aus laufen wir an der Kläranlage vorbei und tauchen in den jungen, dunklen Tannenwald ein, wo wir dem Weg bergab folgen. Vorbei an der Ruine Neu-Tannegg (auch Burg Boll genannt)

führt uns der Pfad in Serpentinen hinunter und endet auf einem bequemen Wirtschaftsweg. Hier halten wir uns rechts und gelangen kurz darauf an einen Info-Pavillon, der auf anschaulichen Tafeln über die Schlucht informiert. Gut gerüstet folgen wir nun weiter dem Flusslauf meist auf Pfaden, Steigen oder schmalen Felsbändern, die teilweise mit Seilsicherungen versehen sind. Vor der Schürhammerhütte, wo der Pfad durch die Wand steigt, heißt es nochmal aufgepasst, bevor wir dann die Versickerungsstelle erreichen. Das Bachbett zwischen der Versickerungsstelle und dem Wiederaustritt kann in heißen Sommern schon einmal trocken fallen. Bevor wir weiterlaufen, suchen wir uns ein sandiges Plätzchen gegenüber der Steilwand und lauschen dem Vogelgezwitscher, sowie dem Rauschen des Flusses (ab ca. 11 Uhr kommt noch jede Menge Geplapper dazu). Nach der Wiederaustrittstelle erreichen wir den Rümmelesteg, wo man anhand des alten Brückenkopfes die landschaftsprägende Gewalt der Wutach eindrucksvoll bestaunen kann. Hier wechseln wir die Seite, um ein paar hundert Meter weiter über die nächste Brücke auf die gewohnte Seite mit dem Fluss zu unserer linken zu wechseln. Vorbei an der Gauchachmündung mit der überdachten Holzbrücke passieren wir 10 min später den Holzlagerplatz des Sägewerks und erreichen gleich darauf den Parkplatz an der Wutachmühle. An dem angrenzenden Kiosk mit Imbiss kann sich der Wanderer mit allem versorgen was er für den Rückweg braucht, oder beim Verzehr einer Currywurst einfach auf den Bus nach BOLL warten. In Anbetracht der faszinierenden Schlucht, "tanken" wir hier nur auf und machen uns wieder auf den Rückweg, auf dem es auch Ihnen garantiert nicht langweilig wird. Versprochen!

Einen weiteren Einstieg in die Wutachschlucht hat man vom Parkplatz an der Schattenmühle aus. Dazu verlassen wir Boll nach rechts in Richtung GÖSCHWEILER und erreichen 1,7 km nach Ortsende von BOLL einen Picknickplatz auf der rechten Straßenseite.

(72) WOMO-Picknickplatz: Boll

GPS: N 47° 50' 33.0" E 8° 19' 56.0" **max. WOMOs:** 1-2
Ausstattung/Lage: Tisch & Bank, Mülleimer, Spielplatz / außerorts.
Zufahrt: Richtung GÖSCHWEILER, dann noch 1700 m (rechte Seite).

Nach dem Picknickplatz halten wir uns rechts Richtung LÖFFINGEN und rollen 1 km später links (vor der Brücke) auf den Parkplatz bei der Schattenmühle.

(73) WOMO-Wanderparkplatz: Schattenmühle

GPS: N 47° 50' 34.0" E 8° 19' 08.0" **max. WOMOs:** 1-2
Ausstattung/Lage: Tisch & Bank, Mülleimer, Grillstelle / außerorts.
Zufahrt: 1000 m nach dem letzten auf der linken Seite (vor der Brücke).

Von hier aus können Sie weitere Wanderungen in die Wutachschlucht, sowie in die **Lotenbachklamm** unternehmen. Den Abstecher von ca. 2 km in das Granitmassiv, in das der Lotenbach eine bezaubernde, enge Schlucht mit Wasserfällen und Granitburgen eingeschnitten hat, sollten Sie auf keinen Fall verpassen! Am nächsten Morgen fahren wir über BOLL zurück nach BONNDORF, halten uns dort links Richtung DONAUESCHINGEN, durchqueren EWATTINGEN und rollen 1,9 km nach dem Ortsende auf den Parkplatz bei der Wutachmühle. Der (zumindest bei den Wanderer unter uns) bereits bekannte Stellplatz ist Ausgangspunkt unserer heutigen

Gauchachschlucht

Wanderung durch die **Gauchachschlucht** (GPS: N 47° 50' 55.0" E 8° 27' 03.0"). Die Hobbygeologen sollten als Grundausstattung zumindest einen Hammer mitnehmen, den werden Sie heute noch brauchen!

WOMO-Wandertipp: Gauchachschlucht

Gehzeit: 5 h **Schwierigkeit:** mittel **Höhenunterschied:** 300 m
Strecke: Vom Parkplatz aus überqueren wir die Brücke, laufen rechts

über den Holzlagerplatz des Sägewerks wo wir nach 10 min. die Gauchachmündung erreichen. Nach dem Überschreiten der Wutach über die überdachte Holzbrücke, betreten wir mit der Gauchachschlucht eine der schönsten und wildesten Schluchten des Schwarzwaldes.
Diese steht der weitaus bekannteren Wutachschlucht höchstens in der Länge nach. Als bequemer Spazierweg laufen wir anfangs unter dem Blätterdach und entlang an Hochstaudenfluren immer dem Fluss aufwärts folgend. Nach der alten Holzbrücke verengt sich der Weg zu einem Pfad der stetig schlechter wird und zum Teil recht glitschig ist. Oberhalb der Burgmühle (bewirtschaftet) beginnt der wildeste Teil der Schlucht, die sich dann oberhalb der ehemaligen Lochmühle immer weiter öffnet.

Dass sowohl die Wutach- als auch die Gauchachschlucht hervorragende Wanderziele sind, hat sich mittlerweile herumgesprochen, so dass am Wochenende jede Menge "Gegenverkehr" zu erwarten ist. Unter der Woche oder früh morgens ist davon allerdings nicht viel zu bemerken.

Mit dem Verlassen des Parkplatzes Richtung BLUMBERG, wenden wir uns von einem der schönsten Schluchtensystemen Deutschlands ab. Obwohl wir hier schon ein paar Dutzend mal gewandert sind, wird es uns spätestens nächstes Jahr wieder hierher ziehen.

Nach soviel Natur brauchen wir heute auch einen Stellplatz

im Grünen. Den finden wir, indem wir 300 m nach dem Ortsanfang von ACHDORF (vor der Kurve) halbrechts in den Uferweg abbiegen, 200 m weiter rechts fahren, die Wutach überqueren und der Straße 300 m nach rechts folgen. Fährt man nach der Brücke links, dann gelangt man nur wenig später zur Kläranlage, wo eine **Entsorgungsstation** eingerichtet wurde.

(74) WOMO-Stellplatz: Achdorf

GPS: N 47° 50' 07.0" E 8° 29' 52.0"
max. WOMOs: 3-4
Ausstattung/Lage: keine / außerorts.
Zufahrt: Siehe Text.

Hier in unmittelbarer Nähe der Wutach, unter den jungen, schattenspendenden Bäumen steht einer ruhigen Nacht nichts mehr im Wege.

Die Verkehrszeichen an der steilen Straße nach BLUMBERG wollen uns eine Steigung von 15 % vorgaukeln, was unser Womo aber prompt durchschaut. Beim Anblick der rapide abfallenden Tachonadel verspüre ich das dringende Bedürfnis den ersten Gang einzulegen, was unser Bolide dankbar annimmt und uns brav den Berg hinaufzieht.

BLUMBERG durchqueren wir auf der Vorfahrtsstraße, wo man 200 m **vor** Ortsende links zum ruhigen, gut ausgeschilderten Womo-Platz mit Mülleimer und **Entsorgung** abbiegen kann (**74a:** N 47° 50' 21.0" E 8° 32' 32.0"). Einkaufsmöglichkeiten gibts zur Rechten und wer den nächsten Kreisverkehr an der ersten Ausfahrt verlässt und nach den Bahngleisen gleich links abbiegt, landet auf dem Stellplatz mit Gaststätte bei der **Museumsbahn** (**74b:** N 47° 50' 14.0" E 8° 33' 26.0"). Sie haben die Wahl.

Was nun auf uns wartet ist ein Erlebnis der besonderen Art, eine Fahrt mit der berühmten "**Sauschwänzlebahn**". Die Bahnstrecke wurde aus militärischen Gründen zwischen 1887-1890 gebaut und sollte unter Umgehung des schweizer Kantons Schaffhausen, einen raschen Truppentransport an die deutsch-französische Grenze sicherstellen. Beim Bau der Bahnstrecke mussten die Ingenieure auf einer Strecke von 9,6 km einen Höhenunterschied von 231 m überwinden. Das Hauptproblem aber bestand darin, dass die Strecke (auch "Kanonenbähnle" genannt), um von den schweren Militärzügen befahren werden zu können, eine maximale Steigung von 1 % aufweisen durfte. Um dies zu erreichen hat man Viadukte, Schleifen und Tunnels gebaut und ist so auf eine Streckenlän-

ge von 25,8 km gekommen. Der beeindruckendste ist der Stockhalde **Kreiskehrtunnel**, der mit einem Durchmesser von 700 m und einer Länge von 1.700 m einzigartig in Deutschland ist. Es ist genau dieser gekringelte Streckenverlauf, dem die Bahn den Namen "Sauschwänzlebahn" zu verdanken hat.

Nachdem die Bahnstrecke von der NATO noch einmal renoviert wurde, hat die Bundesbahn den Verkehr 1976 einge-

Die Sauschwänzlebahn unter Volldampf

stellt. Bereits ein Jahr später konnte der Museumsbahnbetrieb aufgenommen werden.

Wenn Sie nun neugierig geworden sind und keine Angst vorm "schwarzen Mann" haben, dann trennt Sie nur noch der Gang zum Kassenhäuschen von einer Fahrt mit der Dampflock auf einer der schönsten und beeindruckendsten Bahnstrecken Süddeutschlands.

Vom Bahnhof in BLUMBERG-ZOLLHAUS geht es gleich durch den 805 m langen Buchbergtunnel. Spätestens jetzt werden Sie der Aufforderung des Schaffners, die Fenster im Tunnel zu schließen, gerne nachkommen. In reizvoller Abwechslung folgen der Biesenbachviadukt, mehrere Talübergänge, der Tunnel am Achdorfer Weg, bevor wir in den Kreiskehrtunnel (eine technische Meisterleistung) eintauchen. Nun trennen uns noch drei Tunnel und die Wutachbrücke vom Bahnhof in WEIZEN.

All die schönen Motive, die Sie mit Ihrem Foto nicht einfangen konnten, werden Ihnen (nach einer kleinen Pause) bei der Bergfahrt in deutlich langsamerem Tempo noch einmal vor die Linse geführt, und davon gibt es genug.

Das Bahnmuseum sowie das Reiterstellwerk sind jeweils eine Stunde vor Abfahrt und nach Ankunft der Züge geöffnet.

Die Bahn verkehrt von Mai bis Oktober immer samstags 14 Uhr sowie sonn- und feiertags 10.00 / 14.00 Uhr zwischen BLUMBERG-ZOLLHAUS und WEIZEN.

BLUMBERG verlassen wir Richtung RANDEN, durchfahren

den Ort und biegen kurz darauf links Richtung KOMMINGEN ab.

Fährt am hier weiter gerade aus, so erreicht man nach ca. 20 km das schweizerische SCHAFFHAUSEN. Hier stürzt sich der Rhein, nahe der Stadt, auf einer Breite von 150 m schäumend und tosend 23 m in die Tiefe. Die Tatsache, dass hier je nach Jahreszeit 250 - 600 m³ Wasser pro Sekunde die Klippen herunterrauschen macht den **Rheinfall** zum größten Wasserfall Europas. Sollten Sie dort übernachten oder gar weiter auf Schweizer Gebiet vordringen wollen, können wir Ihnen den WOMO Führer Band 51 von unseren Mitautoren empfehlen.

2,5 km nach dem Ortsende von KOMMINGEN erreichen wir auf der linken Seite einen Picknickplatz mit einer bestechenden Aussicht, der durchaus als übernachtungstauglich eingestuft werden kann.

(75) WOMO-Picknickplatz: Kommingen

GPS: N 47° 49' 11.0" E 8° 38' 35.0" **max. WOMOs:** 2-3
Ausstattung/Lage: Tisch & Bank, Mülleimer / außerorts.
Zufahrt: 2,5 km nach dem Ortsende von KOMMINGEN.

Die sanfte Hügellandschaft des Hegau mit den alten Vulkankegel sowie das milde Klima wussten bereits die alten Römer zu schätzen. Einen eindrucksvollen Beweis dafür liefert das Freilichtmuseum bei BÜSSLINGEN (Eintritt frei), wo die Ruinen eines **römischen Gutshofes** von der großzügi-

Hegaulandschaft

gen Lebensart unserer südlichen Nachbarn zeugen. Zumindest derer, die der Oberschicht zuzurechnen waren.

Den Gutshof erreichen wir, indem wir direkt nach dem Ortsende von BEUREN AM RIED rechts abbiegen, 400 m nach dem Ortsanfang von BÜSSLINGEN links fahren. Von hier aus folgen wir der Beschilderung die verbleibenden 1,6 km bis zu dem Parkplatz vor den Ruinen.

(76) WOMO-Picknick-platz: Römischer Gutshof

GPS: N 47° 47' 09.0" E 8° 42' 07.0"; Hochstraße **max. WOMOs:** 1-2

Ausstattung/Lage: Tisch & Bank, Mülleimer / außerorts.

Zufahrt: Siehe Text.

Die Walnußbaumallee, welche vom Parkplatz zu den Ruinen führt, ist bei weitem nicht so alt wie das Gut selbst, wäre aber damals sicherlich auch schon standesgemäß gewesen. Für eine "Villa Rustica" ist der Hof, bei dem allein das Badegebäude eine Grundfläche von über 200 m² misst, äußerst großzügig angelegt. Ausgrabungen zufolge wurde er zwischen

Römischer Gutshof

80 - 263 n. Chr. von schätzungsweise 40 Personen bewohnt und bewirtschaftet. Beeindruckend ist neben der Badeeinrichtung das ausgeklügelte Heizungssystem von Wand- und Bodenheizung, über das zwei der Häuser verfügen.

Es gibt Anzeichen dafür, dass der Hof nach dem Rückzug der Römer im 4. Jh. von den Alemannen genutzt wurde. Allerdings auf einem deutlich geringerem Wohnniveau.

In Anbetracht der ruhigen Lage und der schönen Aussicht stellt sich die Frage des Weiterfahrens jetzt nicht mehr. So werden wir uns das wohl verdiente Mahl, welches heute in guter alter Römermanier etwas opulenter ausfallen wird, auf der Bank unter dem Obstbaum schmecken lassen.

Auf der B314 rollen wir am nächsten Morgen Richtung Singen, biegen an der Ampelanlage links Richtung SINGEN / Zentrum ab und fahren 800 m nach dem Ortsanfang (zwischen Bahnübergang und Brücke) rechts auf den Womo-Stellplatz.

(77) WOMO-Stellplatz: Singen

GPS: N 47° 45' 36.0" E 8° 49' 40.0"; Schaffhauser Straße.
Ausstattung/Lage: Entsorgung, Mülleimer / zentrumsnah.
Zufahrt: Siehe Text. **max. WOMOs:** >10

Der Stellplatz auf dem ehemaligen Gelände der Landesgartenschau eignet sich für einen Stadtbummel wie auch für die Besteigung des über dem Parkplatz thronenden Hohentwiel - der König der Hegauvulkane - gleichermaßen.

Die 40.000 Einwohner zählende Stadt ist wirtschaftliches und kulturelles Zentrum des Hegaus. SINGEN kann zwar nicht mit historischen Gebäuden punkten, hat dafür aber als **Einkaufs-**

Alter Friedhof der Ruine Hohentwiel

Ruine Hohentwiel

stadt durchaus einen guten Ruf. Kulturell ist die Hegaustadt mit dem **Kunst- und Hegaumuseum** bestens ausgestattet. Letzteres widmet sich der Vor- und Frühgeschichte und zeigt Funde aus 13.000 Jahre Menschheitsgeschichte. Hier kann man nicht nur wertvolle Funde aus der Steinzeit bis zu den Alemannen bewundern, sondern erhält darüber hinaus detaillierte Informationen über Sozialstrukturen, Wirtschaftsformen, Kleidung, Religion und Brauchtum.

Ein Singener Produkt dürfte sich bei genauerem Hinsehen - zumindest bei den Liebhabern der schnellen Küche - auch in Ihrem Vorratsschrank befinden. Die Rede ist von den Suppen und Saucen der Firma **Maggi**, die hier seit 1887 produziert.

Nachdem Sie jetzt den kulturellen Durst gestillt und die Kreditkarte zum Qualmen gebracht haben, wird es nun Zeit **Deutschlands größter Festungsruine**, der **Ruine Hohentwiel**, die sich auf dem gleichnamigen Vulkankegel erhebt, einen Besuch abzustatten. Wer die 18% Steigung lieber seinem Womo zumuten möchte als sich selbst, der verlässt den Parkplatz nach links, überquert die Bahngleise und folgt an der nächsten Möglichkeit der Beschilderung nach rechts zum Hohentwiel (GPS: N 47° 46' 02.0" E 8° 49' 07.0").

Vor allzuviel Bequemlichkeit sei jedoch gewarnt! Der motorisierte Weg nach oben endet auf halber Strecke und Nachmittags kann der Parkplatz schon mal an seine Aufnahmegrenzen stoßen (vor allem am Wochenende). Wir geben uns heute sportlich und treten den selben Weg zu Fuß an. Nach gut 30 Minuten stehen wir auf dem Parkplatz mit WC, wo wir uns zwei Eintrittskarten kaufen und beschließen **nie wieder** über unser Womo herzuziehen, wenn es an solchen Steigungen mal wieder schwächelt!

Nehmen Sie sich kurz nach dem Parkplatz ruhig ein paar Minuten Zeit für den **alten Friedhof** der Burg (linke Seite) und lassen die Stille auf sich wirken. Steil bergan führt uns der Weg von hier in gut 15 Minuten zum Eingangsbereich der Ruine und wir sind froh, dass die Tradition des “Steinetragens“ abgeschafft wurde. Früher musste jeder Besucher der Burg einen Stein mit nach oben schleppen, um seinen Beitrag zur Ausbesserung und Erweiterung der Anlage zu leisten.

Bereits 914 wurde mit dem Bau der Festungsanlage begonnen, die nach mehreren Belagerungen und Besitzerwechsel immer weiter, u. a. von Herzog Ulrich von Württemberg, ausgebaut wurde. Durch zwei weitere Ausbauten nach 1660 und 1735 galt die Festung als uneinnehmbar. Napoleon übernahm 1801 überraschend die neutrale Festung und ordnete persönlich an, die Anlage zu schleifen.

Im Schnitt lebten auf der Festung 130 - 300 Menschen, vor allem Soldaten und deren Familien. Im Kriegsfall dagegen drängten bis zu 1.000 Schutzsuchende in die Festung.

Besonders stolz war man auf das “Rondell Augusta“, einen mehrstöckigen Kanonenturm, der mit einem Durchmesser von 25 m zu den mächtigsten Rundbastionen Süddeutschlands zählt. Von hier aus konnte das gesamte westliche und südliche Vorland mit Hilfe von nicht weniger als 47 schweren Geschützen kontrolliert werden.

Die Ruine ist in den Wintermonaten täglich von 11.00 - 16.00 Uhr und im Sommer von 9.00 - 19.30 Uhr geöffnet.

SINGEN verlassen wir über die Schaffhauser Straße, fahren an der Ampelanlage geradeaus und biegen danach links Richtung STEIN AM RHEIN ab.

Alle, die sich den Bodensee für den nächsten Urlaub aufheben möchten, können von SINGEN aus prima die **Abkürzung zur Tour 10** für sich beanspruchen. Dazu fahren Sie an der Ampelanlage rechts Richtung Autobahn, wo die A81 / A98 Sie in nur 20 km nach STOCKACH bringt.

Einstimmung auf das „Schwäbische Meer"

Bevor wir uns aufmachen den Bodensee in drei Touren zu umrunden, möchten wir Ihnen unseren "Drei-Länder-See" (Anrainerstaaten D, A, CH) noch etwas näher bringen.

Der Bodensee ist mit einer Fläche von 572 km² der größte Binnensee Deutschlands und nach dem Platten- und dem Genfersee der ausgedehnteste Mitteleuropas. Mit einer Länge von 60 km und einer Breite von 15 km, bringt er es auf eine Uferlinie von stolzen 273 km. Die tiefste Stelle befindet sich zwischen Fischbach und Uttwil und liegt auf beachtlichen 254 m. Gegliedert wird der See in den Obersee (zw. Bregenz und Konstanz), den fjordähnlichen Überlinger See sowie den Untersee.

Mit einem Volumen von fast 50 km³ ist er ein riesiger **Trinkwasserspeicher**, aus dem rund 4 Millionen Menschen mit dem kostbaren Nass versorgt werden. Dabei werden zwischen 4.000 - 7.000 l Wasser pro Sekunde entnommen und nach dem Aufbereiten über Rohrleitungen bis in den Stuttgarter Raum gepumpt.

Das vermutlich durch einen Meteoriteneinschlag vorgeformte Becken wurde von den eiszeitlichen Gletscher bis zu einer Tiefe von 400 m ausgehobelt. Dies wurde allerdings im Laufe der Zeit bis auf die heutige Tiefe mit Schutt, Kies, Lehm und Sand aufgefüllt. Der Ursee war übrigens nicht nur wesentlich tiefer, sondern dehnte sich darüberhinaus auch noch von Ravensburg im Norden bis nach Chur im Süden aus, wo er sogar Verbindung mit dem Walen- und Zürichsee hatte. Gespeist wird der See heute von mehreren Flüssen, welche zwischen 320 - 380 m³ Wasser pro Sekunde in den See einbringen. Dabei stammen etwa 2/3 vom Alpenrhein, der seine Mündung in Bregenz und seinen Abfluss in Konstanz hat.

International bedeutsam ist der See bereits seit der Römerzeit, als er noch Lacus Brigantinus hieß, was sich von Brigantium, dem heutigen Bregenz, ableitete. In der Karolingerzeit bezeichnete man ihn als Bodamer See, aus dem sich schließlich um 1200 Bodemsé ableitete. Dies war für die Teilnehmer des Konstanzer Konzils 1414 - 1418 unaussprechlich, so dass der See bis heute im Englischen, Französischen und Italienischen nach dem Konzilort "Lake Constance", "Lac du Constance" und "Lago di Constanza" heißt.

Der Bodenseeraum war jedoch bereits schon um das Jahr 10000 v. Chr. besiedelt, wie z. B. Funde aus dem Kesslerloch im Kanton Schaffhausen belegen.

Heute leben und arbeiten ca. zwei Millionen Menschen rund um den See. Dabei sind die Hauptwirtschaftszweige Landwirtschaft, Tourismus, Fischerei und Schifffahrt. Dank des milden Klimas gedeihen an den Ufer des Bodensees neben saftigem Obst und knackigem Gemüse auch noch hervorragende Weine. Dass eine Region, in der so viele frische Zutaten wachsen auch eine vorzügliche Küche zu bieten hat, versteht sich beinahe von selbst. Die Spezialität hier sind die auf verschiedene Art und Weise zubereiteten Bodensee-Felchen. Kein Wunder, wenn man bedenkt, dass den Fischern jährlich mehrere hundert Tonnen Fische in die Netze gehen.

Erholungssuchende, Touristen und Wassersportler lockt das Schwäbische Meer allerdings nicht nur mit seiner Größe oder der guten Küche an seine Ufer. Viel mehr sind es das saubere Wasser sowie das durchaus als mild zu bezeichnende Klima. Obwohl der See auf einer Höhe von 396 m liegt gibt es dank der ausgleichenden Wirkung der großen Wassermasse geringere Temperaturschwankungen als in den übrigen Teilen Süddeutschlands. So hat sich die sogenannte "Seegfrörne" - das Zufrieren des ganzen Sees - seit dem 9. Jh. bis heute nur 33 mal ereignet.

Die beste **Reisezeit** ist von Mai - September, wobei anzumerken wäre, dass sich die Badesaison, aufgrund des kalten Schmelzwasserzuflusses aus den Alpen, nur selten vor Juli einstellt. Jetzt herrscht Hochbetrieb am See. Ein Hafenfest löst das andere ab, in Bregenz ist Festspielsaison und das Konstanzer **Seenachtsfest** steht vor der Tür.

Das Freizeitangebot ist riesig. Ob radeln auf dem Bodenseeradweg (oder im Hinterland), schwimmen, tauchen, wandern oder eine Bootsfahrt mit der "Weißen Flotte", das alles sorgt für recht hohe Touristenzahlen im Sommer.

Etwas ruhiger ist es zwischen September und Mai. Dann allerdings ist durch die Verdunstung des noch relativ warmen Wassers (im Schnitt ca. 5.000 l/s) häufig bis in die späten Morgenstunden mit dichtem Nebel zu rechnen, der sich im Winter schon auch mal für einige Tage festsetzen kann.

Da der Bodensee quasi vor unserer Haustür liegt, haben wir "unseren" See zu jeder Jahreszeit und von allen Seiten kennengelernt. Ob Frühlingszauber auf der Mainau, ein Sommertag im Strandbad oder ein ruhiger Nebelspaziergang im Winter, für uns hat der See immer Saison.

Deshalb haben wir die drei Touren rund um den See so gelegt, dass sie sowohl mit dem Schwarzwald kombiniert werden können als auch als eigenständiger Urlaub planbar sind.

Lust bekommen? Dann nichts wie los!

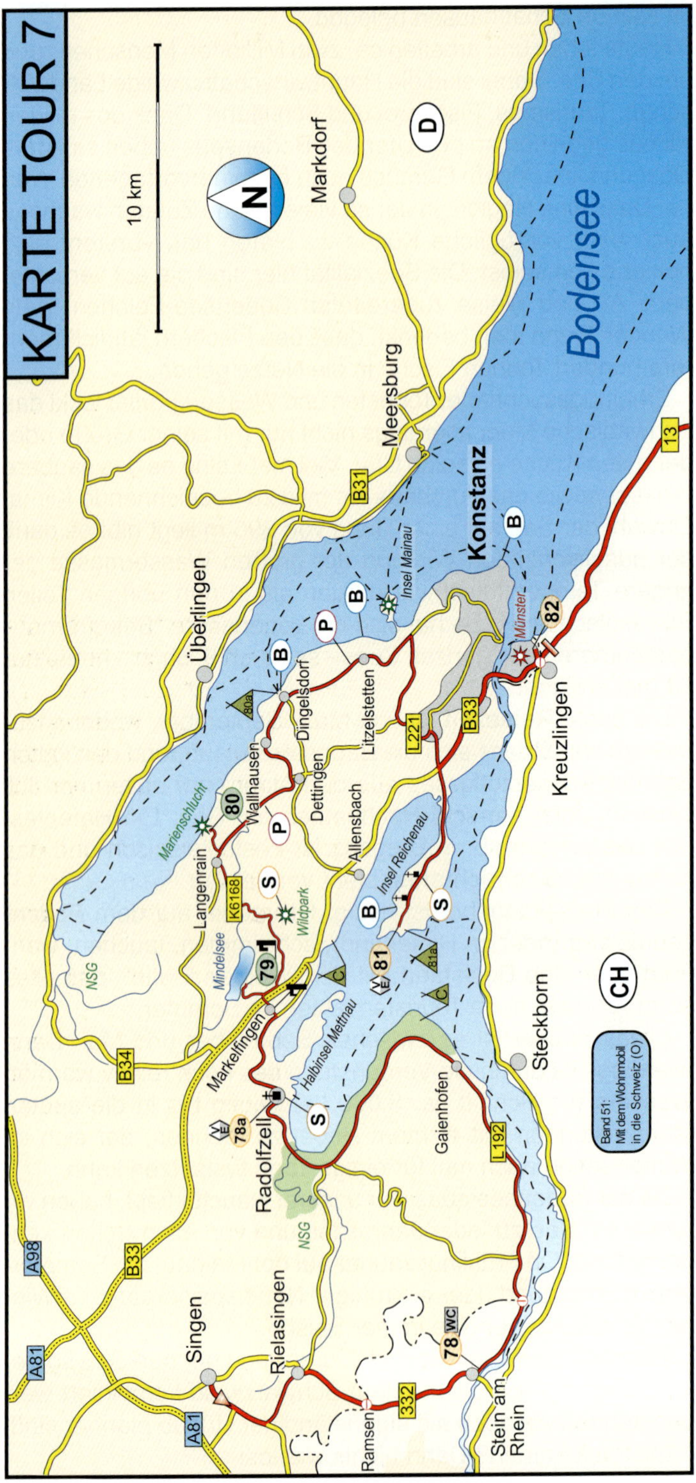
KARTE TOUR 7
10 km
N
Markdorf
D
Meersburg
Bodensee
B31
Konstanz
B
13
Überlingen
B
P
B
Insel Mainau
Dingelsdorf
80a
Litzelstetten
82
Münster
Kreuzlingen
B33
L221
Wallhausen
Dettingen
Allensbach
80
P
Marienschlucht
Langenrain
K6168
S
Wildpark
Insel Reichenau
B
S
Mindelsee
79
81
81a
C
C
NSG
Markelfingen
Halbinsel Mettnau
Steckborn
CH
Band 51:
Mit dem Wohnmobil
in die Schweiz (O)
B34
S
78a
Radolfzell
Gaienhofen
L192
NSG
A98
B33
Singen
Rielasingen
78
WC
A81
332
Ramsen
Stein am
Rhein
A81

TOUR 7 (ca. 95 km / 4-6 Tage)

Stein am Rhein - Radolfzell - Mindelsee - Marienschlucht - Insel Mainau - Insel Reichenau - Konstanz

Freie Übernachtung:	Stein am Rhein, Mindelsee, Marienschlucht.
Campingplätze:	u. a. Allensbach, Dingelsdorf, Insel Reichenau.
Ver-/Entsorgung:	Radolfzell, Insel Reichenau.
Baden:	Radolfzell, Marienschlucht, Klausenhorn.
Besichtigen:	Altstadt Stein am Rhein, Insel Mainau / Reichenau, Konstanz.
Wandern:	Mindelsee, Marienschlucht.
Radfahren:	Radolfzell.

Gleich zu Beginn der ersten Bodensee Tour wollen wir unseren Schweizer Nachbarn einen kleinen Besuch abstatten.

Von SINGEN kommend steuern wir **STEIN AM RHEIN** an. Am Grenzübergang RAMSEN wünscht uns ein netter eidgenössischer Zöllner gute Fahrt und schönes Wetter. Gleich nach dem Ortsschild sichten wir jede Menge Parkplätze auf der rechten Straßenseite beim **Strandbad**.

Wir entscheiden uns für den großen Parkplatz am Untertor, genau 1000 m nach dem Ortsschild auf der linken Seite (**78:** N 47° 39' 42.0" E 8° 51' 28.0"). Ob man hier wohl ruhig Übernachten kann?

STEIN AM RHEIN ist eine der am besten erhaltenen mittelalterlichen Städte der Schweiz.

Der Ursprung des von Fachwerk und bunter **Fassadenmalerei** geprägten Städtchens geht auf die Zeit um das Jahr 1000 zurück. Von unserem Parkplatz aus starten wir unseren Rundgang durch das Untertor und stehen sogleich auf dem **Rathausplatz**, welcher mit seinen Cafés und den bunt bemalten Fassaden zum Verweilen einlädt. Das beherrschende Gebäude des Platzes ist das von 1539 - 1542 erbaute Rathaus. Gleich vis à vis schmückt sich das **Haus Zum Weis-**

sen Adler mit der ältesten und zugleich wertvollsten Wandmalerei der Schweiz.

Kulturfreunde werden am Lindenwurm- und **Klostermuseum St. Georgen** nicht vorbeikommen. Letzteres ist die besterhaltene benediktinische Klosteranlage im deutschsprachigen Raum und kann auf eine tausendjährige Geschichte zurückblicken. Den besten Blick auf die Klosteranlage hat man von der gegenüberliegenden Rheinseite. Dazu überqueren wir die Brücke und spazieren die zweite Straße links hinauf bis zum Friedhof, wo auch noch die Reste der römischen Befestigung bewundert werden wollen.

Haus Zum Weissen Adler

Diejenigen, die es gemütlicher haben möchten, steigen auf einen der Ausflugsdampfer, die von hier aus bis zum Bodensee bzw. nach SCHAFFHAUSEN fahren.

Vom Parkplatz in STEIN AM RHEIN fahren wir links Richtung RADOLFZELL und erfreuen uns an der schönen Aussicht, welche die Straße immer wieder freigibt.

In **RADOLFZELL** verlassen wir den Kreisverkehr an der ersten Ausfahrt und folgen der Beschilderung Stadtmitte / Bahnhof bis zum **Parkplatz Altstadtring** am Busbahnhof (GPS: N 47° 44' 09.0" E 8° 58' 20.0"). Hier dürfen Sie für 2,50 EUR den ganzen Tag parken (sonntags gebührenfrei).

Der schön angelegte **Stadtgarten** (ehemaliger Stadtgraben) mit lauschigen Plätzchen zwischen Bananenstauden und üppiger Blumenpracht befindet sich direkt gegenüber. Von hier aus gelangen Sie über den "Grienen Winkel", wo man die ältesten Gebäu-

Klosteranlage St. Georgen

de der Stadt passiert, in die **Fußgängerzone.**

Stadtgarten in Radolfzell

Das zentrale Gebäude des Marktplatzes ist zweifelsohne das **Münster** “Unserer Lieben Frau“. Sehenswert in dem 1436 erbauten gotischen Gotteshaus ist das Grab des heiligen Radolf, der Rosenkranzaltar sowie der Hausherrenaltar.

Haben Sie sich die Füße heißgelaufen? Dann nichts wie ab durch die Unterführung am Bahnhof und rein damit ins Bodenseewasser, wenn auch der hier sehr flache See im Sommer mit seinen 25° - 27°C wenig Abkühlung verspricht.

Für alle Bewegungshungrigen, die ihr Fahrrad dabei haben, haben wir noch eine kleine Radtour auf Lager.

WOMO-Radfahrtipp: Friedinger Schlössle

Fahrzeit: 1,5 h **Schwierigkeit:** leicht **Länge:** ca. 20 km

Strecke: Vom P Altstadtring folgen wir dem Bodenseeradweg Richtung BÖHRINGEN. Hier angekommen, halten wir uns nach der Kirche rechts Richtung Friedhof, radeln durch ein Kieswerk und anschließend durch einen ausgedehnten Wald bis zur Landstraße SINGEN - STEISSLINGEN. Links geht es ca. 300 m entlang der Landstraße bis zur Abzweigung FRIEDINGEN. In der Ortsmitte, bei der kleinen Kapelle, führt die Route rechts durch das Dorf hinauf zum Friedinger Schlössle. Den Aufstieg bewältigt man am besten ohne Rad! Nach einer kleinen Pause rollen wir zurück zum Ortsanfang von Friedingen, fahren am Waldrand rechts um den Berg herum und durch das Fronholz nach STEISSLINGEN. Von dort führt uns der Weg über die Radolfzeller Straße, an der Heilig Kreuz-Kapelle vorbei nach RADOLFZELL zurück.

Eine **Entsorgungsstation** finden Sie am ausgewiesenen Stellplatz. Dazu fahren Sie vom P rechts und biegen wenige Meter später links, der Beschilderung **Mettnau** folgend. Im ersten Kreisverkehr rechts über die Brücke. Den zweiten Kreisverkehr verlassen Sie an der zweiten Ausfahrt, um nur wenige Meter später links auf den Stellplatz zu rollen **(78a:** N 47° 44’

Abendstimmung in RADOLFZELL

16.0" E 8° 58' 50.0"). Wenn Sie bereit sind 8 € zu bezahlen, um den vorbeifahrenden Autos und Zügen zu lauschen, dann sind Sie hier genau richtig. Wir machen hier unser Womo frisch und rollen die paar Kilometer zum Mindelsee.

Dazu fahren wir zurück über die Brücke und richten uns im Kreisverkehr nach "Alle Richtungen", danach Richtung MARKELFINGEN. Nur 600 m nach dem Ortsanfang von MARKELFINGEN biegen wir an der Ampel links und folgen der Straße bis zum Landgasthof Kreuz. Hier folgen wir **nicht** der nach rechts abknickenden Vorfahrtsstraße, sondern rollen links Richtung Friedhof / Mindelsee und entdecken zu unserer Rechten einen **Brunnen** (GPS: N 47° 44' 38.0" E 9° 00' 29.0"). Nach weiteren 100 m geht es halbrechts auf einem schmalen Sträßchen weiter bis zum Parkplatz vor dem Friedhof.

(79) WOMO-Wanderparkplatz: Am Mindelsee

GPS: N 47° 44' 54.0" E 9° 00' 51.0" **max. WOMOs:** 2-3
Ausstattung/Lage: Brunnen / außerorts.
Zufahrt: Siehe Text.

Hier übernachtet man ruhig unter schattenspendenden Bäumen und freut sich über die vielen Wasserhähne hinter der Friedhofsmauer.

Der **Mindelsee**, ein Relikt aus der letzten Eiszeit, liegt nur wenige hundert Meter entfernt in einem Naturschutzgebiet. Der 4 km lange, von einem Schilfgürtel gesäumte See, ist Zufluchtstätte für Zwergdommel, Bekassine und Zwergtaucher. Den der Legende nach 3 m langen Welsen, die hier ihr Unwesen treiben sollen, werden Sie nicht begegnen, da der See ohnehin nicht zum Baden geeignet ist. Die restliche Flora und Fauna können Sie bei einem zweistündigen **Rundweg** um den See auf sich wirken lassen.

WOMO-Wandertipp: Mindelsee

Gehzeit: 2 h **Schwierigkeit:** leicht **Höhenunterschied:** < 50 m
Strecke: Der Rundweg führt stets in Seenähe meist durch lichten Wald in ca. 2 Stunden um den See. Auch wenn die Strecke keine Schwierigkeiten aufweist, sollten Sie die Sandalen gegen festes Schuhwerk eintauschen, denn die Landschaft rund um den See ist relativ sumpfig und kann stellenweise auch nach längerer Trockenzeit noch recht matschig sein.

Vom Parkplatz fahren wir den knappen Kilometer zur Hauptstraße zurück und biegen scharf nach links. Gut 3 km nach dem Ortsschild MARKELFINGEN erreichen wir den großen Parkplatz am **Wild- und Freizeitpark** (GPS: N 47° 44' 23.0" E 9° 02' 26.0"). Hier sind auf einer Fläche von 75 ha über 350 Tiere zu beobachten. Unter anderem freuen sich Bär, Wisent, Hirsch.... auf Ihren Besuch oder wohl doch eher auf das von Ihnen gekaufte Futter!?

Wie dem auch sei, sollten unsere pelzigen Freunde mal Ihre Ruhe brauchen, haben sie in dem großzügig angelegten Freigehege genügend Rückzugsmöglichkeiten. Die Falknervorführung findet immer um 11.00 und 15.00 Uhr statt. Wenn sich Ihre Kinder auf dem **Abenteuerspielplatz** ausgetobt haben, steht einer Weiterfahrt nichts mehr im Wege.

Öffnungszeiten: Mai-September von 9.00 - 18.00 Uhr, Oktober-April von 10.00 - 17.00 Uhr. Erwachsene müssen einen

Obolus von 7 € entrichten, Kinder zw. 4 - 16 Jahre sind mit 5 € dabei.

Als nächstes peilen wir die Marienschlucht an. Dazu rollen wir vom Parkplatz am Tierpark rechts nach LANGENRAIN und halten uns dort ebenfalls rechts (Richtung DETTINGEN). Kurz nach dem Ortsausgang von LANGENRAIN folgen wir dem Wegweiser nach links Richtung **Marienschlucht**. Das schmale Sträßchen verlassen wir 700 m später nach links und holpern die letzten 50 m auf einem noch schmaleren Schotterweg bis auf den ebenen Parkplatz.

(80) WOMO-Wanderparkplatz: Marienschlucht

GPS: N 47° 45' 50.0" E 9° 05' 25.0"
max. WOMOs: 3-4
Ausstattung/Lage: Mülleimer, Bank / außerorts.
Zufahrt: Siehe Text.

Dieses idyllisch gelegene Plätzchen lädt mit Bank, Mülleimer und Wanderwegen ausgestattet, geradezu zum Übernachten ein.

WOMO-Wandertipp: Marienschlucht

Gehzeit: 1 h **Schwierigkeit:** leicht **Höhenunterschied:** < 100 m
Strecke: Von unserem Parkplatz aus folgen wir dem Wegweiser Richtung Marienschlucht / Ruine Kargegg. Letztere, eine im 30jährigen Krieg zerstörten Ritterburg, erreichen wir bereits nach ca. 400 m. Die Erbauer dieser Anlage waren wohl Freunde der schönen Aussicht. Nur wenige Minuten später erreichen wir die 400 m lange wildromantische, stellenweise nur 2 m breite Schlucht, die sich steil zum See hinzieht. Nach längerem Regen ist hier Vorsicht geboten! Unten angekommen, gibt es in Anbetracht der Außentemperatur und des klaren Wassers kein Halten mehr. Es sei denn, Sie haben die **Badesachen** vergessen! Nach dem Baden können Sie sich an einer Imbissbude noch etwas stärken, bevor Sie den Rückweg antreten.

Zurück an der Hauptstraße rollen wir links Richtung DETTINGEN, wo wir nach 3,4 km einen **Picknickplatz** am rechten Waldrand entdecken (GPS: N 47° 44' 30.0" E 9° 06' 35.0").

Ruine Kargegg

Da uns der Sinn bei 32°C aber eher nach **Baden** steht, brummen wir weiter durch DETTINGEN, WALLHAUSEN und folgen **vor** DINGELSDORF (an der Bushaltestelle) dem Wegweiser "Campingplatz Klausenhorn". Die kostenpflichtigen Parkplätze sind eigentlich nur für PKW vorgesehen (GPS: N 47° 44' 44.0" E 9° 08' 49.0"). Freundliche Parkplatzwärter winken aber anstandslos jedes Womo durch, und am Wochenende schickt man Sie aus Platzmangel zum Parken ohnehin auf die angrenzende Wiese. Gut 200 m Fußmarsch sind zurückzulegen, bevor man auf dem riesigen von Bäumen durchsetzten Gelände eines **Strandbades** steht. Saubere **Toiletten**, Umkleidekabinen, Duschen sowie eine bewirtschaftete Seeterrasse runden das Bild ab. Eine der sonst am Bodensee weit verbreitete Einrichtung werden Sie hier jedoch **nicht** finden, und zwar eine KASSE. Somit bereitet das **Baden** im herrlich warmen Bodensee einem um so mehr Freude. Wenn Sie beabsichtigen, sich hier für ein paar Tage niederzulassen, so ist der angrenzende **Campingplatz Klausenhorn** keine schlechte Wahl (**80a:** N 47° 44' 46.0" E 9° 08' 51.0").

Weitere empfehlenswerte und ebenso kostenfreie Strandbäder finden Sie z.B. noch in WALLHAUSEN, LITZELSTETTEN und natürlich am Konstanzer Hörnle vor.

Abgekühlt und frisch gestärkt wollen wir uns nun voll und ganz der **Blumeninsel Mainau** widmen. Wenn Sie Ihre Augen aber schon vorher verwöhnen wollen, dann setzen Sie 2,3 km nach DINGELSDORF den linken Blinker und rollen auf den **Picknickplatz** (GPS: N 47° 43' 07.0" E 9° 10' 10.0"). Die Aussicht über den Bodensee ist grandios und es gibt durchaus schlechtere Plätzchen sein müdes Haupt zur Ruhe zu betten.

Auf der knapp 0,5 km² großen Insel pflanzte Fürst Ester-

Blumenpracht auf der Mainau

hazy bereits 1827 exotische Pflanzen an. Graf Lennart Bernadotte (ein Enkel der schwedischen Königin Viktoria) erwarb die Insel 1951 von seinem Vater und verwandelte sie in ein Blumenparadies. Seitdem der Graf 2004 im Alter von 95 Jahren verstarb, leitet seine Tochter die Geschicke der Insel in seinem Sinne weiter. Dieses Fleckchen Erde, eines der meist besuchten Ziele im süddeutschen Raum, ist ein Muss für jeden Blumenfreund. Ob Tulpen im Frühjahr, Rosen im Sommer oder Dahlien im Herbst, die Insel verzaubert einen zu jeder Jahreszeit. Neben den Blumen wollen noch über 500 verschiedene Laub- und Nadelbäume, wie z.B. riesige Mammutbäume, kostbare Zedern oder Tulpenbäume bewundert werden. Insektenfreunde werden an dem schön angelegten Schmetterlingshaus nicht vorbeikommen.

Genauso geduldig wie die Pflanzenwelt ertragen das dreiflügelige Schloss sowie die Schlosskirche den Fotoklick.

So imposant wie die Insel sind leider auch die Preise. Pro Nase sind 16,90 € fällig und fürs Parken knöpft man Ihnen nochmal 4 € extra ab. Sparfüchse stellen sich erst ab 16.00 Uhr an die Kasse, dann kostet es nämlich nur noch halb so viel.

Öffnungszeiten: März-Oktober von 7.00 - 20.00 Uhr, November-Februar von 9.00 - 18.00 Uhr.

Nach der Blumeninsel wollen wir uns nun der "Gemüseinsel" widmen. Dazu fahren wir zur Hauptstraße zurück und folgen der Beschilderung **Reichenau**.

Aber was heißt schon Gemüseinsel? Auch wenn der Gemüseanbau der Hauptwirtschaftszweig ist, hat die größte Insel im Bodensee jede Menge Kultur zu bieten. Wurden doch hier gleich drei Kirchen ins **Weltkulturerbe** der UNESCO aufgenommen. Die Insel erreicht man über einen 1,5 km langen, von Pappeln gesäumten Damm. Dieser markiert übrigens

Innenhof Münster St. Maria und St. Markus

den Endpunkt der Deutschen **Alleenstraße**. Wichtigste Sehenswürdigkeit im Ortsteil OBERZELL ist die 913 fertiggestellte dreischiffige Säulenbasilika, ein Meisterwerk spätkarolingischer Baukunst.

Wir rollen weiter nach MITTELZELL, stellen das Womo auf einem der zahlreichen Parkplätze gegenüber der Volksbank ab (GPS: N 47° 41' 45.0" E 9° 03' 52.0") und legen die paar Meter zum **Münster** St. Maria und St. Markus zu Fuß zurück (**WC**). Die romanische Basilika aus dem 8 Jh. beeindruckt unter anderem durch den über 700 Jahre alten Dachstuhl mit seiner Eichenbalkenkonstruktion. Eine nicht ganz so alte aber durchaus nützliche Einrichtung befindet sich im Innenhof des Münsters. Die öffentliche **Toilette**.

Folgt man der Hauptstraße nach NIEDERZELL ans westliche Ende der Insel, so erwarten einen die Kirche St. Peter und Paul, sowie ein Stellplatz mit **Entsorgungsstation** (**81:** N 47° 41' 56.0" E 9° 02' 50.0"). Letzterer ist kostenpflichtig und ausgeschildert. Bevor wir jedoch nach NIEDERZELL weiterfahren, können wir dem Wegweiser zum Schwimmbad nicht widerstehen und setzen vor der Sparkasse den rechten Blinker (GPS: N 47° 42' 04.0" E 9° 03' 34.0").

Wenn Sie oder Ihre Rasselbande Gefallen an dem hier sehr flachen und dadurch auch recht warmen Wasser gefunden haben, so bietet Ihnen der Campingplatz Sandseele in NIEDERZELL ebenfalls eine ordentliche Bleibe (**81a:** N 47° 41' 53.0" E 9° 02' 39.0").

Die Insel verlassen wir auf dem gleichen Weg und folgen

Konzilgebäude

der Beschilderung KONSTANZ Zentrum. An der Ampel vor dem Grenzübergang fahren wir links bis zum nächsten Kreisverkehr, verlassen ihn an der dritten Ausfahrt und stehen bereits auf einem für Womos reservierten Parkplatz.

(82) WOMO-Stellplatz: Konstanz

GPS: N 47° 39' 27.0" E 9° 10' 09.0"; Doebeleplatz. **max. WOMOs:** >5
Ausstattung/Lage: keine / zentrumsnah (direkt an der Straße). Gebührenpflichtig! **Zufahrt:** Siehe Text.

Von hier aus erreichen Sie die Altstadt sowie das Hafengelände in wenigen Minuten.

Die Stadt **KONSTANZ** mit ihren 80.000 Einwohnern ist wirtschaftliches und kulturelles Zentrum am Bodensee. Seit Jahrhunderten von Kriegszerstörungen verschont, blieb der Stadt ihr **mittelalterliches Flair** erhalten. Ein Umstand, den KONSTANZ, zumindest im letzten Krieg, der Nähe zur neutralen Schweiz zu verdanken hat.

Alle Sehenswürdigkeiten zu beschreiben würde den Rahmen dieses Buches bei weitem sprengen. Deshalb müssen wir uns leider auf die wichtigsten Attraktionen beschränken.

Als erstes wollen wir uns dem **Münster** Unserer Lieben Frau zuwenden. Das von 1052 bis 1089 im romanischen Stil erbaute Münster wurde im 14. und 15. Jh. gotisch umgestaltet und 1860 mit einem neugotischen Turmaufsatz versehen. Über dem von geschnitzten Reliefs geschmückten Hauptportal hängt der Konstanzer Herrgott, ein Holzkruzifix aus dem Jahre 1518. Beachtenswert im Inneren sind die Renaissanceorgelbühne, die hochgotische Welserkapelle, die Kanzel sowie das Chorgestühl. In der frühromanischen Krypta von 995 wollen die vier berühmten vergoldeten Kupferscheiben bewundert werden. Ein Muss für jeden Freund filigraner Handwerkskunst ist der Gang zur Mauritiusrotunde (zu erreichen über den spätgotischen Kreuzgang). Hier steht mit dem **Heiligen Grab** eine der schönsten gotischen Sandsteinarbeiten nördlich der Alpen!

Schlendert man durch die von Cafés gesäumte Fußgängerzone weiter Richtung Hafen, könnte man hier angekommen das eher unscheinbare linksseitig stehende Konzilgebäude fast übersehen. Das sollten Sie aber auf keinen Fall tun, denn hier fand während des **Konstanzer Konzils** zw. 1414 - 1418 die einzige Papstwahl auf deutschem Boden statt.

Imperia

Als hier der größte Kongress des Mittelalters tagte, galt die Stadt als Mittelpunkt des Abendlandes. Darf man den Chronisten Glauben schenken, so hielten sich während dieser Zeit nicht nur fromme Kirchenleute in der Stadt auf, sondern auch über 700 Kurtisanen. Der berühmtesten, Imperia, setzte man 1993 ein neun Meter hohes Denkmal (von Peter Lenk). Seit dem begrüßt sie Ankömmlinge am Hafen.

Sie wollten schon immer mal einem Hai in die Augen schauen? Dann haben Sie in dem nur wenige Minuten entfernten **Sealife Center** Gelegenheit dazu. Öffnungszeiten: Täglich ab 10.00 Uhr (Heilig Abend geschlossen).

Ein weiteres Highlight ist das **Seenachtsfest**, welches die Stadt jeden Sommer zusammen mit dem benachbarten KREUZLINGEN veranstaltet. Beim größten Fest am See erwartet den Besucher viel Musik, Straßentheater und als Krönung ein **gigantisches Feuerwerk**, welches sich eindrucksvoll im See spiegelt.

All diejenigen, die die Schweizer Seite des Bodensees auslassen wollen, haben hier die Gelegenheit mit der **Fähre nach MEERSBURG** überzusetzen. Mit dieser Abkürzung begleiten Sie uns weiter auf der Tour 9.

Die Badehungrigen werden sich an das **Konstanzer Hörnle** von Seite 129 erinnern. Das hervorragende Strandbad befindet sich am östlichsten Zipfel der Stadt beim Bodenseestadion. Da die Parkplätze im Sommer hoffnungslos überfüllt sind, sollten Sie lieber ganz entspannt mit dem Bus zum Baden fahren. Die Linie Nr. 5 bringt Sie direkt bis zum Strandbad.

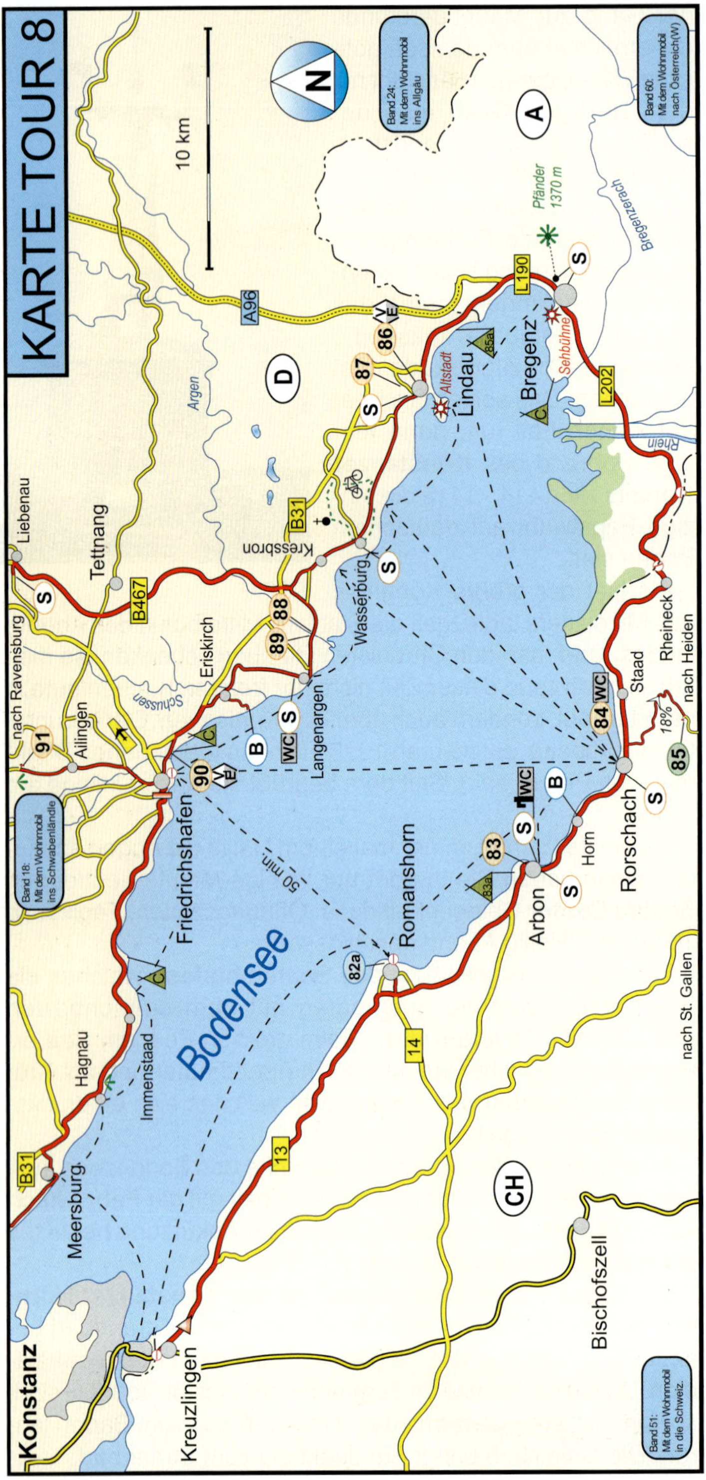
KARTE TOUR 8
10 km
N
Band 24: Mit dem Wohnmobil ins Allgäu
Band 60: Mit dem Wohnmobil nach Österreich(W)
Band 18: Mit dem Wohnmobil ins Schwabenländle
Band 51: Mit dem Wohnmobil in die Schweiz.
A
D
CH
Pfänder 1370 m
Bregenzerach
Rhein
Argen
Schussen
Bodensee
50 min.
Konstanz
Kreuzlingen
Meersburg
Hagnau
Immenstaad
Friedrichshafen
Ailingen
nach Ravensburg
Liebenau
Tettnang
Eriskirch
Langenargen
Kressbronn
Wasserburg
Lindau
Altstadt
Bregenz
Seebühne
Romanshorn
Arbon
Horn
Rorschach
Staad
Rheineck
nach Heiden
18%
nach St. Gallen
Bischofszell
B31
B467
A96
L190
L202
13
14
82a
83
83a
84
85
85a
86
87
88
89
90
91
S
B
C
WC
V/E

TOUR 8 (ca. 150 km / 5-6 Tage)

Kreuzlingen - Romanshorn - Arbon - Rorschach - Bregenz - Lindau - Friedrichshafen

Freie Übernachtung:	Arbon, Romanshorn, Lindau, Langenargen, Friedrichshafen.
Campingplätze:	u. a. Arbon, Bregenz, Lindau, Friedrichshafen.
Ver-/ Entsorgung:	Lindau (P1), Friedrichshafen.
Baden:	Romanshorn, Horn, Langenargen, Eriskirch.
Besichtigen:	Seebühne (Bregenz), Altstadt Lindau, Zeppelinmuseum,
Wandern:	Fünf-Länder-Blick, Pfänder.
Radfahren:	Wasserburg.

Unsere Drei-Länder-Tour am Bodensee starten wir mit der Grenzüberfahrt von KONSTANZ nach KREUZLINGEN.

Die schweizer Stadt steht ganz im Schatten ihrer großen deutschen "Schwester". Um der Hektik des Grenzverkehrs zu entkommen, peilen wir gleich **ROMANSHORN** an und folgen der 13.

Ca. 500 m nach dem Ortsschild ROMANSHORN fahren wir an der ersten großen Kreuzung links Richtung Zentrum / Seepark. Nach weiteren 1.3 km biegen wir an der Kirche links, um 600 m danach auf den großen Parkplatz am **Seebad** zu rollen (**82a**: N 47° 34' 19" E 9° 22' 37.0"). Das Bad mit seiner großzügigen Beckenlandschaft, einer 100 m Rutsche sowie direktem Seezugang ist zusammen mit dem angrenzenden Seepark eine Aufwertung für das wenig attraktive Ortsbild. Da wir aufgrund unserer "mobilen Umkleidekabine" auf die Annehmlichkeiten des öffentlichen Bades verzichten können, fahren wir über den Parkplatz, am Tennisclub vorbei und stehen nach nur 200 m auf einem Parkplatz mit Seeblick

Badeplatz Romanshorn

und kostenloser **Bademöglichkeit**. Hinweisschild CAMPING VERBOTEN.

Eine schwimmende Brücke stellen die Fähren dar, welche im Stundentakt ablegen und in ca. 50 Minuten FRIEDRICHSHAFEN erreichen. Mit dem größten Hafen am Bodensee ist ROMANSHORN ein Knotenpunkt der Schifffahrt.

Am Bahnhof steht die bei Kindern sehr beliebte Figur des Moc Moc. Mit Hilfe dessen Horn hat der kleine Roman, der Legende nach, sein Dorf vor einem verheerenden Feuer bewahrt.

Weiter führt uns der Weg nach **ARBON**, eine der ältesten Siedlungsstätten am Bodensee. Die Hafenstadt geht aus dem Römerkastell Arbor Felix hervor. Auf dessen Fundament steht das heutige Schloss, in dem neben einem Café auch das **historische Museum** untergebracht ist. Unter anderem sind hier Sammlungen von den **Pfahlbausiedlungen** der Jungsteinzeit, Funde aus römischer Zeit sowie aus dem Mittelalter zu bewundern.

Bevor wir uns jedoch den Sehenswürdigkeiten widmen, brauchen wir einen geeigneten Parkplatz.

Dazu folgen wir der Beschilderung zum Hafen (GPS: N 47° 30' 47.0" E 9° 26' 22.0"). Hier finden wir jede Menge Parkplätze sowie einen **Wasserhahn** neben dem Lastkran vor.

Einen übernachtungstauglichen Parkplatz finden Sie vor, indem Sie auf dem Weg zum Hafen vor dem Turm links abbiegen, gut 250 m weiter (am Ende der Straße) noch einmal links in die Wassergasse schwenken. Nach weiteren 50 m taucht auf der rechten Seite der geräumige Parkplatz am Seeparksaal auf (**83**: N 47° 31' 08" E 9° 26' 01.0").

Eine weitere Sehenswürdigkeit, die Sie vom Hafen aus in nur wenigen Minuten erreichen, ist die **St. Galluskapelle**.

Diese wurde zum Gedenken an den irischen Glaubensbruder Gallus, welcher hier 640 verstarb, errichtet. Dort, wo dieser seine Klause errichtete, entstand später die Stadt ST. GALLEN.

Ein Spaziergang entlang der 3 km langen Seepromenade ist genau so empfehlenswert wie ein Rundgang durch die **historische Altstadt.** Wenn Sie nun vorhaben hier länger zu verweilen, dann könnten Sie dies z.B. auf dem **Camping-**

St. Galluskapelle

Altstadt ARBON

platz Buchhorn im Philosophenweg 17 (am westlichen Stadtrand) tun (**83a**: N 47° 31' 28" E 9° 25' 13.0").

Während wir die Stadt Richtung RORSCHACH verlassen, entdecken wir auf der linken Seite noch einen Womo tauglichen Parkplatz (GPS: N 47° 30' 50.0" E 9° 26' 08.0").

Nur ein paar Minuten später rollen wir ca. 100 m nach der AVIA Tankstelle in HORN auf einen Parkstreifen auf der linken Straßenseite (GPS: N 47° 29' 35.0" E 9° 28' 11.0"). Hier finden wir einen **Badeplatz** vor, der vielleicht nicht der romantischste, für ein erholsames Bad aber durchaus geeignet ist. Wäre hier nicht der Lärm der Straße, könnte man durchaus ein paar Stündchen hinter dem Schilfgürtel sitzen und seine Sinne dem Rauschen der Wellen widmen.

Unser nächstes Ziel, die 10.000 Einwohner zählende Stadt RORSCHACH, ist bei Touristen sehr beliebt, was man schon an der Vielzahl der ausgewiesenen Parkflächen erkennen kann. Gleich 100 m nach dem Ortsschild blinken wir rechts und rollen auf den Parkplatz (P11) vor der COOP Tankstelle (GPS: N 47° 28' 47.0" E 9° 29' 05.0"). Dieser ist durch eine Unterführung mit dem See verbunden und eignet sich besonders für alle, die ihre Aufmerksamkeit eher der Seepromenade schenken wollen als der Stadt.

Fährt man weiter, biegt 600 m nach dem Ortsschild links Richtung ST. MARGARETHEN, 500 m danach wieder links, über den Bahnübergang, so steht man auf dem Parkplatz am Hafen (**84:** N 47° 28' 43.0" E 9° 29' 39.0").

Zentral gelegen, ausgestattet mit Seeblick und **Toilette**, eig-

Kornhaus

net sich der Platz zum Bummeln, Spazierengehen und (für Lärmunempfindliche) Übernachten gleichermaßen.

Das markanteste Gebäude am Hafen, das 1749 fertiggestellte **Kornhaus**, liegt nur wenige Meter in westlicher Richtung. Heute ist hier in einem Teil das Heimatmuseum untergebracht, während der andere immer noch als Lagerstätte für verschiedene Waren dient.

Spaziert man in gleicher Richtung weiter, so erreicht man in weniger als 10 min die in den See gebaute und bereits 1924 eröffnete **Badhütte**. Von hier aus ist es nur noch ein Katzensprung bis zu den Wasserspielen.

Hier treffen sich jedes Jahr im August Kunstschaffende aus

Badhaus

aller Welt um sich im Wettkampf um die eindrucksvollsten **Sandskulpturen** zu messen. Obwohl den Künstlern als Ausgangsmaterial nur Sand und Wasser zur Verfügung steht, schaffen sie Kunstwerke von mehreren Metern Höhe, die Wind und Wetter wochenlang trotzen.

Sollten Sie sich entschließen, die Ausstellung zu besuchen, können Sie sich einer Sache ganz sicher sein. Die Ansprüche der Schwimmflügelfraktion in puncto Sandburg werden deutlich nach oben geschraubt!

Wenn Ihnen der Sinn eher nach Feuerstellen am See (Grillen) oder **Strandbad** steht, dann sollten Sie den etwas ausgedehnten Spaziergang vom Hafen in östliche Richtung nicht scheuen.

Wenn Sie sich für einen Ausflug entscheiden, dann wäre eine Fahrt mit der **Rorschach-Heiden-Bahn**, der einzigen Zahnradbahn am Bodensee, keine schlechte Wahl. Die Fahrt in das Biedermeierdorf HEIDEN, welches eingebettet in der Hügellandschaft des Appenzeller Vorlandes liegt, dauert 30 min.

Einen schönen Tag am Bodensee kann man am besten ausklingen lassen, indem man auf einem Berg steht, den Blick über den See schweifen lässt und den Sonnenuntergang bewundert. Also rollen wir vom Parkplatz am Hafen die paar Meter zur Durchgangsstraße zurück, fahren links und gleich wieder rechts. Nur 200 m danach biegen wir links in die Mariabergstraße, um nach weiteren 300 m wieder links Richtung HEIDEN zu fahren. An der Mehrzweckhalle (nach weiteren 800 m) fahren wir links, gleich wieder rechts und folgen weiter der Straße nach HEIDEN. Von hier aus quälen wir unser Womo die bis zu 18% steile Straße noch 3,9 km den Berg hinauf, um dann rechts auf den Parkplatz **Fünf-Länder-Blick** zu rollen.

Fünf-Länder-Blick

(85) WOMO-Wanderparkplatz: Fünf-Länder-Blick

GPS: N 47° 27' 33.0" E 9° 31' 17.0" **max. WOMOs:** 2-3.
Ausstattung/Lage: Mülleimer / außerorts.
Zufahrt: Siehe Text.

Den besagten Fünf-Länder-Blick erreicht man in knapp 15 Minuten. Die hervorragende Aussicht über den Bodensee kann man bereits auf dem Weg dahin genießen.

Wer jetzt richtig Gefallen am **Wandern** gefunden hat, der braucht nur einem der zahlreichen Wegweiser zu folgen.

Nach einer geruhsamen Nacht fahren wir weiter und setzen 2 km nach dem Ortsschild in STAAD (am Kreisverkehr) den rechten Blinker. Hier wartet geduldig und äußerst fotogen das letzte Bauwerk von **Friedensreich Hundertwasser** auf seine Bewunderer.

Von hier aus sind es noch 5 km bis zum Grenzübergang RHEINECK, wo wir die Schweiz in Richtung BREGENZ verlassen. Wenn Sie jedoch lieber die Schweiz erkunden möchten, so können wie an dieser Stelle auf den WOMO Band 51 von unseren Mitautoren verweisen. Die L 202 bringt uns nach **BREGENZ**. Genau 2,9 km nach dem Ortsschild fahren wir an der Ampel rechts und stehen auf einem gebührenpflichtigen

Seebühne

Parkplatz (GPS: N 47° 30' 12.0" E 9° 44' 34.0"). Dank der Unterführung erreicht man von hier aus in wenigen Minuten die Promenade mit der größten **Seebühne** der Welt. Sie ist auf rund 200 Holzpylonen gebaut und bietet 7000 Zuschauern Platz. Hier finden jeden Sommer die **Bregenzer

Festspiele** statt. Die Inszenierungen befinden sich auf einem technisch wie auch künstlerisch hohem Niveau (was sich leider auch auf die Eintrittspreise auswirkt). Bevor Sie sich die Karten für die abendliche Vorstellung kaufen, können Sie tagsüber kostenlos einen Blick auf die Bühne werfen und auf den Plastikhockern schon mal Probe sitzen.

Neben der größten Seebühne der Welt hat BREGENZ mit 86 cm auch die schmalste Hausfassade der Welt zu bieten. Diese will in der Kirchstraße bewundert werden.

Den Ausblick vom **Pfänder**, dem 1064 m hohen Hausberg der Bregenzer, darf man sich auf keinen Fall entgehen lassen. Wenn Sie ein "ich find immer ein Parkplatz Optimist" sind, dann verlassen Sie unseren Parkplatz nach rechts, folgen der Beschilderung Pfänderbahn und versuchen Ihr Glück an der Talstation (GPS: N 47° 30' 19.0" E 9° 45' 11.0").

Wir lassen unseren "Schnaufi" wo er ist und nehmen den 15

Blick vom Pfänder nach Lindau

minütigen Fußmarsch zur Talstation der Pfänderbahn gerne in Kauf. Aber wer will einen so aussichtsreichen Berg schon mit der Seilbahn bezwingen?

WOMO-Wandertipp: Pfänder

Gehzeit: 2 h **Schwierigkeit:** leicht **Höhenunterschied:** 640 m

Strecke: Von der Talstation der Pfänderbahn folgen wir der Beschilderung, (bzw. den stürmenden Menschenmassen) zunächst auf einem steilen, gepflasterten Sträßchen. Nach ca. 400 m geht es links auf einem Waldweg weiter bergan. Der Berg ist zwar nicht der höchste, aber um die 640 Höhenmeter auf einer Strecke von nur 4 km zu überwinden, kommt man doch schon mal ins Schnaufen. Die erste Belohnung für die schweißtreibende Angelegenheit erhält man nach ca. einer Stunde, wenn der Wald einen ersten Blick auf BREGENZ und den Bodensee freigibt. Hier kann man auf einer Bank rasten und sich freuen, dass man den herrlichen Blick wesentlich länger genießen kann als die Gondelfahrer, welche über einen hinwegschweben. Von nun an geht es abwechselnd über Wirtschafts- und Waldwege, wobei sich die Aussichtsstellen häufen. Nach ca. zwei Stunden haben wir den Berg erklommen und können uns an der schönen Aussicht, welche von der Rheinmündung bis LINDAU und bei klarem Wetter sogar bis KONSTANZ reicht, erfreuen. Aber auch die schönste Aussicht macht einen hungrigen Wanderer nicht satt. Also treten wir den Rückweg erst nach einem ausgiebigen Mahl an.

Radfahrer kommen auf den gut ausgebauten Wirtschaftswegen auf dem Pfänder ebenfalls auf ihre Kosten. Mit der Seilbahn können Sie Ihr Rad täglich von 9.00 - 10.00 Uhr und von 18.00 - 19.00 Uhr kostenlos auf den Berg mitnehmen.

An dieser Stelle möchten wir diejenigen die Gefallen an

Österreich gefunden haben, auf den WOMO-Band 60 verweisen.

BREGENZ verlassen wir über die L190, der Beschilderung LINDAU folgend. Wo die L190 in die B31 / B12 übergeht, befinden wir uns auf bayerischem Boden und somit wieder in Deutschland. Wer in **LINDAU** einen längeren Aufenthalt plant, der kann bereits 300 m nach dem Ortsschild links abbiegen und der Beschilderung Park Camping folgen. Hier gibt es sowohl für Womos reservierte Stellplätze vor den Toren des Campingplatzes als auch romantische Plätzchen (Foto) direkt am See (**85a**: N 47° 32' 13" E 9° 43' 42.0").

Wir jedoch bleiben weiter auf der Durchgangsstraße, halten uns erst einmal Richtung **LINDAU Insel**, und folgen im nächsten Kreisverkehr der Beschilderung **P1**.

Da die "Inselstadt" für Womos tabu und der große Parkplatz davor nur für PKW vorgesehen ist, bietet der hauptsächlich für Womos reservierte P1 den komfortabelsten und zentralsten Ausgangspunkt für eine Stadterkundung.

(86) WOMO-Stellplatz: Lindau P1

GPS: N 47° 33' 31.0" E 9° 42' 04.0"; Reutiner Str. **max. WOMOs:** >10
Ausstattung/Lage: Toilette, Ver-/ Entsorgung, Mülleimer / zentrumsnah.
Gebührenpflichtig! **Zufahrt:** Siehe Text.

Für die 10 €, die Sie hier pro Tag berappen müssen, steht Ihnen neben einer **Entsorgungsstation** und Mülltonnen auch noch eine **Toilette** zur Verfügung.

Wenn Sie ruhigere Nachbarn als mobile Artgenossen bevorzugen, dann fahren Sie mit uns auf den Parkplatz am Friedhof. Dazu rollen wir vom P1 nach links, verlassen nach 400 m den Kreisverkehr an der ersten Ausfahrt, um nach weiteren 500 m an der Bushaltestelle den linken Blinker zu setzen. Nur 200 m weiter halten wir uns halbrechts, bis zum Parkplatz am Friedhof sind es jetzt nur noch 300 m.

(87) WOMO-Stellplatz: Lindau Friedhof

GPS: N 47° 34' 00.0" E 9° 41' 54.0"; Oberrengersweiler Weg.
Ausstattung/Lage: Wasserhahn / Ortsrand.
Zufahrt: Siehe Text. **max. WOMOs:** 1-2.

Altes Rathaus

Die ehemalige Reichsstadt besteht aus der Gartenstadt auf dem Festland und der **malerischen Inselstadt**, wo sich die Altstadt ausbreitet. Verbunden werden die beiden Stadtteile durch eine Brücke sowie einen Bahndamm.

Obwohl die Stadt ein viel besuchtes Touristenziel ist, hat sie dennoch ihr Flair bewahrt, was ihr auch den Beinamen bayerisches Venedig einbrachte.

Das Wahrzeichen der im 9. Jh. gegründeten Stadt ist der **bayerische Löwe** und der ihm gegenüberstehende neue Leuchtturm. Letzterer bietet einem, nach dem Erklimmen der 139 Stufen, einen grandiosen Blick über die Stadt sowie zu den Alpen.

Einen weiteren Augenschmaus bietet das **Alte Rathaus**. Die Fassade des 1436 fertiggestellten Gebäudes wird von einer wertvollen Malerei geschmückt, welche über die Geschichte der Stadt berichtet.

Heute sind hier das Stadtarchiv sowie die ehemalige Reichsstädtische Bibliothek untergebracht, welche über 23.000 Werke aus dem 14. Jh. bis zur Gegenwart beherbergt.

Will man zwei Kirchen besuchen, so läuft man sich in so mancher Stadt schon mal die Füße wund. Anders in LINDAU, hier hat man praktischerweise gleich zwei nebeneinander gebaut. Die evangelische **St. Stephan Kirche**, welche infolge des Bildersturms der Reformation eher spartanisch ausgestattet ist und die **Stiftskirche Maria Himmelfahrt**.

Nach zwei Kirchenbesuchen in nur einer Stunde wollen wir unsere spirituelle Ader nicht überstrapazieren und wenden uns den leiblichen Dingen zu. In der Röstbar gegenüber sitzen wir bei schönem Wetter im Freien, genießen unseren Flammkuchen, den heimischen Rotwein und freuen uns über die Spatzen, mit denen wir unser Abendessen teilen.

Vom Stellplatz P1 fahren wir links und verlassen den ersten Kreisverkehr an der zweiten Ausfahrt. Im zweiten Kreisverkehr setzen wir den Blinker an der ersten Ausfahrt und biegen auf die Friedrichshafener Straße. Einen kostenlosen **Parkplatz** finden Sie vor, wenn sie nach 80 m rechts in den Sonnenweg abbiegen (GPS: N 47° 33' 26.0" E 9° 41' 19.0").

In WASSERBURG angekommen, verlassen wir den Kreisverkehr an der dritten Ausfahrt und biegen unmittelbar nach den Gleisen rechts ab. Ein paar Meter an den Gleisen entlang und schon stehen wir an einem für Womos reservierten Parkstreifen (GPS: N 47° 34' 15.0" E 9° 38' 35.0").

Von hier aus schafft man den Weg zur malerisch gelegenen Halbinsel mit der Kirche St. Georg in gut 10 min per pedes.

Die Kirche, deren Ursprung auf das Jahr 1400 zurückgeht, wurde von 1918 - 1920 im Inneren neubarock umgebaut.

Einen Spaziergang am Hafen vorbei in östlicher Richtung sollte man sich nicht entgehen lassen. Nicht zuletzt wegen des schmalen Weges und der abenteuerlich anmutenden Stege, mit deren Hilfe die Häuslebesitzer zum See gelangen.

Wer sein Rad dabei hat und es kaum noch erwarten kann,

Antoniuskapelle

eine Perle in der Schnur zu sein, die sich während des ganzen Sommers über den Bodenseeradweg entlangzieht, dem bietet sich auch hier eine günstige Gelegenheit einzusteigen.

Aber wer will das schon? Entdecken Sie lieber mit uns ein weiteres wirtschaftliches Standbein der Region auf einer **Radtour** durch die lieblichen Obstplantagen des Hinterlandes. Die bessere Aussicht auf den See hat man von hier oben ohnehin.

WOMO-Radfahrtipp: Wasserburg

Fahrzeit: 45 min **Schwierigkeit:** leicht **Länge:** ca. 10 km

Strecke: Vom Bahnhof in WASSERBURG fahren wir Richtung HATTNAU, unterqueren die Bundesstraße und verlassen ca. 500 m danach die Hattnauer Straße nach rechts in die Schlätterstraße. Diese mündet in einen Schotterweg, welcher sich durch Obstplantagen Richtung Antoniuskapelle schlängelt. Wieder auf der Teerstraße angekommen, fahren wir rechts, vorbei an der freiwilligen Feuerwehr und biegen die nächste wieder links. An der Kapelle angekommen, werden wir mit einer Aussicht über den See bis hin zu den Alpen belohnt, von der die Benutzer des Bodenseeradweges nur träumen können. Nach ein paar Minuten Augenpflege fahren wir von der Kapelle rechts Richtung HENGNAU und befinden uns sogleich wieder mitten in einer Apfelplantage. Die Äpfel hängen zu dieser Jahreszeit so verführerisch an den Bäumen, dass es keiner Schlange bedarf um ihnen zu verfallen. Als brave Bürger widerstehen wir jedoch der Versuchung und kaufen uns an der nächsten Ecke gleich eine ganze Tüte der wohlschmeckenden Früchte. Nach dem Ortsschild HENGNAU fahren wir die erste rechts Richtung Taubenberg und dann weiter nach BODOLZ. Hier angekommen, radeln wir bis zum Zentrum und halten uns Richtung WASSERBURG.

Wem das zu kurz ist, der kann in HENGNAU links abbiegen und noch einen Abstecher zum Schleien- und Degersee machen, um dann über BECHTERSWEILER und RICKATSHOFEN nach HENGNAU zurückzukehren (zusätzlich ca. eine Stunde).

Zurück am Womo, fahren wir bis zum Kreisverkehr und verlassen diesen Richtung NONNENHORN.

Felsendom, Klagemauer, Pyramiden von Gizeh, Potala Palast und zum Übernachten das Burj al Arab. Das wäre mal ein Urlaub, mit dem Sie Ihre Freunde mal so richtig beeindrucken könnten. Das alles können wir Ihnen mit dem Minimundus bieten. Mit ein bisschen fotografischem Geschick können Sie sogar glaubhafte Beweisfotos schießen.

Potala Palast im Minimundus

Also verlassen wir den Kreisverkehr nach KRESSBRONN Richtung RAVENSBURG und folgen auf der B467 der Beschilderung **Minimundus / Ravensburger Spieleland**. Spätestens jetzt wird sich der aufmerksame Nachwuchs aus der zweiten Reihe melden, so dass Sie wahrscheinlich nicht um das teure Kombiticket herumkommen werden.

Zurück von unserer kleinen Weltreise, verlassen wir den Kreisverkehr vor KRESSBRONN Richtung **LANGENARGEN**. Gut 50 m vor der Brücke über die Argen geht es rechts zu einem kleinen, schattigen Parkplatz vor der alten **Hängebrücke** (**88:** N 47° 35' 45.0" E 9° 33' 46.0").

Ein etwas größerer Parkplatz mit Wandertafel befindet sich auf der anderen Seite des Flusses. Dazu fahren wir ca. 150 m nach dem Überqueren des Flusses zweimal rechts und stehen auf dem Parkplatz bei der Hängebrücke (Beschilderung Bauhof).

(89) WOMO-Stellplatz: Hängebrücke 2

GPS: N 47° 35' 48.0" E 9° 33' 38.0" **max. WOMOs:** 1-2
Ausstattung/Lage: Mülleimer / außerorts.
Zufahrt: 150 m nach der Brücke zwei mal rechts.

Der Konstrukteur der Brücke, welche die älteste ihrer Art in Deutschland ist, muss bereits beim Bau an Wohnmobilisten gedacht haben. Warum sonst hätte er so großzügig mit der Parkfläche um die Brücke herum umgehen sollen?

In LANGENARGEN dagegen sind die Parkmöglichkeiten für Womos eher bescheiden. Darum folgen wir der Durchgangsstraße, am Bahnhof vorbei, biegen an der zweiten Querstraße rechts (Friedrichshafener Straße) und erreichen ca. 250 m danach einen großen **Parkplatz mit Toiletten** auf der linken Seite (GPS: N 47° 36' 11.0" E 9° 32' 24.0"). Von hier aus bis zum Ortskern sind es weniger als 10 min zu Fuß.

LANGENARGEN, eingebettet zwischen Argen und Schussen, ist ein freundlicher Erholungsort, der obendrein noch mit einem Umweltsiegel ausgezeichnet wurde.

Am Marktplatz steht die barocke St. Martin Kirche. Sehenswert sind unter anderem die Deckengemälde von Anton Maulbertsch, dem Vater des berühmten Barockmalers Franz Anton, der hier geboren wurde.

Mit dem **Schloss Montfort** (bitte nicht französisch aussprechen!) steht die nächste Attraktion nur wenige Meter seewärts.

Schloss Montfort

Freibadeplatz Malerecke

Das Wahrzeichen des Ortes wurde von 1861 - 1866 von König Wilhelm dem Ersten im maurischen Stil erbaut. Derselbe König gab auch die großartigen Park- und Gebäudeanlagen der Stuttgarter Wilhelma in Auftrag.

Ein Spaziergang entlang der Promenade, am Gondelhafen vorbei, lässt auch die letzten Zweifel am Erholungswert des Ortes schwinden. Eine weitere Möglichkeit, die Seele baumeln zu lassen, bietet sich am **Freibadeplatz Malerecke**. Den guten Kilometer Fußmarsch sollten Sie nicht scheuen, denn hier kosten die Umkleidekabienen mit **Toiletten** ebenso wenig wie der Alpenblick und das klare Bodenseewasser. Einzig der Eisverkäufer bittet Sie zur Kasse.

Unseren Parkplatz verlassen wir nach links Richtung ERISKIRCH. Die zwei kurz aufeinanderfolgenden Kreisverkehre verlassen wir jeweils an der dritten Ausfahrt. Nach dem zweiten Kreisverkehr folgen wir der Beschilderung **Freischwimmbad**.

Hier, mitten im **Eriskirchner Ried**, haben Sie die Qual der Wahl und zwar zwischen dem gebührenpflichtigen Strandbad oder dem rechts daneben liegenden freien Seezugang mit Liegewiese und **Grillstelle** (GPS: N 47° 37' 20.0" E 9° 31' 11.0").

Sie finden dieses idyllische Plätzchen unter schattenspendenden Bäumen geradezu prädestiniert zum Übernachten? Wir auch, aber leider liegt es mitten in einem Naturschutzgebiet. Also starten wir schweren Herzens noch einmal den Diesel und fahren Richtung FRIEDRICHSHAFEN.

Hier verlassen wir die B31 an der ersten Ausfahrt Richtung FRIEDRICHSHAFEN Ost / Museen / Stadtmitte. Nur 200 m nach dem Ortsschild befindet sich auf der linken Seite der ausgewiesene Stellplatz zwischen Durchgangsstraße und Campingplatz.

(90) WOMO-Stellplatz: Friedrichshafen B31

GPS: N 47° 39' 00.0" E 9° 29' 49.0"; Lindauer Str. **max. WOMOs:** 4-5
Ausstattung/Lage: Ver- / Entsorgung, Campingplatz / Stadtrand.
Gebührenpflichtig! **Zufahrt:** Siehe Text.
Sonstiges: Sehr laut!

Aufgrund des enormen Verkehrsaufkommens kommt hier für uns nur ein Entsorgungsstopp in Frage.

Ein geradezu idealer Ausgangspunkt für eine Stadterkundung ist der große **Parkplatz am Hafen** (GPS: N 47° 39' 07.0" E 9° 29' 11.0"). Dieser befindet sich 1,1 km nach dem Ortsschild auf der linken Straßenseite. Da es schon spät geworden ist und uns der Magen knurrt, widmen wir uns ganz den Speisekarten der örtlichen Gastronomie.

Nach dem Abendessen ist es für eine Stadterkundung sowieso viel zu spät, also beschließen wir uns nur noch ein ruhiges Plätzchen zum Übernachten zu suchen.

Dazu fahren wir vom Parkplatz am Hafen nach links, halten uns gleich an der ersten Ampel rechts und folgen der Beschilderung **AILINGEN**. Dort folgen wir der Durchgangsstraße Richtung OBERTEURINGEN und biegen 1,2 km nach dem Ortsschild rechts auf einen Schotterweg, welcher kurz danach auf einem **Wanderparkplatz** endet. Hier stehen wir viel ruhiger als in der Stadt und die schöne Aussicht auf Bodensee und Alpen ist genau so kostenlos wie der Übernachtungsplatz.

(91) WOMO-Stellplatz: Ailingen

GPS: N 47° 42' 24.0" E 9° 29' 28.0" **max. WOMOs:** 1-2
Ausstattung/Lage: Mülleimer, Wanderwege / außerorts.
Zufahrt: AILINGEN durchqueren, dann 1,2 km nach Ortsende rechts.

FRIEDRICHSHAFEN, dessen Namen auf Friedrich den Ersten zurückgeht, ist mit seinen 56.000 Einwohnern die zweitgrößte Stadt und der bedeutendste Industriestandort am Bodensee.

Dies verdankt FRIEDRICHSHAFEN nicht nur den hier ansässigen Weltfirmen wie ZF, MTU oder Dornier sondern auch dem Regionalflughafen, den Messeveranstaltungen und nicht zuletzt dem **Zeppelin**.

Hier hat Graf Zeppelin bereits zu Zeiten der Industrialisierung seinen Traum vom Fliegen verwirklicht. Am Standort FRIEDRICHSHAFEN wurde auch die legendäre **LZ 129 Hindenburg** gebaut, deren tragisches Schicksal dem Zeppelinbau einen kräftigen Dämpfer verpasste. Heute werden die hier gebauten Zeppeline wieder in alle Welt exportiert.

Alles Wissenswerte über und rund um den Zeppelin erfahren Sie im **Zeppelinmuseum** direkt am Fährhafen. Hier wird Technik mit Kunst vom Mittelalter bis zur Moderne miteinander verknüpft. Ein Highlight für jeden Besucher ist ein Teilnachbau der Hindenburg. Das Museum ist von Mai - Oktober 10.00 - 18.00 Uhr und November - April von 10.00 - 17.00 Uhr geöffnet, montags geschlossen.

Wenn Sie sich beim Museumsbesuch mit dem Zeppelinvirus infiziert haben, so verspricht eine einstündige Fahrt mit dem Luftschiff Heilung. Bei uns hat bereits der Blick auf die Preisliste seine Wirkung getan. Pro Person sind nämlich 335 € fällig, am Wochenende und feiertags sogar 370 € (eine Voranmeldung ist unbedingt nötig)!

Die Stadt würdigt ihren berühmten Sohn neben dem Museum noch mit einem Denkmal und dem Graf-Zeppelin-Haus. Beides genau so schön an der Promenade gelegen wie die **Schlosskirche**, die mit ihren beiden Zwiebeltürmen das Wahrzeichen von FRIEDRICHSHAFEN ist.

FRIEDRICHSHAFEN

Die 1701 fertiggestellte Wandpfeilerbasilika wurde nach den Zerstörungen des Zweiten Weltkriegs 1950 restauriert.

Nur wenige Gehminuten vom Graf-Zeppelin-Haus entfernt wartet das **Schulmuseum** auf Ihren Besuch. Hier werden Ausschnitte aus der Schulgeschichte von der mittelalterlichen Klosterschule bis zur Zeit nach dem Zweiten Weltkrieg gezeigt. Ein besonderes Flair versprühen die drei original eingerichteten Klassenräume von 1850, 1900 und 1930.

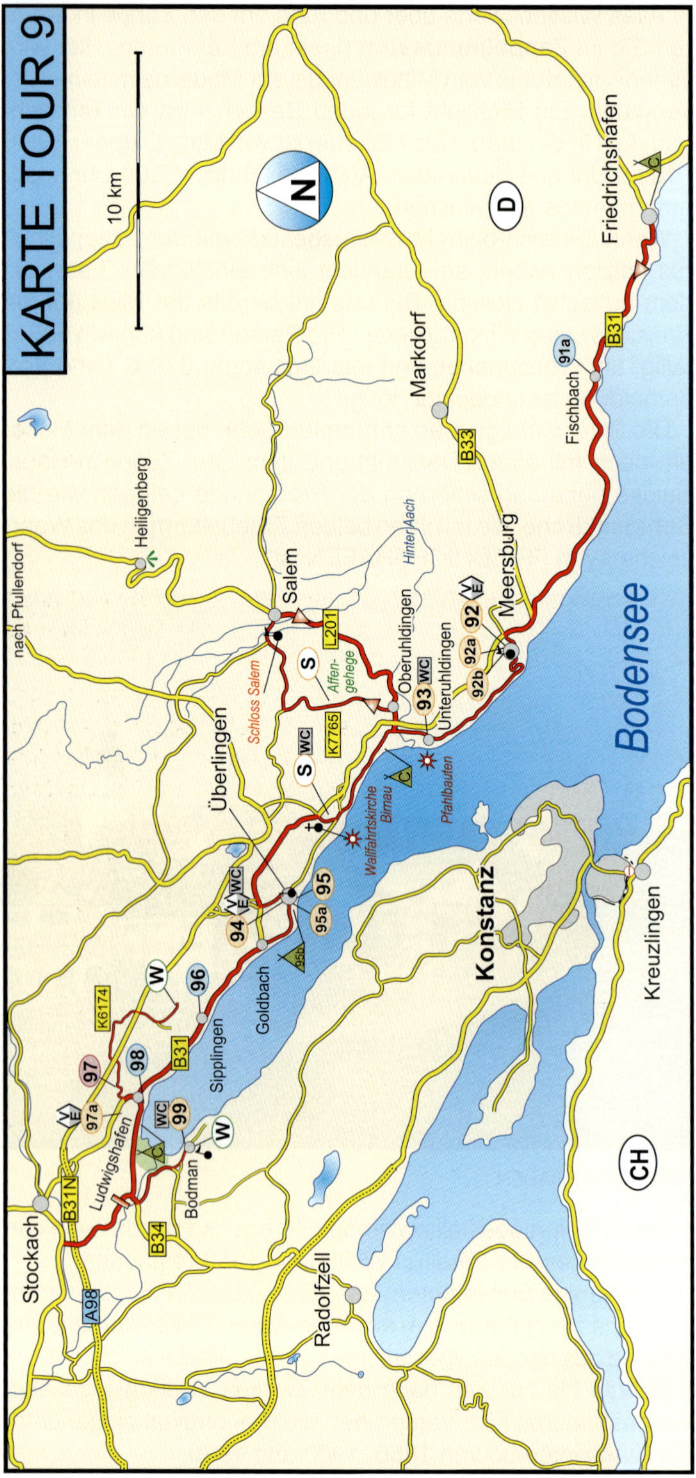
KARTE TOUR 9
10 km
N
D
Friedrichshafen
Markdorf
B33
Fischbach
91a
B31
Meersburg
92
V
E
92a
92b
Unteruhldingen
Oberuhldingen
93
WC
Hinter Aach
Salem
L201
Schloss Salem
S
Affen-
gehege
K7765
S
WC
Überlingen
Wallfahrtskirche
Birnau
Pfahlbauten
Bodensee
Konstanz
Kreuzlingen
CH
94
V
E
WC
95
95a
95b
Goldbach
Sipplingen
96
W
K6174
97
98
97a
V
E
99
WC
W
Bodman
Ludwigshafen
Stockach
B31N
A98
B34
Radolfzell
nach Pfullendorf
Heiligenberg

TOUR 9 (ca. 95 km / 3-4 Tage)

Meersburg - Unteruhldingen - Salem - Überlingen - Ludwigshafen - Bodman.

Freie Übernachtung:	Fischbach, Überlingen, Picknickplatz Ludwigshafen, Haldenhof, Ludwigshafen Bahnhof.
Campingplätze:	u. a. Uhldingen, Überlingen, Ludwigshafen.
Ver-/Entsorgung:	Meersburg, Überlingen, Überlingen.
Baden:	Überlingen, Sipplingen, Ludwigshafen.
Besichtigen:	Meersburg, Pfahlbauten, Affenberg, Schloss Salem, Wallfahrtskirche Birnau, Münster Überlingen, Ruine Altbodman.
Wandern:	Hödinger Tobel.

Den Parkplatz am Hafen in FRIEDRICHSHAFEN verlassen wir nach links und folgen ab der Ampel der Beschilderung MEERSBURG.

Sollten Sie außerhalb der Saison unterwegs sei, dann können Sie 300 m nach dem Ortsschild FISCHBACH den linken Blinker setzen und auf den Parkplatz vom Schwimmbad rollen, wo es sich im unteren Teil ruhig und schön übernachten

Altstadt von MEERSBURG

lässt (**91a:** N 47° 40' 05.0" E 9° 25' 01.0"). Im Sommer allerdings wird der 2 m Balken über die Einfahrt geschwenkt.

Um unser nächstes Ziel, MEERSBURG, anzusteuern verlassen wir die B31 Richtung "MEERSBURG Altstadt". Im ersten Kreisverkehr fahren wir an der dritten Ausfahrt Richtung Stadtmitte / Womo-Stellplatz und folgen 1 km später, an der Ampel, der Beschilderung PFULLENDORF bergan.

Hier treffen wir auf diejenigen, die die Tour 8 ausgelassen haben und mit der Fähre übergesetzt sind.

Um den Treffpunkt nicht zu verpassen, folgen Sie vom Hafen der Uhldinger Straße bzw. der B33 bergan Richtung Stadtmitte und fahren an der besagten Ampel links Richtung PFULLENDORF.

Den nächsten Kreisverkehr verlassen wir an der ersten Ausfahrt und rollen gleich danach auf den für Womos reservierten und kostenpflichtigen Stellplatz mit **Toiletten** und einer **Entsorgungsstation**.

(92) WOMO-Stellplatz: Meersburg

GPS: N 47° 42' 07.0" E 9° 16' 11.0"; Allmendweg. **max. WOMOs:** >5.
Ausstattung/Lage: Ver- / Entsorgung, Toilette / Ortsrand.
Gebührenpflichtig! **Zufahrt:** Siehe Text.

Nur 200 m weiter befindet sich ebenfalls auf der linken Seite ein weiterer Stellplatz, der wesentlich ruhiger ist, aber über keine Entsorgungsmöglichkeit verfügt (**92a:** N 47° 42' 05.0" E 9° 16' 17.0"). Wenn Sie den vorhin erwähnten Kreisel an der dritten Ausfahrt verlassen, finden Sie kurz darauf einen neuen (gebührenpflichtigen) Stellplatz mit Vollausstattung im Apfelgarten 4 vor (**92b:** N 47° 42' 04.7" E 9° 16' 05.6").

Wenn eine recht überschaubare Stadt gleich drei Stellplätze für Womos einrichtet ist das ganz toll, zumindest solange, bis man feststellt, dass alle anderen Parkplätze für die selbigen fahrbaren Untersätze gesperrt sind!

Da man allerdings alle Sehenswürdigkeiten, wie z. B. die **Meersburg**, das **neue Schloss** sowie die **Altstadt** in 10 - 15 min von hier oben zu Fuß erreicht, soll uns das nicht weiter stören.

Das Wahrzeichen der Stadt, die Meersburg, kann auf eine lange und abwechslungsreiche Geschichte zurückblicken. Im 7. Jh. von dem Merowingerkönig Dagobert gegründet (Dagobertsturm), war sie ab 1268 Sommerresidenz und ab 1526 ständiger Wohn- und Regierungssitz der Konstanzer Fürstbischöfe. 1838 erwarb Joseph von Laßberg die Burg und der war kein geringerer als der Schwager der berühmten Dichterin **Annette von Droste-Hülshoff**, die hier von 1841 bis zu

Die Meersburg

ihrem Tod lebte. Wer die Meersburg besucht, kann hier auf eine Zeitreise vom Mittelalter bis ins 19. Jahrhundert, von den Rittersleut' bis zur Droste gehen.

Zu Beginn des 18. Jahrhunderts war die Meersburg dem sonst recht "bescheidenen" Fürstbischof Johann Franz von Staufenberg nicht mehr repräsentativ genug, so dass er den Bau des Neuen Schlosses veranlasste. Der Prachtbau wurde von seinem Nachfolger Damian Hugo von Schönborn vollendet und wartet heutzutage als Museum geduldig auf neugierige Besucher.

Ganz in der Nähe der Meersburg befindet sich das **Weinbaumuseum**, wo unter anderem eine noch voll funktionsfähige Weinpresse aus dem Jahr 1607 sowie das 50.000 l fassende Türkenfass zu bewundern sind.

In die Unterstadt führen zwei gleichermaßen reizvolle Wege. Deshalb schlendern wir durch die von malerischen Fachwerkhäuser gesäumte Steigstraße hinunter und wählen für den Rückweg den Burgweg. Dieser verläuft über Treppen und durch eine 1334 gegrabene Schlucht unter der Schlossbrücke hindurch, vorbei an der Schlossmühle mit ihrem 9 m hohen Wasserrad.

Von unserem Stellplatz rollen wir nun zurück zur Ampel, fahren dort rechts, am Hafen vorbei nach UNTERUHLDINGEN, durchqueren den Ort und biegen ca. 50 m vor Ortsende rechts auf den großen Parkplatz beim Reptilienhaus.

(93) WOMO-Stellplatz: Unteruhldingen

GPS: N 47° 43' 32.0" E 9° 14' 09.0"; Ehbachstr. **max. WOMOs:** 4-5.
Ausstattung/Lage: Toilette, Ver- / Entsorgung, Kiosk / Ortsrand.
Gebührenpflichtig (in der Saison)! **Zufahrt:** Siehe Text.

Auf den Spuren unserer Vorfahren

Dieser ist in der Saison kostenpflichtig und hat im hinteren Teil eine für Wohnmobile reservierte Fläche. Von hier aus gelangt man in 10 min per pedes zu einem der Touristenmagnete schlecht hin, zum **Pfahlbaumuseum**.

Wir sind gewiss nicht der Meinung, dass man sich jeden alten Stein und jede Tonscherbe, die irgendwo ausgegraben wurde, unbedingt antun muss. Ein Bodenseeurlaub aber ohne ein Besuch in den rekonstruierten Pfahlbaudörfer wäre vergleichbar mit einem Kairourlaub ohne Ausflug zu den Pyramiden! In der Region um UHLDINGEN können Siedlungsreste von Pfahlbauten aus der Zeit um 4.000 - 850 v. Chr. nachgewiesen werden. Im 9. Jahrhundert zwang ein starker Anstieg des Seespiegels die hier sesshaft gewordenen Bauern und Fischer ihre Dörfer aufzugeben. In fünf nachgebauten Pfahlbausiedlungen aus der Stein- bis zur Bronzezeit kann man sich auf eine Zeitreise begeben und dabei in das Alltagsleben unserer Vorfahren eintauchen. Dabei erfährt man unter anderem, wie Pfahlbauer ihre Häuser errichteten, sich ernährten oder ihre Werkzeuge herstellten. Da das Forschungsinstitut für Vor- und Frühgeschichte seinen Sitz im Museum hat und für die wissenschaftliche Betreuung verantwortlich ist, kann man von einer höchst präzisen Rekonstruktion und Ausstattung ausgehen. Das Museum hat (Stand 2010) zw. April und September von 9.00 - 19.00 Uhr, im Oktober täglich von 9.00 - 17.00 Uhr, November und März Samstags und Sonntags von 9.00 - 17.00 Uhr, Feb. nur Sonntags von 10.00 - 16.00 Uhr geöffnet (Dezember und Januar nur nach Voranmeldung).

Nachdem wir nun einen Einblick in die Frühgeschichte der Menschheit erhalten haben, können wir nun, zumindest für die Anhänger der Evolutionstheorie, mit einem Besuch auf dem Affenberg noch viel viel weiter zurückblicken.

Dazu verlassen wir UNTERUHLDINGEN Richtung SALEM

und biegen nur 100 m nach dem Ortsanfang von OBERUHLDINGEN an der ersten Ampel links der Beschilderung **Affenberg** folgend ab. Es sei denn, die **Höhe** Ihres geliebten Womos beträgt mehr als **3,05 m**!! Dann nehmen Sie am besten, sofern Sie nicht schon immer ein Cabriolet haben wollten, den kleinen Umweg über SALEM in Kauf. Den Parkplatz beim Affenberg erreichen wir nach 3,6 km auf der rechten Seite (GPS: N 47° 45' 47.0" E 9° 14' 42.0").

Unsere tierischen Freunde, in diesem Fall 200 **Berberaffen** aus Marokko und Algerien, können sich hier auf einem Gelände von 20 ha frei bewegen. Frei heißt hier, dass es auch keinen Zaun zwischen Besucher und Affen gibt, so dass sich die Affen mitten unter uns (oder wir unter den Affen) frei bewegen

Schloss SALEM

können. Somit entscheiden die Tiere, ob und wann sie sich die seltsam gekleideten Homo Sapiens anschauen wollen. Aber wir Menschen würden nicht an der Spitze der Nahrungskette stehen, wenn uns kein Trick zur Überlistung der Affen einfallen würde. Die Zauberformel heißt Popcorn, welches selbstverständlich im Eintrittspreis mit inbegriffen ist und schon fressen Ihnen die Tiere sprichwörtlich aus der Hand. Bei den unter Zivilisationseinfluss stehenden Affen haben sich mit der Zeit einige "Langfinger" hervorgetan, weshalb Sie unbedingt auf alles achten sollten was nicht niet- und nagelfest ist, wie z. B. Rucksack, Foto, Handtasche!!

Die vom Aussterben bedrohten Berberaffen leben hier so natürlich, dass, wie bereits 1986 geschehen, ganze Gruppen wieder in Nordafrika ausgesiedelt werden können.

Lohnend ist ebenfalls ein Spaziergang um den großen Storchenweiher. Adebar und seine Verwandten ziehen hier in nicht weniger als zwölf Horsten ihren Nachwuchs auf. Wenn Sie wie ich mit einer Hebamme unterwegs sind, legen Sie schon mal eine neue Filmrolle / Speicherkarte in den Foto, denn ohne ein vernünftiges Bild von einem dahingleitenden Storch kommen Sie dann hier nicht weg.

Da es nun wieder Zeit für ein wenig Kultur ist, verlassen wir den Parkplatz nach rechts und erreichen, der Beschilderung SALEM folgend, nach ca. 4,5 km den Parkplatz vor dem **Schloss SALEM** (GPS: N 47° 46' 42.0" E 9° 16' 47.0"). Hier ließen sich 1134 die Zisterzienser nieder und gründeten eines der bedeutendsten Klöster in Süddeutschland. Das Münster, welches von außen, ganz im Sinne des Zisterzienserordens, eher schlicht wirkt, entfaltet seine ganze Pracht im Innenraum. Einzigartig ist z. B. der Alabasterschmuck im frühklassizistischen Stil. Der Repräsentationswille der Salemer Reichsabtei ist neben der Münsterausstattung auch noch in den Konventsgebäuden sowie im Prälaturgebäude deutlich auszumachen. Öffnungszeit von 1. April - 1. November.

Neben prachtvollen Bauten haben die Mönche unter anderem auch noch den Weinbau eingeführt, ein Gut, das von den ehemaligen Besitzern der Anlage, den Markgrafen von Baden, in bester Tradition fortgeführt wurde. So ist der **Markgräfliche Weinkeller** einer der beeindruckendsten in Baden.

Ebenfalls über die Landesgrenzen hinaus bekannt ist die 1920 gegründete **Internatsschule**, welche so prominente Schüler wie **Prinz Philip** (Gemahl von Königin Elisabeth der Zweiten) zu ihren Absolventen zählen kann.

Der nächste bauwerkliche Höhepunkt, die **Wallfahrtskirche Birnau**, liegt nur ein paar km weiter seewärts. Dazu verlassen wir den Kreisverkehr in SALEM an der ersten Ausfahrt, den in MÜHLHOFEN (900 m nach dem Ortsschild) an der zweiten, fahren nach dem Ortsende OBERUHLDINGEN zurück Richtung UNTERUHLDINGEN und folgen der Beschilderung "Birnau". Nach einem kurzem Stück am See entlang überqueren wir die Bahngleise und meistern den kurzen Anstieg ohne die Kirche aus dem Blick zu verlieren. Wallfahrer sind auf dem Parkplatz mit **WC** grundsätzlich willkommen, mit dem Womo allerdings nur tagsüber, was allein schon der hervorragenden Aussicht wegen sehr bedauerlich ist (GPS: N 47° 44' 45.0" E 9° 13' 13.0").

Die zwischen 1746 und 1750 von Peter Thumb erbaute Wallfahrtskirche gilt als die **schönste Barockkirche** im Bodenseeraum. Anziehungspunkt für Wallfahrer ist das 1222 erstmals erwähnte Gnadenbild der Gottesmutter. Die Saalkir-

Der "Tanzsaal Gottes"

Wallfahrtskirche Birnau

che, auch "Tanzsaal Gottes" genannt, ist durch kleiner werdende Räume gestaffelt, wodurch Langhaus und Chor eine harmonische Einheit bilden. Der Innenraum ist mit den vielfach geschwungenen Linien und den harmonisch abgestimmten Farben in reichstem Rokokostil ausgestattet.

Vom Parkplatz aus fahren wir hoch zur B31, biegen dort links ab und verlassen die selbige 6,7 km später an der Abfahrt "ÜBERLINGEN / Krankenhaus". Der Beschilderung Krankenhaus folgen wir 150 m weiter (an der Stoppstelle) nach links, kurz darauf wieder rechts und verlassen der Kreisverkehr an der ersten Ausfahrt. Nun sind es nur noch ein paar Meter bis zu dem von der Stadt eingerichteten und gebührenpflichtigen (10 € / 24h) Stellplatz auf der rechten Seite.

(94) WOMO-Stellplatz: Überlingen Krankenhaus

GPS: N 47° 46' 32.0" E 9° 09' 00.0"; Harlenweg. **max. WOMOs:** >10.
Ausstattung/Lage: Toilette, Strom, Ver- / Entsorgung / Ortsrand.
Gebührenpflichtig! **Zufahrt:** Siehe Text.

Die Tatsache, dass die freien Übernachtungsplätze in ÜBERLINGEN äußerst dünn gesät sind, hat mehrere Ursachen. Der Hauptgrund ist sicherlich die mangelnde Weitsicht der mittelalterlichen Städteplaner, die bei der Auslegung der Straßen und Tordurchfahrten andere Maßstäbe anlegten, als die "Kutschenbauer" von Hymer, Dethleffs und Co. Ein weiterer Grund

dürfte aber auch der örtliche Campingplatzbetreiber und der städtische Schatzmeister sein. Immerhin können Sie als Übernachtungsgast kostenlos den Stadtbus benutzen, um sich den gut 20 min dauernden Fußmarsch zum See zu ersparen.

Sollten Sie keine Übernachtung, sondern nur ein Stadtbummel oder einen Spaziergang eingeplant haben, dann fahren Sie die paar Meter zum Kreisverkehr zurück und verlassen diesen Richtung Stadtmitte, rollen 600 m der Berg runter und schwenken recht auf den gebührenpflichtigen Parkplatz ein (GPS: N 47° 46' 15.0" E 9° 09' 24.0").

ÜBERLINGEN, eine Perle am Bodensee, sollten Sie auf keinen Fall verlassen ohne zumindest einmal an der **längsten Promenade am See** entlanggeschlendert zu sein oder das Münster besucht zu haben.

Das "touristische Zentrum" der Stadt ist der Landungsplatz, wo die Schiffe der **Weissen Flotte** anlegen und der gleichzeitig den Mittelpunkt der von Cafés sowie Restaurants gesäumten Promenade markiert. Der "Bodenseereiter", ein 1999 fertiggestellter Brunnen des bekannten Künstlers Peter Lenk, fällt

Die längste Promenade am See

einem sofort ins Auge. Literaturfreunde werden feststellen, dass der Reiter mit Schlittschuhen unverkennbar die Züge des am Bodensee lebenden Schriftstellers **Martin Walser** trägt, der darüber (gelinde gesagt) nur wenig begeistert war.

Den zentralen Platz der mittelalterlichen **Altstadt** stellt die Hofstatt, nur ein paar hundert Meter nördlich des Landungsplatzes, dar. Bei dem Streifzug durch die Altstadt sollte man an dem Rathaus mit dem berühmten Ratssaal (1492 - 1494) einen Besichtigungsstopp einlegen.

Neben dem Rathaus ist das gotische **Münster St. Nikolaus** mit seinem 78 m hohen Turm das Wahrzeichen der Stadt. Der im 14. Jh. als Pfeilerbasilika begonnene Bau wurde 1429 zur fünfschiffigen Hallenkirche erweitert und von 1512 - 1563 zur Basilika umgebaut. Die Innenausstattung bietet schöne Altäre mit einem kunstgeschichtlich bedeutsamen Figurenschmuck.

Neben all den kulturellen und kulinarischen Leckerbissen ist ÜBERLINGEN noch das **Mekka der Sporttaucher** am Bodensee. Hier versammeln sich an einem Sommerwochenende weit über 200 Taucher, um mal für ein Stündchen einfach abzutauchen. Auch wir haben unsere Tauchausrüstung immer dabei und wollen heute noch bei unseren alten Bekannten, den ortsansässigen Hechten, Aalen und Süßwasserkrebsen vorbeischauen. Sollten sie beim Sonnenbaden auf einmal große Luftblasen aus dem See aufsteigen sehen wissen Sie jetzt auch, dass hier nur ein "Froschmann" auf Unterwasserexpedition ist (vielleicht sind es sogar Ihre Autoren?!).

Beim Verlassen der Stadt müssen wir, der Durchfahrtshöhe des Stadttores von 2,60 m sei Dank, einen kleinen Umweg durch enge Gassen in Kauf nehmen. Dazu verlassen wir unseren Parkplatz nach rechts, biegen 300 m weiter wieder rechts

Wir tauchen dann mal eben ab

ab (Beschilderung Kurpark), um 400 m später nach links in die Uhlandstraße einzuschwenken und an deren Ende wieder den rechten Blinker zu setzen. Nach weiteren 400 m treffen wir auf die Goldbacherstraße, halten links auf den Bahnübergang zu und stehen direkt vor der **Bodenseetherme**.

Der Landungsplatz, ein beliebter Treffpunkt

Wer sein Glück mit einem Stellplatz direkt an der Promenade versuchen möchte, biegt jetzt links ab und rollt 600 m später rechts auf den Parkplatz direkt am See (**95:** N 47° 46' 03.0" E 9° 09' 24.0"). Dieser ist jedoch im Sommer sehr gut frequentiert, tagsüber gebührenpflichtig und nur für Womos unter 6 m geeignet.

Um von hier aus wieder stadtauswärts zu kommen, verlassen wir den Parkplatz nach rechts und fahren sofort (nach ca. 20 m) links, 50 m weiter noch einmal links blinken und schon sind wir auf dem besten Weg ÜBERLINGEN zu verlassen. Diese Wegbeschreibung sollten Sie genauestens befolgen, ansonsten stecken Sie im Einbahnstraßengewirr fest, müssen wieder Richtung Krankenhaus fahren und damit beginnt die "Gurkerei" von vorne!

Alle, die an dem Bahnübergang vor der Therme auf uns gewartet haben, biegen jetzt rechts ab und verlassen mit uns ÜBERLINGEN Richtung SIPPLINGEN.

Dabei passieren wir das unbedingt empfehlenswerte **Strandbad** (direkt nach der Therme). Das Womo könnten Sie kurz darauf auf dem großen (tagsüber gebührenpflichtigen) Parkplatz (**95a:** N 47° 46' 10.0" E 9° 08' 31.0") zur rechten abstellen oder noch 300 m weiter bis auf den Campingplatz (**95b:** N 47° 46' 13.0" E 9° 08' 16.0") rollen.

In SIPPLINGEN angekommen, fahren wir 1,7 km nach Ortsbeginn rechts und rollen sogleich links auf den Parkplatz beim Strandbad, wo im hinteren Teil ein paar Parkbuchten für Womos vorgesehen sind.

(96) WOMO-Badeplatz: Sipplingen

GPS: N 47° 47' 57.0" E 9° 05' 14.0"; In der Breite. **max. WOMOs:** 2-3
Ausstattung/Lage: Strandbad, Mülleimer / Ortsrand.
Gebührenpflichtig (tagsüber)! **Zufahrt:** Siehe Text.

In LUDWIGSHAFEN folgen wir kurz nach den beiden Tankstellen nicht der nach links abknickenden Vorfahrtsstraße, sondern biegen rechts ab und folgen 500 m weiter wieder rechts der Beschilderung Haldenhof. Der kurvenreichen Straße folgen wir 1,3 km bergan und rollen dann (direkt in einer Kurve) rechts auf einen leicht schrägen Parkplatz mit Tisch, Bank, Brunnen und schöner Aussicht direkt gegenüber (**97:** N 47° 49' 29.0" E 9° 03' 45.0").

Wenn Sie anstatt rechts abzubiegen noch weitere 550 m gerade aus und dann links fahren, können Sie Ihr Päuschen auch auf dem neuen Stellplatz machen. Der hat zwar eine **Ver- und Entsorgung**, ist aber recht laut (**97a:** N 47° 49' 25.0" E 9° 03' 05.0").

Nach einer ausgedehnten Picknick-Pause fahren wir nach weiteren 2,5 km rechts, um gut 2 km weiter nach links auf die Straße zum Sipplinger Berg abzufahren und erreichen nach weiteren 1000 m den Parkplatz bei der **Bodenseewasserversorgung** (GPS: N 47° 48' 18.0" E 9° 06' 11.0").

Hier oben wird das Trinkwasser, welches dem Bodensee bei Sipplingen aus einer Tiefe von ca. 70 m entnommen und rund 310 m den Berg hinaufgepumpt wurde, mittels Filter und Ozonanlagen keimfrei aufbereitet. Das hier aufbereitete Wasser, jährlich 130 Millionen m³, versorgt über ein 1.600 km langes Leitungssystem nicht weniger als 4 Millionen Einwohner mit Trinkwasser. Eine Besichtigung der Anlage (Mo. - Sa. 9.00, 11.00, 13.30, 15.30) ist sicherlich nicht nur für Technikfreunde empfehlenswert.

Zurück in LUDWIGSHAFEN sind es zum nächsten **Badeplatz** nur noch 1000 m. Dazu fahren wir links, folgen der rechts abknickenden Straße Richtung BODMAN bevor wir links auf den Parkplatz vor dem Bahnhof rollen.

(98) WOMO-Badeplatz: Ludwigshafen (Bahnhof)

GPS: N 47° 48' 58.0" E 9° 03' 06.0"; Bahnhofstr.
max. WOMOs: 1-2.
Ausstattung/Lage: keine / Seenähe.
Gebührenpflichtig!
Zufahrt: Siehe Text.

Von hieraus müssen wir nur noch die beschrankten Bahngleise überqueren und schon wartet der Bodensee mit schattenspendenden Bäumen auf uns. Wenn Sie sich nun nach einem erfrischenden Bad fit genug für eine Wanderung fühlen, dann begleiten Sie uns doch in das reizvolle Hinterland des Überlinger Sees.

WOMO-Wandertipp: Hödinger Tobel

Gehzeit: 5 h **Schwierigkeit:** mittel **Höhenunterschied:** 400 m

Strecke: Vom Bahnhof aus laufen wir Richtung Kirche und folgen der Markierung Bodenseerundweg / Haldenhof. Vom Haldenhof, ehemaliges Spitalgut der Stadt Überlingen, der Wanderern heute als Einkehrmöglichkeit dient, hat man eine überwältigende Aussicht auf den Bodensee mit der prächtigen Alpenkulisse im Hintergrund. Ab hier verlassen wir den Bodenseerundweg und schlagen den anfangs etwas rauen Weg vorbei an der Ruine Hohenfels hinunter nach Sipplingen ein. Von hier aus geht es weiter zu einem der Höhepunkte dieser Wanderung, dem Hödinger Tobel. Diese vom Tobelbach ausgewaschene Schlucht, mit ihren meterhohen Felsüberhängen würde man am Bodensee nicht unbedingt erwarten. Von Hödingen geht es weiter zum nächsten Relikt der letzten Eiszeit, der Gletschermühle bei Goldbach.

Hier haben die Wassermassen ein Strudelloch in den Molassefelsen gefräst. Danach erreichen wir in ca. 20 Minuten den Westbahnhof von Überlingen, von dem aus der "Seehas" im Stundentakt nach Ludwigshafen fährt.

Wer einen Sandstrand und die Annehmlichkeiten eines Campingplatzes beim Baden nicht missen möchte, der biegt 1 km nach Ortsende links ab holpert die 200 m über die Bahngleise bis zu den schattigen Parkplätzen vor dem Campingplatz (GPS: N 47° 49' 03.0" E 9° 02' 11.0"). Hier dürfen Sie tagsüber 3 Stunden parken und sind auch als Tagesgast auf dem Platz willkommen.

Zurück an der Straße fahren wir links nach BODMAN, verlassen den Kreisverkehr an der zweiten Ausfahrt, folgen der Beschilderung "Parkplatz BODMAN", den wir kurz nach dem Ortsschild auf der linken Seite erreichen. Dieser ist mit Toiletten ausgestattet und verfügt über einen für Womos reservierten Parkstreifen.

(99) WOMO-Stellplatz: Bodman

GPS: N 47° 48' 12.0" E 9° 01' 30.0"; Breite. **max. WOMOs:** 2-3.
Ausstattung/Lage: Toilette / Ortsrand.
Gebührenpflichtig (in der Saison)! **Zufahrt:** Siehe Text.

Da die Parkmöglichkeiten im Ortskern sehr bescheiden und kostspielig sind, stellen wir unseren Schnaufi hier ab und nehmen die gut 10 min Fußmarsch gerne in Kauf. Der kleine Ort am Nordwestende des Bodensees kann auf eine lange Geschichte zurückblicken. Hat man doch hier Spuren einer Besiedlung aus der Zeit um 8.000 v. Chr. gefunden. Im 8. Jh. war BODMAN ein bedeutender Ort mit einer Königspfalz unterhalb von Kirche und Schloss.

Jemanden erkannt? Na hoffentlich am Gesicht!

Das **neue Schloss**, welches auch heute noch von den Grafen von und zu Bodman bewohnt wird, ist mit seinem teils öffentlichen Park eine der Sehenswürdigkeiten.

Eine weitere berühmte Persönlichkeit, der zeitgenössische Bildhauer **Peter Lenk**, hat sein Atelier gleich am Ortseingang. Mehrere seiner Kunstwerke wie die Imperia in Konstanz, den Bodenseereiter in Überlingen oder die Badische Revolution in Schopfheim konnten wir bereits bewundern. Dass im idyllischen BODMAN heute keine Hochhäuser in den Himmel ragen, haben die Bodmaner ihrem rebellischen Mitbürger zu verdanken. Dieser drohte nach Bekanntwerden der Baupläne, für jedes Hochhaus eine mehrere Meter hohe, anrüchige Plastik aufzustellen. Nach der Begutachtung der ersten "lenkten" die Stadtväter schnell ein und der Dank der Bürger war Peter Lenk gewiss. Eines seiner neueren Werke kann man in Ludwigshafen an der Fassade des Rathauses bewundern. Sehenswert (eine Kostprobe auf Seite 166)!!

Hochhausabwehr

Außerdem ist der Ort idealer Ausgangspunkt für Wanderungen auf dem bewaldeten **Bodanrück**. Eine dieser Wandermöglichkeiten führt zur **Ruine Altbodman**. Dazu verlassen wir unseren Stellplatz nach links, fahren 300 m später rechts hinauf und parken vor dem Friedhof (GPS: N 47° 47' 56.0" E 9° 01' 43.0").

Blick von der Ruine Altbodman

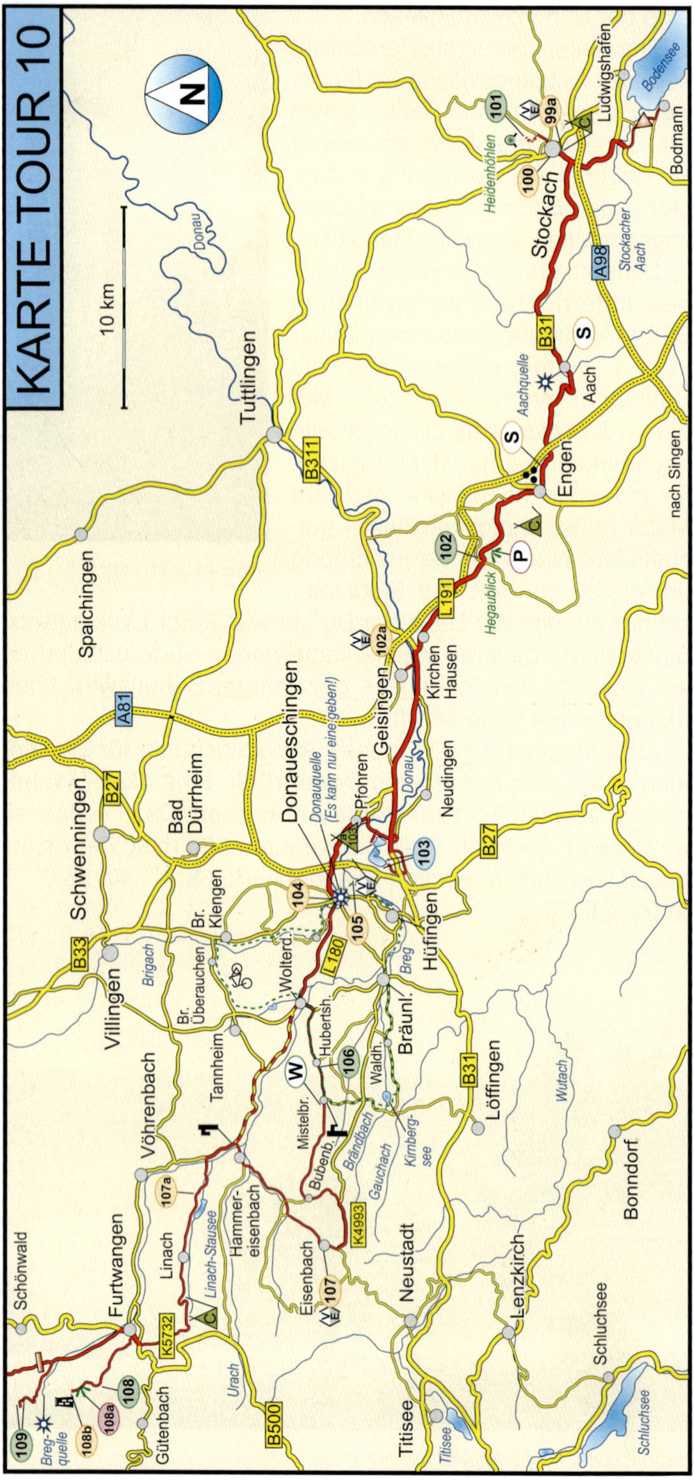
KARTE TOUR 10
N
10 km
Donau
Tuttlingen
Spaichingen
Schwenningen
Villingen
Bad Dürrheim
Donaueschingen
Donauquelle (Es kann nur eine geben!)
Pfohren
Geisingen
Kirchen Hausen
Neudingen
Hüfingen
Bräunl.
Br. Klengen
Br. Überauchen
Wolterd.
Tannheim
Vöhrenbach
Hubertsh.
Mistelbr.
Waldh.
Bubenb.
Brändbach
Gauchach
Kirnberg-see
Brigach
Breg
Hammer-eisenbach
Eisenbach
Linach
Linach-Stausee
Furtwangen
Schönwald
Gütenbach
Breg-quelle
Urach
Neustadt
Titisee
Lenzkirch
Löffingen
Wutach
Bonndorf
Schluchsee
Stockach
Heidenhöhlen
Engen
Aach
Aachquelle
Hegaublick
Stockacher Aach
Ludwigshafen
Bodman
Bodensee
nach Singen
A81
A98
B27
B31
B33
B311
B500
L180
L191
K4993
K5732
100
101
99a
102
102a
103
103
104
105
106
107
107a
108
108a
108b
109
W
S
P
C

TOUR 10 (ca. 145 km / 4-6 Tage)

Stockach - Aach - Engen - Donaueschingen - Linach - Furtwangen.

Freie Übernachtung:	Stockach, Hegaublick, Donaueschingen, Furtwangen.
Campingplätze:	u. a. Stockach, Donaueschingen, Engen.
Ver-/Entsorgung:	Stockach, Donaueschingen, Eisenbach.
Baden:	Riedsee, Kirnbergsee, Kofenweiher.
Besichtigen:	Heidenhöhlen, Schloss / Kirche in Donauesch., Uhrenmuseum.
Wandern:	Furtwangen.
Radfahren:	Donaueschingen.

BODMAN verlassen wir rechts blinkend und folgen der Beschilderung über ESPASINGEN nach STOCKACH. Hier angekommen, finden Sie noch vor den Toren der Stadt einen Reisemobilhafen mit **Ver-/ Entsorgungsstation** bei der Firma Caramobil. Dazu verlassen Sie den Kreisverkehr an der ersten Ausfahrt und stehen bereits auf dem Firmengelände (**99a:** N 47° 50' 30.0" E 8° 59' 57.0").

Um die Stadt zu erkunden, verlassen wir den Kreisverkehr am Ortsanfang an der zweiten Ausfahrt und folgen 1100 m später an der Ampelanlage der Vorfahrtstraße nach rechts. Der nächste Kreisverkehr lässt nicht lange auf sich warten und so setzen wir unseren Blinker an der zweiten Ausfahrt, biegen 300 m weiter links Richtung Krankenhaus und nach weiteren 200 m rechts ab, kurz darauf ein letztes mal links.

Hier finden wir einen großzügig dimensionierten Parkstreifen mitten in der Stadt, auf dem wir allerdings im vorderen Teil nur drei Stunden stehen dürfen!

(100) WOMO-Stellplatz: Stockach Stadtgarten

GPS: N 47° 51' 14.0" E 9° 00' 35.0"; Am Stadtgarten.
Ausstattung/Lage: keine / Ortsmitte. **max. WOMOs:** 1-2.
Zufahrt: Richtung Krankenhaus, nach 200 m rechts.

Mit beeindruckenden Bauwerken kann die durch zahlreiche Kriege mehrfach zerstörte 16.000 Einwohner zählende Stadt nicht auf sich aufmerksam machen. Dafür aber durch den schön angelegten **Stadtgarten**, Kunst und Tradition.

Stadtgarten in STOCKACH

Dazu zählen die **Zizenhausener Terrakotten**, ein Erbe des Künstlers Anton Sohn und seiner Nachfahren aus dem Stadtteil ZIZENHAUSEN. Die kleinen Tonfiguren zählen seit über 200 Jahren zum Wertvollsten, was die Stadt an Kunst zu bieten hat. Neben Alltagszenen und Trachtendarstellungen gehört auch der berühmte **"Basler Totentanz"** zur Sammlung, welche man im Stadtmuseum bewundern kann.

Preiswerter als die Originale (die ohnehin nicht verkäuflich sind) sind die Kopien aus Schokolade, welche ein geschäftstüchtiger Zizenhausener Konditor im Sortiment führt.

Weit über die Grenzen der Stadt hinaus bekannt ist das **Stockacher Narrengericht**. Dies tagt jedes Jahr am "Schmotzigen Dunschtig" (Fastnachtsdonnerstag), wo dann immer eine politische Persönlichkeit für ihre Taten gerade stehen muss.

Unter anderen mussten sich schon Politgrößen wie Angela Merkel oder Friedrich Merz verantworten.

Dieses Privileg räumte Erzherzog Leopold von Österreich 1315 seinem aus STOCKACH stammenden Hofnarr als Dankeschön für einen guten Rat ein.

Alle, die eine Taschenlampe dabei haben, können jetzt noch mit uns die nördlich von STOCKACH gelegenen **Heidenhöhlen** besuchen.

Dazu rollen wir die paar Meter zur Querstraße zurück, biegen links ab und verlassen 300 m danach den Kreisverkehr an der ersten Ausfahrt, um sogleich (an der Kirche) wieder links Richtung ZOZNEGG weiterzufahren. Nur 700 m nach dem Ortsschild von STOCKACH verlassen wir die Kreisstraße nach links, fahren die Sackgasse bis zum Ende durch und biegen dann rechts auf den sehr schmalen Feldweg. Diesem folgt man 400 m bergan und kann dann das Womo auf dem kleinen Wanderparkplatz abstellen.

Weil uns die schöne Aussicht über STOCKACH so gut gefällt, beschließen wir, hier gleich zu übernachten.

(101) WOMO-Wanderparkplatz: Heidenhöhlen

GPS: N 47° 52' 06.0" E 9° 01' 01.0" **max. WOMOs:** 1-2.
Ausstattung/Lage: Mülleimer, Bank / außerorts.
Zufahrt: Siehe Text.

Da diese in den Fels gehauenen Höhlen und Gänge nie richtig erforscht wurden, müssen wir uns mit den vielen kursierenden Legenden, nach denen sie mal als Zuflucht für Christen, mal als heidnische Kultstätten dienten, begnügen.

Sicher ist nur, dass sie bereits zu Zeiten des römischen Kaisers Titus Aurelius (138 - 161 n. Chr.) genutzt wurden, was Funde von Münzen und Pfeilen um das Jahr 1800 belegen.

Wie dem auch sei, mit einer Taschenlampe ausgerüstet, kann sich jeder bei einem kleinen **Spaziergang** seine eigene Geschichte zurechtlegen.

WOMO-Spaziergehtipp: Heidenhöhlen

Gehzeit: 45 min **Schwierigkeit:** leicht **Höhenunterschied:** < 50 m
Strecke: Vom Parkplatz aus gehen wir den Berg im Uhrzeigersinn an, zuerst mit schönem Blick auf Stockach und dann durch den Wald. Kurz darauf halten wir uns rechts, wo uns Treppen hinauf zu den Heidenhöhlen führen. Damit die Erkundung der in den steilen Felshang getriebenen Höhlen nicht zur Rutschpartie wird, sollte man auf festes Schuhwerk keines falls verzichten! Da das Inspizieren der Höhlen spannend ist wie ein Abenteuerspielplatz (auch für Erwachsene), kann dies durchaus einige Zeit in Anspruch nehmen. Dem Rundweg weiter folgend erreichen wir wenig später wieder unser Womo.

Von den Heidenhöhlen fahren wir zurück zum Ortsanfang

und verlassen den Kreisverkehr bei der Fa. Caramobil an der ersten Ausfahrt Richtung AACH (B31).

Bereits 200 m nach dem Ortsschild von AACH erwartet uns auf der rechten Seite ein Parkplatz direkt gegenüber der **Aachquelle** (GPS: N 47° 50' 46.0" E 8° 51' 29.0").

Hier lohnt ein Stopp allemal, denn direkt gegenüber sprudelt die **größte Quelle Deutschlands** ihr kühles Nass ans Tageslicht. Wasser, welches sich zum größten Teil noch 30 - 60 Stunden zuvor seinen Weg in der Donau bahnte, bevor es bei IMMENDINGEN und FRIEDINGEN versickerte, um ca. 12 km weiter hier wieder das Licht zu erblicken. Die durchschnittliche Ausschüttung der Quelle beträgt 8.300 l/sec. und kann sich je nach Niederschlagsmenge bis auf gut 24.000 l/sec. erhöhen.

Aachquelle

Die ersten erfolgreichen Tauchversuche zur Erforschung der Höhle wurden 1962 unternommen, etliche davon von dem Pionier des Höhlentauchens, Jochen Hasenmayer, wobei man zum Teil riesige mit Luft gefüllte Hallen entdeckte, die sogar mit Schlauchbooten befahrbar sind. Die Aushöhlungen, die das Wasser hier geschaffen hat, machen sich an der Oberfläche durch riesige **Dolinen** bemerkbar, welche man bei einem **Spaziergang** erkunden kann (siehe Wegweiser). Der Preis für diese Forschungsarbeiten sind mehrere tödliche Tauchunfälle.

Von AACH folgen wir weiter der B31, verlassen diese 4,8 km nach dem Ortsschild von AACH rechtsschwenkend (P&M Parkplatz GPS: N47° 51' 22"; E8° 47' 39"). Unser Ziel ist jedoch nicht der "Mitnahmeparkplatz", sondern der des **Eiszeitparkes**. Also rollen wir noch gut 300 m weiter, unter der Autobahn hindurch und stehen sogleich auf der geschotterten Parkfläche (GPS: N 47° 51' 27.0" E 8° 47' 41.0").

Von hier aus gehts nun zu unseren Spaziergang in die Eiszeit. Die Gletscher sind natürlich längst verschwunden, aber dank engagierter Stadtväter wurde ein 3 ha großes Areal geschaffen, auf dem man die verschiedensten Pflanzen aus die-

Ausgrabungsstätte Petersfelsen

ser Epoche bewundern kann. Schließlich befinden wir uns an einer der bedeutendsten **steinzeitlichen Ausgrabungsstätten** im süddeutschen Raum!

Vor allem am **"Petersfelsen"** wurden bereits in den Jahren 1927 - 1932 unter Federführung von Eduard Peters über 1,5 Tonnen Knochen von eiszeitlichen Tieren sowie rund 50.000 Feuersteinartefakte ausgegraben, untersucht und veröffentlicht.

Wieder zurück am Womo, folgt man in ENGEN weiter der Beschilderung DONAUESCHINGEN. Während unser Diesel den **Hegaublick** hochschnauft, bietet sich uns mit jedem Höhenmeter ein schönerer Blick über die Hegauvulkane. Den ersten Picknickplatz zu unseren Linken müssen wir sprichwörtlich "links liegen lassen", werden aber dafür nur wenig später (vor der Kreuzung) mit einem Parkplatz mit Restaurant, Terassencafé, sowie mehreren Tisch-Bank-Kombinationen entschädigt (GPS: N 47° 52' 59.0" E 8° 43' 39.0").

Lassen Sie hier den Blick ruhig noch einmal über den Hegau, den Hohentwiel bis hin zum Bodensee schweifen. Leider ist dieses Plätzchen kein Geheimtipp mehr, so dass Sie im Sommer mit Ihrem Flaggschiff schon mal Ihre liebe Mühe mit dem Parken haben werden. Deshalb haben wir nur ein paar Fußminuten weiter noch einen Wanderparkplatz für Sie ausgemacht.

Dazu fahren Sie die paar Meter weiter bis zur Kreuzung, biegen rechts ab und rollen nur ca. 100 m später rechts auf den besagten Wanderparkplatz.

(102) WOMO-Wanderparkplatz: Hegaublick

GPS: N 47° 53' 02.0" E 8° 43' 37.0" **max. WOMOs:** 3-4.
Ausstattung/Lage: keine / außerorts.
Zufahrt: Am Hegaublick vorbei und an der Kreuzung zweimal rechts.

In KIRCHEN-HAUSEN fahren wir Richtung DONAUESCHINGEN und machen an der Abfahrt Geisingen einen Abstecher zum neuen Stellplatz bei der **Arena Geisingen.** Hier können Sie nicht nur übernachten, sonder sich auch noch auf einer Fläche von rund 35.000 m² (Aussen- und Innenbahn zusammen) mit Ihren Inliner so richtig austoben.

(102a) WOMO-Stellplatz: Arena Geisingen

GPS: N 47° 55' 12.3" E 8° 39' 00.2" **max. WOMOs:** >5.
Ausstattung/Lage: Vollausstattung / Ortsrand.
Zufahrt: 300 m nach dem Abzweig links (beschildert) .

Weil es nun wieder Zeit für ein ausgiebiges Bad ist, fahren wir 10,6 km später links, der Beschilderung **Riedsee** / Kompostanlage folgend und 1,5 km danach wieder rechts (Wegweiser Kies und Betonwerk). Die Straße führt bis zum See, wo man sich entscheiden muss, ob man lieber den schattigen Parkplatz zur Linken oder den mit dem besseren Seezugang zur Rechten ansteuert. Da der rechte Parkplatz das "Surferrevier" ist, entern wir den linken.

(103) WOMO-Badeplatz: Riedsee

GPS: N 47° 55' 39.0" E 8° 30' 42.0" **max. WOMOs:** 3-4. **Ausstattung/Lage:** Mülleimer, Schatten / außerorts. Gebührenpflichtig (tagsüber)! **Zufahrt:** Siehe Text.

Einziger Wermutstropfen ist hier die Tatsache, dass man Ihnen tagsüber zw. 10.30 - 17.30 Uhr eine Parkgebühr von (zur Zeit) 2,50 € pro Fahrzeug abknöpft.

Zurück an der B31 fahren wir rechts, um nur 500 m weiter

wieder rechts und gleich danach links in Richtung PFOHREN abzubiegen. Den **Campingplatz Riedsee** erreichen Sie, wenn Sie 400 m nach dem Ortsschild (vor dem Bahnübergang) links abbiegen. Hier sind sowohl Tagesgäste, die einen Badeplatz mit Umkleidekabinen und Toiletten zu schätzen wissen genau so willkommen wie die, die für ein paar Tage "einchecken" wollen (**103a:** N 47° 56' 14.0" E 8° 32' 06.0").

Unser nächstes Ziel ist die **Residenzstadt DONAUESCHINGEN**. Dazu überquert man den Bahndamm, die Donaubrücke und folgt links der Beschilderung.

Den "Pferdekreisel" verlassen wir an der dritten Ausfahrt, biegen nach 200 m rechts ab, um nach weiteren 400 m rechts auf den zentral gelegenen Parkplatz einzuschwenken.

(104) WOMO-Stellplatz: Donaueschingen Zentrum

GPS: N 47° 57' 09.0" E 8° 30' 25.0"; Fürstenbergstraße.
Ausstattung/Lage: Mülleimer / zentrumsnah.
Zufahrt: Siehe Text. **max. WOMOs:** 3-4.

Von hier aus können Sie die Stadt mühelos zu Fuß erkunden und das sollten Sie auch tun! Wenn Sie die Fürstenbergstraße weiter stadteinwärts laufen, erreichen Sie in weniger als fünf Minuten die **Stadtkirche**, in deren unmittelbarer Umgebung sich fast alle Sehenswürdigkeiten scharen.

Stadtkirche in DONAUESCHINGEN

Hier entstand zu Beginn des 18. Jh.s, dank der böhmischen Gattin des Fürsten Joseph Willhelm Ernst, die einzige böhmische Barockkirche des Schwarzwaldes. Besonders markant sind die zwei von Zwiebelkuppeln gekrönten Türme, von denen der Rechte rund 2,3 m höher ist als der Linke.

Direkt hinter der Kirche befindet sich eine Sehenswürdigkeit deren "Echtheit" Sie (zumindest bei einem Donaueschinger) nie in Frage stellen sollten! Denn wenn es um die **Donauquelle** geht, welche die Stadt Furtwangen ebenfalls für sich beansprucht, schlagen die Wogen hoch.

Als Donaueschinger steht es für uns nicht nur außer Frage wo Europas zweitlängster Strom seinen Ursprung hat, nein, wir können es Ihnen auch erklären.

Donauquelle, das Original!

Die heutige Donauquelle ergießt ihr Wasser nur ein paar Meter weiter in die Brigach. Dieser Wasserlauf wurde im 19. Jh. bei einer Umgestaltung des Parkes künstlich angelegt. Davor bahnte sich das "Donaubächlein" seinen Weg durch den Park bis hin zum Zusammenfluss von Brigach und Breg und die bringen ja schließlich, wie jedes Kind weiß, "die Donau zu Weg" (also auf den Weg).

Das direkt neben der Donauquelle liegende **Schloss**, die Residenz der Fürsten zu Fürstenberg, erhielt seine heutige Gestalt erst im späten 19. Jahrhundert. Die Innenausstattung spiegelt die Zeit von der Renaissance bis zum Rokoko wieder. Besonders erwähnenswert sind die Empfangshalle, das Kupferzimmer, sowie der Kleine und der Große Salon. Da die Öffnungszeiten mittlerweile leider von den Launen seiner Durchlaucht abhängen, fragen Sie am besten bei der Touristeninformation gleich um die Ecke nach (Karlstraße 58)!

Um den schön, im englischen Stil, angelegten Park zu durchstreifen, müssen Sie an der Kirche vorbeilaufen, die Brigach überqueren und sich nach der Brücke links halten. Hier findet jedes Jahr im September das international hoch angesehene **CHI Reit- und Fahrturnier** statt.

Was für Pferdefreunde das Reitturnier sind für Musikliebhaber die im Oktober stattfindenden **Donaueschinger Musiktage**. Die bereits 1921 ins Leben gerufenen Musiktage sind mit ihren Darbietungen avantgardistischer Musik weit über die Landesgrenzen hinaus bekannt.

Kunstliebhaber sollten den **Fürstlich Fürstenbergischen Sammlungen** am Karlsplatz einen Besuch abstatten. Leider sind hier seit 2002 an Stelle der Alten Meister nur noch moderne Kunstwerke zu bewundern.

Im gleichen Bau befindet sich auch das Naturkundliche Museum, wo man neben seltener Mineralien auch noch Versteinerungen von Saurierknochen und Gebeine eiszeitlicher Mammuts bestaunen kann.

Mindestens genau so bekannt wie das Reitturnier und die Musiktage ist ein weiterer Klassiker, das **Fürstenberger Pils**, welches hier gebraut wird und seinem Ruf als "eines der besten Biere der Welt" durchaus gerecht wird.

Alle, die mit dem oben genannten isotonischen und vitaminreichem Getränk vernünftig umgegangen sind und einen Vesperplatz im Grünen zu schätzen wissen, sollten jetzt den Diesel noch einmal anwerfen. Wir fahren die Fürstenbergstraße wieder zurück, biegen an deren Ende rechts ab und erreichen 600 m weiter den Parkplatz am Schwimmbad. Wer hier links fahrt findet nach 800 m (B31 unterqueren) eine kostenlose **Entsorgungsstation** bei der Kläranlage vor.

Alle anderen folgen der Straße noch weitere 400 m geradeaus und finden auf der rechten Seite einen für Womos reservierten Platz direkt an der Breg.

(105) WOMO-Stellplatz: Donaueschingen Eiswiese

GPS: N 47° 56' 50.0" E 8° 30' 43.0"; Prinz-Fritzi-Allee.
Ausstattung/Lage: Mülleimer, Stadtplan / Ortsrand.
Zufahrt: Siehe Text. **max. WOMOs:** 3-4.

Wer hier zur kalten Jahreszeit Station macht, kann auf der direkt danebenliegenden Eiswiese seine Schlittschuhe mal so richtig einlaufen. Die nur im Winter geflutete Wiese dient im Herbst dem Reitturnier als Basislager.

Da die Wahrscheinlichkeit, dass Sie die Fahrräder und nicht die Schlittschuhe dabei haben, wesentlich höher ist, haben wir noch eine Radtour für Sie parat.

WOMO-Radfahrtipp: Drei-Seen-Tour

Fahrzeit: 3,5 h **Schwierigkeit:** mittel **Länge:** ca. 46 km

Strecke: Unseren Stellplatz an der Breg verlassen wir nach rechts, biegen am Parkende rechts in die Josefstraße, überqueren die Brigach und folgen ihr flussaufwärts. Nach dem Unterqueren der Brücke verlassen wir die Teerstraße nach links und folgen weiter dem Fluss und der Bahnlinie. Vorbei an AUFEN durchqueren wir GRÜNINGEN und folgen kurz nach der Haltestelle in KLENGEN der nach links abknickenden Straße Richtung ÜBERAUCHEN. Den Anstieg nach dem Ortsende ÜBERAUCHEN meistern wir spielend und Radeln weiter Richtung TANNHEIM. Kurz vor der großen Kreuzung entern wir den links nach WOLTERDINGEN führenden Radweg und erreichen nur wenig später einen idyllisch gelegenen kleinen See, der zum Picknick einlädt. In WOLTERDINGEN fahren wir erst ein Stück zurück Richtung DONAUESCHINGEN um nach der Kirche nach rechts über die alte Steinbrücke nach HUBERTSHOFEN weiterzuradeln. Ab dem Abzweig HUBERTSHOFEN geht es für eine ganze Weile den Berg hoch, eine Abkürzung wäre die Strecke über BRUGGEN nach BRÄUNLINGEN. Aber keine Sorge, die Strecke von WOLTERDINGEN über HUBERTSHOFEN nach MISTELBRUNN ist durchaus ohne Blutdoping zu schaffen, außerdem wartet in MISTELBRUNN ein Brunnen mit herrlich kühlem Wasser auf uns. Die Wasserflasche frisch aufgefüllt, geht es jetzt mit vollem Karacho den Berg hinunter bis UNTERBRÄND, wo wir kurz nach Ortsende nach links zum Kirnbergsee abfahren. Der auf knapp 800 m liegende Stausee sorgt, anders als wir es am Rhein oft erlebt haben, auch im Hochsommer für die nötige Abkühlung. Frisch und munter gehen wir den Anstieg vom Parkplatz zur Straße an, rollen oben nach links - und der Schwerkraft sei Dank - schon bald ohne Anstrengung. Kurz vor dem Ortsende WALDHAUSEN biegen wir rechts nach BRÄUNLINGEN ab, fahren hier vor dem Stadttor rechts und folgen dem Bregtalradweg nach HÜFINGEN. Hier fahren wir am Ende der Straße links, biegen an der Sparkasse nach rechts, und **vor** der Stahlbrücke wieder links in die Friedenstraße. Am Trafo-Häuschen (Schild "Friedenstraße 11-17") biegen wir rechts ab und stehen bereits vor dem Kofenweiher, der letzten Bademöglichkeit auf dieser Tour. Von hier aus brauchen wir nur noch dem Flusslauf durch den Park bis zu unserem Stellplatz zu folgen.

Wer sich jetzt von dem vielen Radfahren noch ein wenig die Füße vertreten will, dem ist ein Spaziergang zum **Zusammenfluss von Brigach und Breg** ans Herz zu legen (allen anderen auch). Dazu brauchen Sie einfach nur der Breg ca. 15 Minuten flussabwärts zu folgen.

Donauzusammenfluss

DONAUESCHINGEN verlassen wir, indem wir im Pferdekreisel den Blinker an der dritten Ausfahrt setzen, 200 m nach der zweiten Ampel links fahren und den darauffolgenden Kreisverkehr an der ersten Ausfahrt Richtung FURTWANGEN verlassen.

In WOLTERDINGEN geht es 700 m nach dem Ortsschild links über die alte Steinbrücke und 600 m danach rechts Richtung HUBERTSHOFEN. Den langgezogenen Ort durchqueren wir und schwenken 600 m nach Ortsende links auf den Parkplatz bei der Hubertusloipe (straßennah).

(106) WOMO-Wanderparkplatz: Hubertusloipe

GPS: N 47° 57' 28.0" E 8° 22' 45.0" **max. WOMOs:** 2-3.
Ausstattung/Lage: Tisch & Bank, Wassertretstelle, Loipe / außerorts.
Zufahrt: 600 m nach Ortsende links der Straße.

Im Winter kann sich hier jeder glücklich schätzen, wenn er seine Langlaufski dabei hat. Denn auf den über 40 km gut präparierten **Loipen** kann man hier inmitten schöner Landschaft seinem Bewegungsdrang nachkommen. Ausgedehnte Waldspaziergänge mit anschließender Abkühlung an der Wassertretstelle gegenüber entfalten im Sommer eine ähnliche Wirkung. Folgen wir der Straße weiter nach MISTELBRUNN, so wartet 300 m nach dem Ortsanfang (auf der linken Seite) das klare Wasser eines **Brunnens** (GPS: N 47° 57' 29.0" E 8° 21' 47.0") darauf Ihren Tank zu füllen.

Frisch betankt dieseln wir weiter auf der Straße Richtung BUBENBACH und machen 100 m nach Ortsende, zu unserer Rechten, einen weiteren Parkplatz aus, der gute Einstiegsmöglichkeiten in die Loipe bietet (GPS: N 47° 57' 26.0" E 8° 21' 27.0").

Die Straße nach BUBENBACH ist zum Teil **sehr schmal**

und fordert mit einem Gefälle von bis zu **16%** die ganze Aufmerksamkeit des Fahrers!

Hier angekommen, fahren wir links Richtung OBERBRÄND und biegen dort 100 m nach dem Ortsschild rechts Richtung EISENBACH ab. Hier geht es 400 m später links und sofort wieder rechts den Berg hinauf zum schön gelegenen Wohnmobilstellplatz.

(107) WOMO-Stellplatz: Eisenbach

GPS: N 47° 56' 57.0" E 8° 15' 19.0"; Am Sportplatz **max. WOMOs:** >5
Ausstattung/Lage: Toilette, Entsorgung, Loipe, Wanderwege / Ortsrand.
Gebührenpflichtig! **Zufahrt:** Siehe Text.

Für Langläufer ist hier besonders die aussichtsreiche **Panoramaloipe** zu empfehlen.

Zurück an der Hauptstraße rollen wir durch den Ort nach HAMMEREISENBACH, treffen nach dem Durchqueren des Dorfes auf die von DONAUESCHINGEN kommende Straße und schwenken links Richtung FURTWANGEN auf diese ein.

Wenn Sie Ihre Langlaufski und die Schneeketten zu Hause gelassen haben oder mit einem Wohnmobil der "Obelix-Klasse" unterwegs sind, dann biegen Sie in WOLTERDINGEN nicht links ab, sondern folgen weiter der Straße nach FURTWANGEN und begleiten uns ab hier weiter.

Ihre erschöpften **Wasservorräte** können Sie 100 m nach der Kreuzung beim Friedhof HAMMEREISENBACH (rechte Seite) auffüllen. Unser nächstes Ziel, die Linachtalsperre, erreichen wir, indem wir 2,2 km weiter links auf das Sträßchen nach LINACH abbiegen. Nach weiteren 2,5 km zieht die **Staumauer** unsere Blicke an. Ca. 100 m **vor** der Staumauer können Sie auf den leicht schrägen Parkplatz einschwenken

Linachtalsperre mit Stausee

(**107a:** N 48° 01' 11.0" E 8° 17' 39.0").

Weitere Parkplätze finden Sie auf dem Parkstreifen entlang der Straße, sowie gut 400 m nach der Staumauer rechts der Straße (nach der Gaststätte). Die zwischen 1922 - 1925 erbaute, 143 m lange und 25 m hohe Mauer wurde als erste in Deutschland nach der "aufgelösten Bauweise" errichtet. Bei dieser Bauweise wird die Staumauer nicht als ein massiver Block errichtet, sondern aus einzelnen, vorgefertigten Elementen zusammengesetzt.

Der 2007 wieder aufgestaute See ist leider immer noch mit "Baden Verboten" Schilder versehen und hat darüber hinaus auch keinen vernünftigen Seezugang.

Auf der Weiterfahrt nach FURTWANGEN passieren wir 5,7 km später den **Michelshof**, ein Ferienhof mit Campingplatz ähnlicher Ausstattung (GPS: N 48° 01' 29.0" E 8° 13' 35.0").

In der Industriestadt FURTWANGEN angekommen, rollen wir weiter, bis unsere Straße an der B500 endet und fahren auf dieser in rechter Richtung genau 1 km bis zur Ampelanlage weiter. Die Frage nach Museum oder Picknick beantwortet meine Frau Gemahlin mit einem lässigen Griff nach der Sonnenbrille. Also linken Blinker rein und bergan Richtung **BREND**.

Einen übernachtungstauglichen Wanderparkplatz erreichen wir 1,9 km nach dem Ortsende von FURTWANGEN auf der linken Straßenseite (im Winter nicht geräumt).

(108) WOMO-Wanderparkplatz: "Alte Ecke"

GPS: N 48° 03' 51.0" E 8° 10' 14.0"; Hintertal. **max. WOMOs:** 1-2.
Ausstattung/Lage: keine / außerorts.
Zufahrt: Richtung Brend, 1,9 km nach Ortsende auf der linken Seite.

Picknickplatz mit herrlicher Aussicht

Da es uns aber noch lange nicht nach Übernachten zu Mute ist, fahren wir vor dem Parkplatz rechts weiter Richtung Brend. Von hier bis zu dem großzügig angelegten **Picknickplatz** mit mehreren **Grillstellen** sind es nur noch 1,9 km (**108a:** N 48° 04' 40.0" E 8° 09' 44.0"). Auf dem ebenso großzügig dimensionierten Parkstreifen hat man Nachts bestimmt seine Ruhe. Die hervorragende Aussicht auf den Feldberg und Umgebung müssen Sie hier nicht auf irgend einem Baumstumpf sitzend genießen, nein, hier können Sie das auf **Deutschlands längster Sitzbank** tun (25 Meter lang!), die aus einer 120 Jahre alten Fichte herausgesägt wurde.

Brendturm

Nur 200 m weiter oben geht es halblinks zum **Aussichtsturm** auf dem Brend, von welchem man eine der schönsten Aussichten im mittleren Schwarzwald hat (**108b:** N 48° 04' 44.0" E 8° 09' 30.0").

Einen weiteren Parkplatz und Einstiegspunkt in das weit verzweigte Loipennetz findet man am **Naturfreundehaus** vor. Dazu biegt man nicht links zum Turm ab, sondern rollt noch 400 m weiter geradeaus (GPS: N 48° 04' 52.0" E 8° 09' 33.0").

Zurück an der Ampel, wollen wir nun unsere Aufmerksamkeit der wohl wichtigsten Sehenswürdigkeit in FURTWANGEN, dem **Deutschen Uhrenmuseum** widmen. Also fahren wir an der Ampel links und folgen 100 m weiter dem Wegweiser Hochschule / Uhrenmuseum nach rechts (GPS: N 48° 03' 00.0" E 8° 12' 37."). Die äußerst knapp dimensionierten Parkflächen hängen sicherlich auch damit zusammen, dass sich das Museum in unmittelbarer Nachbarschaft der Hochschule befindet. Die rund 1.400 Studenten müssen ja schließlich auch irgendwo parken.

Technikfreaks werden an dem Museum, welches eine der größten Sammlungen seiner Art weltweit beherbergt, aber wohl nicht vorbeikommen. Hier wird dem Besucher die Geschichte des Chronometers auf beeindruckende Weise dargestellt. Die Bandbreite der Ausstellungsstücke reicht von gotischen Stuhluhren des frühen 18. Jh. über Pendel-, Räder- und Schwarzwälder Kuckucksuhren bis zu hoch modernen funkgesteuerten Zeitmessern aus dem Schwarzwald. Eines der wertvollsten Ausstellungsstücke ist eine astronomische Weltzeituhr von Thaddäus Rinderle aus dem Jahre 1787.

Nun wollen wir der **Bregquelle** (von den Einheimischen gerne auch als Donauquelle bezeichnet) einen Besuch abstatten. Dazu rollen wir zurück zur Durchgangsstraße, fahren bei der Post rechts, um 500 m weiter zuerst rechts und gleich danach dem Wegweiser "**Martinskapelle**" nach links zu folgen. Dass wir jetzt nach 600 m wieder links und gleich danach rechts müssen, verdanken wir der Einbahnstraßenregelung.

Wenn Sie sich jetzt als aufmerksamer Fahrzeuglenker nicht ausschließlich auf Ihr GPS-Gerät verlassen haben, könnte Sie der Wegweiser "Katzensteig / Martinskapelle / **Donauquelle**" evt. irritieren. Aber keine Sorge, Sie haben sich nicht verfahren, gemeint ist natürlich die Bregquelle.

Nach dem Ortsende folgen wir der Straße noch 3,5 km bevor wir links abbiegen und die sehr schmale und zum Teil auch steile Straße zur Martinskapelle und besagter Quelle in Angriff nehmen. Wenn Sie zur kalten Jahreszeit unterwegs sind und die Schneeketten noch sicher im Womo verstaut haben, wäre hier eine gute Gelegenheit, sie auszupacken!! Denn auf dem

Auf dem Weg zur Martinskapelle

Parkplatz unterhalb der Straße geht das Montieren wesentlich entspannter vonstatten als in den engen Ausweichbuchten (die Version mit den Ausweichbuchten haben wir bereits getestet).

Nach 2,2 km stehen wir auf dem kleinen Quell-Parkplatz (GPS: N 48° 05' 44.0" E 8° 09' 22.0") und wollen das sprudelnde Nass mal genauer unter die Lupe nehmen. Die Stelle, an der das Wasser hier auf einer Höhe von 1078 m zu Tage tritt, liegt nur 100 m von der **europäischen Hauptwasserscheide** entfernt.

Bei der Bregquelle

Sollte der Parkplatz belegt sein, dann rollen Sie einfach noch 400 m weiter, an der **Gaststätte** vorbei, bis zu dem langen Parkstreifen an der Straßenseite (GPS: N 48° 05' 53.0" E 8° 09' 19.0"). Hier können Sie Ihr Womo abstellen und in weniger als fünf Minuten zur Quelle zurücklaufen, zu einer Wanderung aufbrechen oder in das Loipennetz einsteigen.

Einen weiteren Park- und Übernachtungsplatz errei-

Langlaufparadies

chen Sie, indem Sie sich am Ende des Parkstreifens links halten und die 500 m bis zum Parkplatz hinter der Skihütte fahren.

(109) WOMO-Stellplatz: Martinskapelle / Skihütte

GPS: N 48° 06' 11.0" E 8° 09' 10.0" **max. WOMOs:** 3-4
Ausstattung/Lage: Loipe, Wanderwege, Skihütte / Ortsrand.
Zufahrt: Siehe Text.

Bei dem über 100 km langen Loipennetz ist für jeden etwas dabei: von der ca. 2 km lange Brend Spur (Mo, Mi, Fr beleuchtet), bis zu einer Loipe, die zum Belchen führt. Empfehlenswert sind die aussichtsreichen Loipen auf den Brend sowie auf den Rohrhardsberg. Wenn Sie im Sommer hier sind, dann tauschen Sie einfach die Langlaufski gegen Wanderschuhe ein und genießen die Landschaft bei einer **Wanderung**.

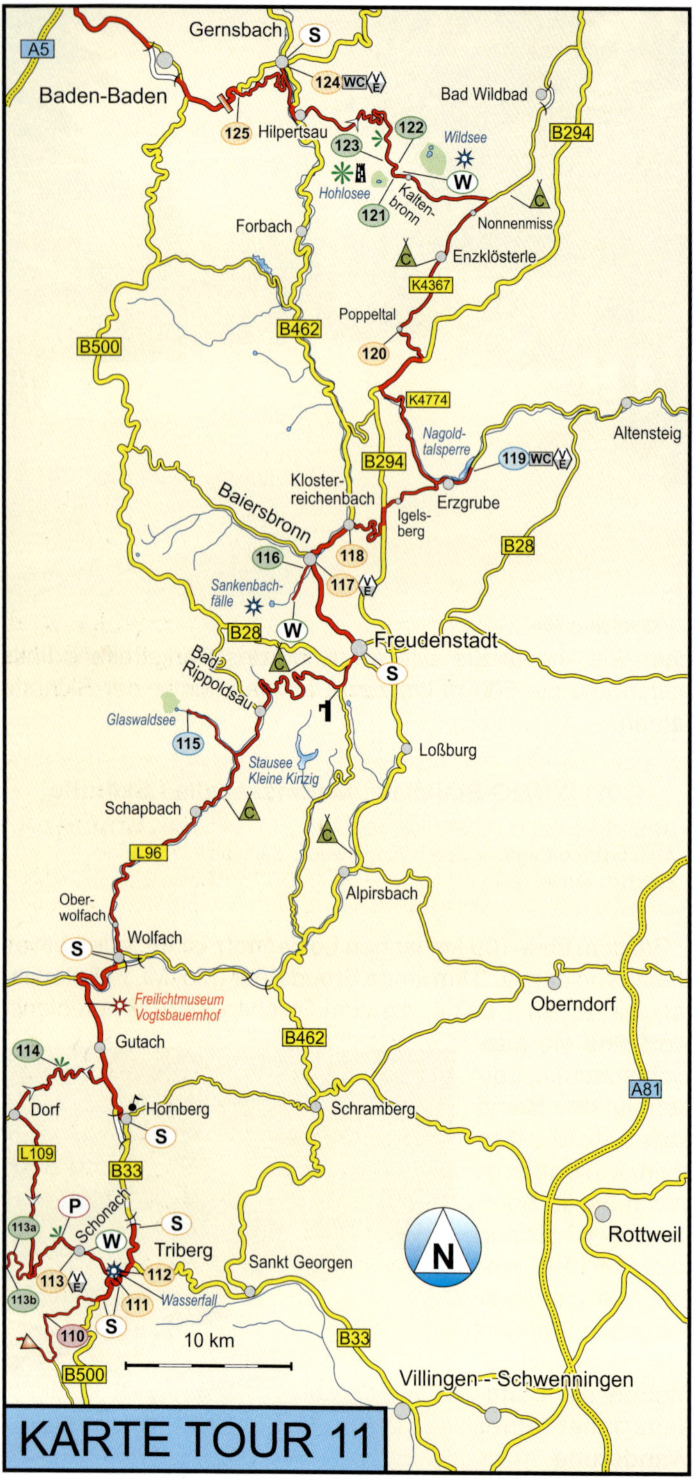

KARTE TOUR 11

TOUR 11 (ca. 200 km / 4-6 Tage)

Triberg - Schonach - Hornberg - Wolfach - Freudenstadt - Baiersbronn - Gernsbach

Freie Übernachtung:	u. a. Triberg, Schonach, Glaswaldsee, Baiersbronn, Nagoldtalsperre, Kaltenbronn, Gernsbach.
Campingplätze:	Schapbach, Freudenstadt, Enzklösterle.
Ver-/Entsorgung:	Schonach, Baiersbronn, Nagoldtalsperre.
Baden:	Glaswaldsee, Sankenbachsee, Nagoldtalsperre.
Besichtigen:	Triberger Wasserfall, Hornberger Schießen, .
Wandern:	Schonach, Sankenbachfälle, Wildseemoor.

Von der Martinskapelle rollen wir auf dem schmalen Sträßlein wieder zurück, fahren unten links Richtung FURTWÄNGLE und passieren 2,8 km weiter einen schönen Picknickplatz zu unserer linken.

(110) WOMO-Picknickplatz: Furtwängle

GPS: N 48° 06' 32.0" E 8° 10' 19.0" **max. WOMOs:** 1-2
Ausstattung/Lage: Tisch & Bank, Mülleimer / außerorts.
Zufahrt: Ab dem Abzweig 2,8 km (links der Straße).

Von hier aus folgen wir dem Rechtsknick der (schmalen) Straße 4 km und biegen an deren Ende links auf die B500, wo wir 1 km später einen Kreisverkehr erreichen. Eine der Hauptattraktionen TRIBERGS, der Wasserfall, ist ab hier bereits ausgeschildert. Der erste (recht kleine) Parkplatz, von dem aus das Naturschauspiel zu erreichen ist, befindet sich direkt neben dem besagten Kreisel (GPS: N 48° 07' 24.0" E 8° 13' 19.0"). Brummt man 1,3 km auf der Straße weiter, so erreicht man (direkt in der Kurve) einen wesentlich größeren Parkplatz auf der rechten Seite (GPS: N 48° 07' 42.0" E 8° 13' 33.0"). Beide Parkplätze liegen außerhalb des Ortes, eignen sich jedoch gut, um von hier aus zum **Wasserfall** aufzubrechen, den man zu Fuß in gut 10 min erreicht. Ratsam, hier sein Gefährt abzustellen, ist es allemal, denn im Sommer steigt in dem überschaubaren Ort die Bevölkerungs- bzw. Touristendichte sprunghaft an, was zu einer Überlastung der Parkflächen führt.

Sie wollen es trotzdem probieren? Bitteschön, dann kurven

Sie mit uns den Berg hinunter, halten sich rechts Richtung Ortsmitte und rollen gut 900 m nach Ortsanfang links auf den Parkplatz P6. Der große, ebene Parkplatz ist nicht ganz ruhig dafür haben Sie es nicht weit zu den Wasserfällen.

(111) WOMO-Stellplatz: Triberg P6

GPS: N 48° 07' 49.0" E 8° 13' 43.0"; B500. **max. WOMOs:** 3-4
Ausstattung/Lage: Bank, Mülleimer / zentrumsnah.
Zufahrt: Siehe Text.

Einen wohl einmaligen Stellplatz erreichen Sie, wenn Sie der Straße noch 400 m weiter folgen, dann links in die Schwendistraße abbiegen, wo man nach weiteren 300 m eine Reihe **Carports** extra **für Wohnmobile** gebaut hat. Mit ein wenig Glück ist noch einer der - vor allem im Winter - sehr begehrten und ruhigen Plätze frei.

(112) WOMO-Stellplatz: Triberg "Womogarage"

GPS: N 48° 07' 53.0" E 8° 13' 44.0"; Schwendistraße. **max. WOMOs:** 1-2
Ausstattung/Lage: Gaststätte, Kegelbahn / zentrumsnah.
Zufahrt: Siehe Text.

Bei dem Spaziergang durch das Städtchen zum Wasserfall kann Triberg, in Anbetracht der allgegenwärtigen **Kuckucksuhr**, durchaus als Hochburg dieser Schwarzwälder Errungenschaft eingestuft werden. Noch bevor wir den Wasserfall auch nur hören, geschweige denn sehen können, staunen wir nicht schlecht über die im "romantischen Schwarzwaldstil" aufgestellten Kassenhäuschen. Wer also bewundern will, was die Natur hier geschaffen hat, indem sie die Gauchach über sieben Kaskaden 162 m in die Tiefe rauschen lässt, der wird erst einmal zur Kasse gebeten. Sicherlich bedeuten 3 € pro Nase nicht den finanziellen Ruin. Dennoch wirft diese ausgeprägte Kommerzialisierung einen Schatten auf **Deutschlands höchs-**

ten Wasserfall, der seit geraumer Zeit nachts übrigens beleuchtet wird.

Die Schwendistraße verlassen wir nach links, rollen die 1200 m zur B33 hinunter, biegen dort links Richtung HORNBERG ab und folgen vor dem Tunnel der Beschilderung zur **“weltgrößten Kuckucksuhr“** wo wir nach 500 m den Parkplatz beim Uhrenpark Eble erreichen (GPS: N 48° 08' 52.0'' E 8° 14' 33.0"). Hier wurde eine ganz normale Kuckucksuhr im Maßstab 60:1 nachgebaut. So kam ein Uhrwerk mit den stolzen Maßen von 4,50 m x 4,50 m und einem Gewicht von 6 Tonnen zustande. Wenn dann zur vollen Stunde der 4,5 m lange und 150 kg schwere Kuckuck aus dem “Häuschen“ fährt um sein Werk zu verrichten, ist das schon beeindruckend.

Deutschlands höchster Wasserfall

Gegen einen Obolus von 1,50 € können Sie die Uhr begehen und das Uhrwerk samt Vogel ausgiebig, sagen wir mal, bewundern.

weltgrößte Kuckucksuhr

Ein etwas größeres Uhrwerk

Denn obwohl es sich um eine Uhr handelt, wäre "Unter die Lupe nehmen" hier wohl nicht der passende Ausdruck. Im angrenzenden Laden findet garantiert jeder, der was für Stand-, Hänge- oder Kuckucksuhren übrig hat das zu ihm passende Modell. Der Hobbyornithologe wird über die Artenvielfalt des Kuckucks im Uhrenpark aus dem Staunen nicht mehr herauskommen.

Da bleibt kein Auge trocken

Wir verlassen den Parkplatz am Uhrenpark, - gerade als der zweite Reisebus zum Parken ansetzt - fahren am Laden vorbei, biegen links auf die B33 und durchqueren den Tunnel nach TRIBERG. Dort folgen wir der Beschilderung nach SCHONACH und sind erst einmal froh dem Trubel entflohen zu sein.

Wer von Kuckucksuhren immer noch nicht genug hat, der kann ca. 400 m vor dem Ortsanfang von SCHONACH links abfahren und sich auch noch die **zweitgrößte Kuckucksuhr der Welt** ansehen (GPS: N 48° 08' 11.0" E 8° 12' 50.0"). Diese war übrigens die erste Uhr, die in solchen Dimensionen gebaut wurde, so dass sich die Begeisterung der Schonacher durchaus in Grenzen hielt, als man in dem Nachbarort die Uhr quasi eine Nummer größer nachbaute. Aber erfinderisch, wie die Schwarzwälder nun mal sind, nennen die Schonacher ihre Uhr jetzt ganz einfach "erste weltgrößte Kuckucksuhr". Diese kann mit den Dimensionen der Nachbaruhr nicht ganz mithalten, dafür aber mit der schöneren Lage und dem originelleren Aussehen punkten.

In SCHONACH fahren wir 1,3 km nach dem Ortsschild links Richtung Rathaus und stellen unser Womo auf dem Parkstreifen an der Straße, unweit des als Brunnen umfunktionierten Schalensteines, ab (GPS: N 48° 08' 33.0" E 8° 11' 58.0").

Genau diese sagenumwobenen **Schalensteine**, d. h. von der Natur oder von Menschenhand geformten, schalenförmigen Vertiefungen in Steinen, sind es, die uns veranlassen, hier einen Stopp einzulegen. Obwohl sich in jüngster Zeit vermehrt Wissenschaftler mit den Steinen beschäftigen, kann man über die Entstehung und die Nutzung durch den Menschen z. B. zu rituellen Zwecken auch weiterhin nur spekulieren. Deshalb kann jeder im Rahmen einer kleinen Wanderung durch den schönen Wald seiner Phantasie freien Lauf lassen.

WOMO-Wandertipp: Schalensteinweg

Gehzeit: 1,5 h **Schwierigkeit:** leicht **Höhenunterschied:** 200 m
Strecke: Von unserem Parkplatz neben dem ersten Schalenstein, dem Trachtenbrunnen, überqueren wir die Durchgangsstraße, folgen dem Grubweg, biegen an der zweiten Straße links und gleich danach wieder rechts. Nach weiteren 200 m bergan folgen wir dem links in den Wald führenden Weg und halten uns kurz darauf wieder rechts, wo dann auch schon der nächste, als "Teufelstritt" bezeichnete, Stein liegt. Um die Steine besser lokalisieren zu können, hat man zum einen "Peilpfähle" aufgestellt und für die Liebhaber moderner Navigationsmittel jeden Stein mit GPS Koordinaten versehen. Die Peilpfähle machen wesentlich mehr Spaß, so dass wir an dieser Stelle auf die elektronischen Helfer getrost verzichten können. Also peilen wir zuerst den in unmittelbarer Nachbarschaft liegende "Augenstein", dann folgen "Altarstein", "Summstein", "Eulenstein", "Kippstein" und der "Geisterfelsen". Wer sich traut kann bei dem Summstein seinen Kopf in das vorhandene Loch stecken und mit seiner Stimme den ganzen Stein zum Schwingen bringen. All die klangvollen Namen wollen die Phantasie des Betrachters in eine bestimmte Richtung lenken, lassen aber

durchaus genügend Freiraum für eigene Deutungen. Da der Rückweg entlang der Steinen wesentlich schöner ist als der durch den Ort, laufen wir die gleiche Strecke wieder zurück.

Vom Parkplatz am Trachtenbrunnen geht es links auf die Hauptstraße, die wir nach 900 m wieder nach links verlassen. Hier haben Sie die Auswahl zwischen dem eingerichteten Stellplatz mit **Entsorgungsstation** auf der rechten oder dem großen Parkplatz am Skilift auf der linken Seite.

(113) WOMO-Stellplatz: Schonach

GPS: N 48° 08' 45.0" E 8° 11' 22.0"; Schwimmbadweg.
Ausstattung/Lage: Ver-/ Entsorgung, Mülleimer, Skilift / zentrumsnah.
Zufahrt: Siehe Text. **max. WOMOs:** >5

Wintersportler kommen in dem für sein subalpines Reizklima bekannten **Luftkurort** SCHONACH voll und ganz auf ihre Kosten. Das gut gespurte Loipennetz zusammen mit den Sprungschanzen machen den Ort zu einem der bedeutendsten Zentren des nordischen **Skisports** in Deutschland. Durch das Austragen von Junioren Weltmeisterschaften erlangte SCHONACH auch internationale Anerkennung. Neben den Leistungssportlern kommen hier auch die Freizeitsportler auf ihre Kosten. So startet hier z. B. der 100 km lange **Skifernwanderweg** zum Belchen. Für die Abfahrer unter den Wintersportlern werden mehrere, wenn auch meist kleine Hänge präpariert.

Am nächsten Morgen biegen wir links auf die Obertalstraße, verlassen den langgezogenen Ort, und entdecken 2,2 km nach dem Ortsende einen **Picknickplatz** mit einer bestechenden Aussicht auf der rechten Seite (GPS: N 48° 08' 21.0" E 8° 09' 55.0"). Schade, dass das Frühstück bereits hinter uns liegt!

Zwei weitere ruhige, große und recht einsame Wanderparkplätze finden Sie vor, wenn Sie 1,9 km nach dem Picknickplatz (gleich nach der Kehre) links abbiegen und bereits 600 m wieder links auf den schattigen Parkplatz beim Skilift Rohradsberg

Stellplatz Skilift Rohradsberg

einschwenken (**113a:** N 48° 07' 32.4" E 8° 09' 05.5").

Wenn Sie lieber einen offeneren Stellplatz mit Bank, Brunnen und Mülleimer bevorzugen, dann folgen Sie der Straße einfach noch 500 m weiter bergauf.

(113b) WOMO-Wanderparkplatz: Skilift Rohratsberg 2

GPS: N 48° 07' 50.8" E 8° 09' 07.0"; keine.
Ausstattung/Lage: Brunnen, Bank, Mülleimer, Skilift / außerorts.
Zufahrt: 500 m nach dem ersten. **max. WOMOs:** 2-3

Von hier aus schlängelt sich die Straße in bester Schwarzwaldmanier das Elztal hinunter, wo die üppiger werdende Vegetation von dem deutlich milderen Klima zeugt und wir nach 13 km (ab dem Picknickplatz) an der Weggabelung in DORF rechts Richtung HORNBERG abbiegen. Kaum sind wir abgebogen geht es auch schon wieder ordentlich bergauf, wo uns die schöne Aussicht bereits nach 4,5 km (direkt in der Kehre) links auf den Waldparkplatz lockt (**114:** N 48° 14' 16.0" E 8° 10' 35.0").

Mit heißen Bremsen biegen wir am Ende der Straße rechts auf die B33 Richtung HORNBERG und fahren vor dem Tunnel links der Beschilderung Zentrum folgend. Dort geht es 1 km nach dem Ortsschild rechts und nach weiteren 600 m links zum Parkplatz am Schlossweiher (GPS: N 48° 12' 30.0" E 8° 13' 26.0").

Durch das "**Hornberger Schießen**" ist das Schwarzwaldstädtchen seit dem 16. Jh. weit über die Landesgrenzen hinaus bekannt. Damals wollte man angeblich den Herzog von Württemberg standesgemäß mit Kanonendonner empfangen. Diverse Irrtümer und vorauseilender Gehorsam führten dazu, dass die braven Bürger ihre Kanonen mehrmals vergeblich abfeuerten, da sie mal eine herannahende Viehherde und mal einen Kaufmann mitsamt Gefolge für den Regenten hielten. Als dieser schließlich nahte, war bereits das gesamte Pulver verschossen und seine Hoheit über den Empfang nicht sehr begeistert. Die Hornberger nehmen den kleinen Ausrutscher mit Humor und führen das Ereignis jeden

Hornberg

Sommer vor historischer Kulisse auf der Freilichtbühne gegenüber dem Schloss auf.

Den Spaziergang zur **Burgruine** sollte man allein schon der schönen Aussicht wegen unternehmen. Ein weiteres Wahrzeichen der Stadt ist der **Eisenbahnviadukt** und der weltberühmte **Bollenhut**, dessen eigentliche Heimat in HORNBERG bzw. dem Gutachtal liegt. Auch wenn dieser oft als das Schwarzwälder Markenzeichen schlechthin dargestellt wird, so gehört er ausschließlich zur Tracht im besagten Gebiet.

HORNBERG verlassen wir wieder auf gleichem Weg, durchqueren GUTACH und biegen knapp 1,5 km nach dem Überqueren der Bahngleise links auf den Parkplatz beim **Freilichtmuseum "Vogtsbauernhof"** (GPS: N 48° 16' 09.0" E 8° 12' 05.0"). Vor über 40 Jahren wurde in der landschaftlich reizvollen Lage das Museum um den Vogtsbauernhof gegründet. Nach und nach wurden aus allen Regionen des Schwarzwaldes Höfe samt deren Nebengebäude ab- und hier wieder aufgebaut. So kann man heute nicht nur die historischen Bauten aus dem 16. bis 19. Jh. bewundern, sondern bekommt durch die originalgetreue Ausstattung der voll eingerichteten Höfe einen tiefen Einblick in das Leben und Arbeiten der Bauern in jener Zeit.

Während der ganzen Saison zeigen Handwerker auf dem Gelände alte Handwerkskunst. So können Sie im täglichen Wechsel dem Besenbinder, der Weberin, dem Bürstenbinder, der Spinnerin oder dem Müller über die Schulter schauen. Wenn Sie mit Kindern unterwegs sind, müssen Sie unbedingt beim Kuckuckspfeifenbauer vorbeischauen. Dass jedes der Kinder hinterher mit einer der Pfeifen ausgestattet und glücklich ist, versteht sich von selbst. Was anfangs noch ganz lustig ist, kann nach zwei Stunden monotonen Pfeifens - die Kin-

Freilichtmuseum Vogtsbauernhof

der ziehen das durch - auch schon mal ins Gegenteil umschlagen. Abhilfe verspricht da nur noch der Eisverkäufer am Ende der Anlage. Das Museum hat seine Pforten von April - Anfang November täglich von 9.00 - 18.00 Uhr geöffnet.

Die Vogtsbauernhöfe verlassen wir nach links Richtung WOLFACH, folgen dort der Beschilderung Zentrum, biegen gleich nach dem Ortsschild links ab wo wir nach 300 m auf dem Parkplatz an der Dorotheenhütte ausrollen (GPS: N 48° 17' 24.0" E 8° 12' 47.0"). Hier können Sie dem Glasbläser bei seiner Arbeit zuschauen und wenn Sie sich trauen, sogar Ihre Vase selbst herstellen. Die Dorotheenhütte ist die letzte **Glashütte** im Schwarzwald, in der die althergebrachte Kunst des Glasblasens mit dem Mund und das Schleifen von Hand noch ausgeübt wird. Das Museum in der Hütte führt Sie durch 2000 Jahre Glasgeschichte mit den ver-

Ein aussterbender Beruf

schiedenen Entwicklungsstufen sowie dem Stilempfinden vergangener Epochen. Selbstverständlich können Sie im angrenzenden Laden alles kaufen was hier hergestellt wird, vom Weinglas bis zum Christbaumschmuck. Dass jedes Teil ein Einzelstück ist verdeutlicht man Ihnen dann noch mal an der Kasse!

Von der Glashütte fahren wir zurück zur Hauptstraße, biegen dort links und nach 500 m noch einmal links und stellen unser Womo an der Festhalle ab (GPS: N 48° 17' 36.0" E 8° 13' 11.0"). Von hieraus bis zum Stadtkern ist man zwar ca. 10 min zu Fuß unterwegs, erspart sich dafür aber das lästige Parkplatz suchen. Das hübsche Städtchen am Kinzigufer kann neben dem 1681 fertiggestellten Schloss, welches eines der letzten vollständig erhaltenen Residenzen im Schwarzwald ist, noch mit einer Vielzahl schmucker **Fachwerkhäuser** glänzen. Das dominanteste Gebäude (neben dem Schloss) ist das 1892 neu aufgebaute **Rathaus**, welches mit seiner Sandsteinfassade sowie den Wandmalereien des Künstlers Eduard Trautwein besticht. Erwähnenswert ist das Heimatmuseum, welches im Schloss untergebracht ist und neben Mineralien und Zeugnissen des Bergbaus der Region noch mit volkskundlichen Präsentationen aufwarten kann.

Wolfach

Von der Festhalle fahren wir zur Durchgangsstraße zurück, biegen links ab, überqueren die Kinzig und halten uns noch einmal links. Auf dem Weg durch die Stadt bieten sich immer wieder einzelne Parkbuchten, die durchaus auch womotauglich sind, an. Nachdem wir die Kinzig erneut überquert haben geht es links auf der Straße nach BAD RIPPOLDSAU weiter.

Unser nächstes Ziel ist der idyllisch gelegene kreisrunde **Glaswaldsee**. Dazu biegen wir 2,7 km nach dem Ortsende von SCHAPBACH links ab und folgen dem schmalen Sträßlein 4,3 km bergan, immer begleitet vom Seebach und stellen unser Womo auf dem nicht ganz ebenen Wanderparkplatz ab. Unseren Augen wollen wir nicht trauen als mitten im Nirgendwo ein Parkautomat steht! Etwas verwundert stellen wir fest, dass das Parken am Waldrand hier 1,50 € pro Tag (nachts frei) kosten soll. Bei unserem Besuch war der Automat allerdings nicht funktionstüchtig, vielleicht bleibt das ja auch so.

(115) WOMO-Badeplatz: Glaswaldsee

GPS: N 48° 25' 33.0" E 8° 16' 28.0" **max. WOMOs:** 2-3
Ausstattung/Lage: keine, leicht schräg / außerorts.
Zufahrt: 2,7 km nach Schapbach links, dann noch 4,3 km.

Vor dem **Badevergnügen** muss man allerdings noch einen Spaziergang von gut 1 km, teils steil bergan, in Kauf nehmen.

WOMO-Spaziergehtipp: Glaswaldsee

Gehzeit: 1 h **Schwierigkeit:** leicht **Höhenunterschied:** 100 m
Strecke: Von unserem Parkplatz aus folgen wir der Beschilderung bergan und erreichen nach ca. 20 min den mitten im Wald gelegenen

See. Beim Umrunden des kleinen Sees finden garantiert auch Sie ein ruhiges und schattiges Plätzchen für das erfrischende und wohlverdiente Bad.

Auf halber Strecke zwischen SCHAPPACH und dem Abzweig zum Glaswaldsee (kurz nach dem Campingplatz) haben Sie die Möglichkeit in dem Wolf und Bärenpark die ehemaligen Könige des Schwarzwaldes zu bewundern (GPS: N 48° 23' 23.9" E 8° 18' 39.5").

In BAD RIPPOLDSAU biegen wir kurz nach dem Ortsanfang rechts Richtung FREUDENSTADT, wo die kurvenreiche

Eine willkommene Abkühlung auf dem Marktplatz in FREUDENSTADT

Straße immer schönere Ausblicke ermöglicht. 2,6 km nach dem Ortsende von ZWISELBERG passieren wir rechts einen Parkplatz mit Brunnen und Mülleimer (GPS: N 48° 26' 30.0" E 8° 23' 49.0").

In FREUDENSTADT halten wir uns 300 m nach dem Ortsschild rechts Richtung Zentrum, biegen 600 m weiter an der Ampel links, fahren nach weiteren 400 m rechts, rollen die 300 m bis zur nächsten Ampel, wo wir rechts Richtung Landratsamt abbiegen. Von hier aus trennen uns nur noch 300 m vom zentral gelegenen Parkplatz in der Herrenfelder Straße beim Landratsamt (GPS: N 48° 27' 44.0" E 8° 25' 04.0"). Über die Turnhallen- und Langestraße gelangen wir in weniger als 10 min zur **Fußgängerzone** und zum **Marktplatz**.

Die erst 1599 von dem württembergischen Herzog Friedrich gegründete Stadt wurde am Reißbrett in der Form eines Mühlespiels entworfen. Da Freudenstadt die neue Hauptstadt werden sollte, war im Zentrum dieses "Spieles" ein Schlossplatz mit einem mächtigen Residenzschloss geplant. Dieses wurde durch den frühen Tod des Herzogs jedoch nie gebaut. So kam die heute 23.000 Einwohner zählende Stadt zum **größten Marktplatz Deutschlands**. Der 216 m x 219 m große Platz wird durch die Durchgangsstraße in zwei Hälften geteilt. Bei der Neugestaltung des Platzes 1999 hat man u. a. eine Fläche mit 50 Wasserfontänen angelegt, die im Sommer geradezu zum Durchspazieren einlädt und je nach Windstärke und Richtung auch noch für Abkühlung sorgt.

Nach den verheerenden Zerstörungen im Zweiten Weltkrieg hat man zwischen 1949 und 1954 mit dem vorbildlichen Wiederaufbau der Stadt begonnen. Daran erinnert die Statue der

Venus am Marktplatz, die wegen der enormen Kosten des Wiederaufbaus auch gerne als "Schuldenmarie" bezeichnet wird. Die Südwestecke des Marktplatzes wird von der 1608 fertiggestellten Stadtkirche eingefasst. Die beiden Langhäuser der Kirche, von denen eines den Herren und eines den Damen zugedacht war, stoßen im rechten Winkel aufeinander. Die Inneneinrichtung des Gotteshauses ist nach dem Wiederaufbau eher schlicht ausgefallen.

Zum Erntedankfest geschmückte Stadtkirche in FREUDENSTADT

Darüber hinaus kann FREUDENSTADT seine Besucher noch mit zahlreichen Einkaufsmöglichkeiten, dem **Panoramabad** und der schönen Schwarzwaldlandschaft bei Laune halten.

Vom Landratsamt fahren wir zur Durchgangsstraße zurück, biegen dort links ab und halten uns vor der Statue der "Schuldenmarie" rechts Richtung BAIERSBRONN. Dort angekommen überqueren wir den Bahnübergang, biegen 300 m danach an der Kurapotheke (erste Apotheke) links, 200 m weiter wieder rechts ab (Beschilderung Sesselbahn), wo wir nach weiteren 900 m den großen Parkplatz am Sessellift erreichen.

(116) WOMO-Wanderparkplatz: Baiersbronn 1

GPS: N 48° 30' 02.0" E 8° 21' 54.0"; Sankenbachstr.
max. WOMOs: 3-4
Ausstattung/Lage: Mülleimer / Ortsrand.
Zufahrt: Siehe Text.

Dieser eignet sich hervorragend zum Übernachten sowie als Ausgangspunkt für unsere Wanderung. Wer sich mit einem Spaziergang zum See begnügt oder die Wanderung ganz einfach weiter außerhalb starten möchte, der lässt den Parkplatz am Sessellift links liegen und folgt der Straße noch 1,3 km nach oben zum Parkplatz beim Rotwildgehege (GPS: N 48° 29' 25.0" E 8° 21' 30.0"). Dieser ist allerdings deutlich kleiner und schräger als der beim Lift.

WOMO-Wandertipp: Sankenbachfälle

Gehzeit: 3,5 h **Schwierigkeit:** mittel **Höhenunterschied:** 300 m

Strecke: Der Wanderweg ist bereits ab dem Parkplatz mit einer **grünen Libelle** auf weisem Hintergrund beschildert. Also steigen wir Schritt für Schritt durch das wildromantische Sankenbachtal mit seiner üppigen Vegetation, vorbei an zahlreichen, kleinen Stufen, über welche sich der Sankenbach zu Tal stürzt. Den gleichnamigen romantischen **See** mit seinem Schilfgürtel und den von jungen Bäumen durchsetzten Feuchtwiesen, erreichen wir nach gut 30 Minuten. Der nach der letzten Eiszeit entstandene See ist bereits vor 3000 Jahren, als der Sankenbach die Endmoräne durchbrochen hatte, fast vollständig ausgelaufen. Erst 1981 wurde der Bereich der früheren Moräne wieder mit 12.000 m^3 Erde aufgeschüttet, und der See auf natürliche Weise wieder aufgestaut. Da der See zum Teil unter Naturschutz steht, darf nur im ausgewiesenen Dammbereich gebadet werden. Wenn Sie nun im Wasser stehen und denken ein U-Boot kommt gerade auf Sie zu, keine Sorge, es ist nur einer der Karpfen die hier dank des Angelverbotes "etwas" größer und zutraulicher werden. Wir folgen weiter der Libelle, biegen 5 min nach dem See links in den Wald, wo sich der Weg zu einem Steig verengt und sich in steilen Serpentinen nach oben schraubt, bis man wenig später die **Wasser-**

fälle erreicht hat. Hier hatte jemand die geniale Idee, ein kleines Stauwehr zwischen der ersten und zweiten Stufe des Wasserfalles einzubauen. So kann man aus der dünnen Wassersäule binnen Minuten einen rauschenden Wildbach ins Tal stürzen lassen. Dazu muss man allerdings zwei Serpentinen weiter hoch um das Wehr zu bedienen. Kleiner Wermutstropfen hierbei ist die Tatsache, dass der "Schleusenwärter" nicht viel von dem Spektakel mitbekommt. Ein Heidenspaß ist es allemal, und das nicht nur für die Kinder! Bald darauf ist die Hochfläche erreicht, wo sich der weitere Weg durch dichten Tannenwald zum Ellbachseeblick zieht. Hoch über dem Karkessel bietet sich eine großartige Aussicht auf den See und talauswärts. Über einen schmalen Steig geht es zu dem fast verlandeten See hinab und talabwärts wieder zum Ausgangspunkt an der Sesselbahn.

Dem Werbeslogan der Baiersbronner "mehr Schwarzwald gibt es nicht" kann man nach so einer Wanderung durchaus etwas abgewinnen. Dies liegt nicht zuletzt daran, dass man hier über eines der am besten ausgebauten Wandernetze des Schwarzwaldes verfügt. Ein Beispiel dafür sind die **"Baiersbronner Himmelswege"**. Das sind acht Rundwanderungen (unsere ist eine davon) mit einer Länge von 11 - 21 km durch landschaftlich besonders reizvolle Gegenden. Infomaterial und Karten zu den Wanderungen mit den klangvollen Namen wie Naturgewalten- oder Romantiktour erhalten in der Touristeninfo am Bahnhof.

BAIERSBRONN kann allerdings nicht nur mit sauberer Luft und einer grandiosen Landschaft, sondern darüber hinaus auch noch mit einer hervorragenden Gastronomie die Gunst der Reisenden für sich gewinnen. Die drei Köche der **Gourmet-Tempel** "Schwarzwaldstube", "Bareiss" und "Schlossberg" lassen zusammen insgesamt sechs kulinarische Sterne am Himmel von BAIERSBRONN erstrahlen. Das dürfte für einen Ort dieser Größe wohl einmalig sein. Also, wenn Sie mal keine Lust haben selbst zu kochen, die Herren Wohlfahrt, Lumpp und Sackmann übernehmen das gerne für Sie.

Am nächsten Tag rollen wir zur Durchgangsstraße zurück, fahren dort links, wo es kurz darauf an der Ampel rechts zum kostenpflichtigen und nicht ganz ruhigen Stellplatz mit **Entsorgungsstation** geht.

(117) WOMO-Stellplatz: Baiersbronn 2

GPS: N 48° 30' 37.0" E 8° 22' 21.0"; Neumühleweg.
Ausstattung/Lage: Ver-/Entsorgung / zentrumsnah. **max. WOMOs:** 3-4
Gebührenpflichtig! **Zufahrt:** Siehe Text.

Wir fahren an der Ampel noch ein Stück geradeaus und verlassen den Kreisverkehr an der ersten Ausfahrt Richtung KLOSTERREICHENBACH. Hier biegen wir direkt nach der Kirche rechts, und parken direkt hinter der Klostermauer auf einem ebenen Parkplatz hinter der ehemaligen **Klosterkirche** (**118:** N 48° 31' 34.0" E 8° 24' 06.0"). Die zweitürmige romanische Kirche, deren Ursprung in das Jahr der Klostergründung 1082 zurückgeht, überrascht uns beim Betreten ein wenig. Ganz anders als andere Klosterkirchen ist diese - wenn man überhaupt von einer Innenausstattung sprechen kann - äußerst spärlich ausgestattet, so dass man glauben könnte, der Bildersturm wäre erst ein paar Tage her. Dennoch strahlt der Ort eine gewisse Ruhe und Geborgenheit aus, und vielleicht ist es ja gerade die fehlende Ausstattung, die es einem erlaubt sich schneller auf das Wesentliche zu konzentrieren.

Den Parkplatz an der Kirche verlassen wir nach rechts über die Einbahnstraße und schwenken an der ersten Kreuzung rechtsblinkend auf die Musbacher Straße ein. Nun schlängeln wir uns den Berg hinauf bis zur B294, biegen dort links und kurz darauf wieder rechts Richtung IGELSBERG ab. Wir durch-

Abendstimmung am Stausee

So sieht der Stausee aus wenn die Staumauer gewartet wird

queren den Ort, fahren am Ende der Straße rechts Richtung **Nagoldtalsperre** / ERZGRUBE und rollen 1,1 km nach dem Ortsende rechts auf dem großen Parkplatz gegenüber dem See aus.

(119) WOMO-Badeplatz: Nagoldtalsperre

GPS: N 48° 33' 04.0" E 8° 29' 39.0"
max. WOMOs: 4-5
Ausstattung/Lage: Mülleimer, Toilette, Entsorgung / außerorts.
Zufahrt: 1,1 km nach dem Ortsende von ERZGRUBE rechts der Straße.

Der langgezogene, ja fast schon fjordartig in die Landschaft eingebettete See mit seinem klaren Wasser ist im Sommer fest in der Hand der Wassersportler und "Baderatten". Hier hat man zwischen 1965 - 1970 die Nagold zu zwei hintereinander geschalteten Rückhaltebecken aufgestaut, so dass eine Seenlandschaft von insgesamt gut 3 km Länge entstand. Ein guter Zugang zum See befindet sich gegenüber der Ausfahrt unseres Parkplatzes, so dass dem ungetrübten **Badespass** nun nichts mehr im Wege steht. Es sei denn man hat das Wasser abgelassen, wie bei unserem letzten Besuch

(2009)! Besonders reizvoll zeigt sich der See in der Abenddämmerung, wenn sich die am Ufer aufragenden Bäumen auf der Wasseroberfläche spiegeln und die untergehende Sonne mit den letzten Strahlen das Ganze in ein besonderes Licht rückt. Deshalb beschließen wir auch noch, den See in einem abendlichen Spaziergang zu umrunden.

WOMO-Spaziergehtipp: Nagoldtalsperre

Gehzeit: 1,5 h **Schwierigkeit:** leicht **Höhenunterschied:** <50
Strecke: Entlang der Straße machen wir uns auf, den See im Uhrzeigersinn zu umrunden. Dabei überqueren wir die Holzbrücke an der Verbindung der beiden Staubecken und halten uns danach rechts, wo das Ufer wieder den Weg weist. Hier, auf der auto- und motorradfreien Seeseite, laden die vielen aussichtsreichen Plätzchen zum Verweilen ein. Über die Staumauer und dann am See entlang spazieren wir zum Womo zurück und lassen den Abend ausklingen.

Zurück in ERZGRUBE, verlassen wir den Kreisverkehr an der zweiten Ausfahrt nach BESENFELD, biegen dort rechts Richtung PFORZHEIM ab und folgen 2,6 km nach Ortsende dem Wegweiser ENZKLÖSTERLE nach links. Gut 3 km weiter, in POPPELTAL, biegen wir erneut links ab und rollen die 400 m zum übernachtungstauglichen Parkplatz bei der **"Riesenrutsche"**.

(120) WOMO-Stellplatz: Poppeltal (Riesenrutsche)

GPS: N 48° 37' 36.0" E 8° 26' 18.0" **max. WOMOs:** 2-3
Ausstattung/Lage: Biergarten / Ortsrand.
Zufahrt: Siehe Text.

Mit einer Länge von gut 600 m darf man die Sommerrodelbahn durchaus als "Riesenrutsche" bezeichnen. Hier werden Sie auf einem Bob sitzend in 4 min den Berg hinaufgezogen, wobei Sie das phantastische Bergpanorama genießen können, bevor es rasant nach unten geht. Die Geschwindigkeit können Sie natürlich selbst bestimmen. Den Rodelspaß können Sie von Anfang April bis Ende Oktober täglich von 10.00 - 20.00 Uhr genießen.

Wieder an der Durchgangsstraße durchqueren wir ENZKLÖSTERLE, und biegen kurz nach NONNENMISS links Richtung KALTENBRONN ab. Hier angekommen, rollen wir 500 m nach dem Ortsanfang (kleines grünes Schild) rechts auf den Wanderparkplatz "F", welcher uns als Ausgangspunkt für unsere Wanderung ins **Wildseemoor** dient (GPS: N 48° 42' 27.0" E 8° 25' 48.0").

Die Einzigartigkeit der bei KALTENBRONN in den letzten 10.000 Jahren entstandene Landschaft aus Hoch- und Waldmooren, Karen und Blockhalden erkannte man bereits 1928 und erklärte das Wildseemoor zum Bannwald (dem Urwald von morgen). In den Jahren 1939 und 1940 wurden dann die Naturschutzgebiete Wildseemoor und Hohenlohsee eingerichtet. Da die steigenden Besucherzahlen eine immer höher werdende Gefahr für die Moore darstellten, hat man im Jahr 2000 ein attraktives Rundwegkonzept entwickelt. Auf einem dieser Wege machen wir uns jetzt auf, das Moor zu erkunden.

WOMO-Wandertipp: Wildseemoor

Gehzeit: 2 h **Schwierigkeit:** mittel **Höhenunterschied:** <100 m

Strecke: Vom Parkplatz "F" aus laufen wir in östlicher Richtung parallel zur Straße, biegen am Wildgehege halblinks ab und folgen dem Weg bergan. Vorbei an der Schutzhütte, überqueren wir die Kreuzung und folgen weiter der roten Raute mit dem weißen Balken. Während wir im Uhrzeigersinn weiter entlang des Naturschutzgebietes weiterlaufen, bietet uns der Bannwald zu unserer rechten einen etwas ungewöhnlichen Anblick. Der Borkenkäfer, der sich hier ungestört vermeh-

ren kann, hat für einen erheblichen Anteil an Totholz gesorgt, was dem Besucher den Eindruck vom "Waldsterben" vermittelt. Schaut man allerdings etwas genauer hin, so entdeckt man zwischen all dem toten Holz jede Menge junger Bäume, die sich alle um den besten Platz an der Sonne bemühen. Über den ewigen Kreislauf von Leben und Sterben philosophierend, verpassen wir beinahe den unscheinbaren Abzweig zum Aussichtspunkt "Altlochkar-Blick" (kurz nachdem der Weg Richtung Südost abknickt). Hier genießen wir die schöne Aussicht in aller Ruhe und zwar in der original Schwarzwälder Hollywoodschaukel. Kurz vor der Weißensteinhütte biegen wir auf den nach rechts abzweigenden steinigen Pfad ab, der zum Wildsee führt. Der Pfad führt größtenteils auf Holzbohlen mitten durch das Moor mit all seinen typischen Pflanzen wie Torfmoose oder Wollgräser. Wäre der hölzerne Weg nicht ganz so breit und die Stechmücken etwas zahlreicher, man würde den Unterschied zu Schweden kaum merken. Wenig später erreichen wir den idyllisch und friedlich daliegenden Wildsee, auf dem die Zeit stehengeblieben zu sein scheint. Einzig eine Entenmutter mit ihrer Schar durchpflügt die spiegelglatte Wasserfläche. Mit reichlich Gegenverkehr poltern wir über die Bohlen bis zum breiten Sandweg, der uns zu unserem Womo zurückführt.

Sollte der Parkplatz "F" bereits belegt sein, dann fahren Sie einfach 100 m weiter und stellen Ihr Womo auf den nächsten Parkplatz (direkt in nach Kurve) mit dem klangvollen Namen "E" ab. Dieser ist etwas größer und ebener, so dass wir ihm das Prädikat "übernachtungstauglich" verleihen und dies gleich selbst testen.

(121) WOMO-Wanderparkplatz: Kaltenbronn "E"

GPS: N 48° 42' 26.0" E 8° 25' 40.0" **max. WOMOs:** 3-4
Ausstattung/Lage: keine / außerorts.
Zufahrt: 100 m nach dem letzten (in der Kurve).

In diesem **hervorragenden Wandergebiet** hat man nicht nur zahlreiche umweltverträgliche Wanderwege angelegt, nein, man hat ausnahmsweise auch daran gedacht, dass die Scharen von Wanderern doch meistens mit dem PKW bzw. Womo anreisen. So erreichen wir keine 500 m weiter bereits den nächsten, etwas von der Straße abgelegenen Parkplatz der sich gleichermaßen für eine Übernachtung anbietet und mit dem Buchstaben "D" versehen ist.

Morgenstimmung im Hochmoor

(122) WOMO-Wanderparkplatz: Kaltenbronn "D"

GPS: N 48° 42' 38.0" E 8° 25' 56.0" **max. WOMOs:** 2-3
Ausstattung/Lage: keine / außerorts.
Zufahrt: 500 m nach dem letzten rechts.

Dass der nächste Parkplatz, den wir nach gut 600 m (auf der Passhöhe) auf der linken Seite erreichen und in unsere Sammlung aufnehmen sich mit dem Buchstaben "C" schmückt, dürfte nun auch niemanden mehr überraschen, wohl aber dessen Größe. Hier kann man sich die Entfernung zur Straße schon beinahe beliebig aussuchen, was zwangsläufig aber auch auf eine hohe Besucherzahl schließen lässt.

Die Dimensionen des Parkplatzes hängen neben den zahlreichen Wandermöglichkeiten auch noch mit dem in Sichtweite stehenden **Kaiser-Wilhelm-Turm**, der eine fantastische Aus-

sicht bietet, zusammen. Den Spaziergang zum Aussichtsturm kann man mit einem Abstecher zum **Hohenlohsee** gut zum Rundweg ausbauen (ca. 3 km).

(123) WOMO-Wanderparkplatz: Kaltenbronn "C"

GPS: N 48° 42' 46.0" E 8° 25' 22.0" **max. WOMOs:** >5
Ausstattung/Lage: keine / außerorts.
Zufahrt: 600 m nach dem letzten, auf der Passhöhe links.

Bei der Weiterfahrt nach GERNSBACH sollten Sie knapp 1,5 km nach dem Parkplatz "C" den Parkstreifen links der Straße für einen **Fotostopp** nutzen. Der Blick ins Reichental ist überwältigend und zudem einer der letzten dieser "Kategorie" auf unserer Tour durch den Schwarzwald. Von hier aus kurven wir den Berg hinunter, überqueren in HILPERTSAU die Bahngleise und fahren zwischen Gleisen und Fluss bis zur Ampelanlage vor. Hier biegen wir links, überqueren die Murg, fahren gleich nach der Brücke rechts, wo wir dem Flusslauf folgen und 400 m nach dem Ortsanfang von GERNSBACH auf den Stellplatz rechts der Straße rollen.

(124) WOMO-Stellplatz: Gernsbach

GPS: N 48° 45' 34.0" E 8° 20' 21.0"; Klingelstraße.**max. WOMOs:** 2-3
Ausstattung/Lage: Toilette, Entsorgung / zentrumsnah.
Gebühr! **Zufahrt:** Siehe Text.

Einen weiteren wesentlich größeren Parkplatz erreichen wir indem wir an unserem Stellplatz vorbeifahren, 500 m weiter rechts abbiegen, die Murg überqueren und nach der Brücke nochmals rechts fahren. 200 m weiter geht es zur Abwechs-

Schloss Eberstein

lung mal links, gleich darauf (noch vor dem Bahnübergang) wieder links, wo wir die verbleibenden 100 m zum Parkplatz beim Rathaus rollen (GPS: N 48° 45' 48.0" E 8° 20' 19.0"). Dieser Parkplatz taugt allerdings nicht zur Übernachtung.

Wir beschließen die Stadterkundung von unserem ersten Stellplatz aus anzugehen und wollen uns zuerst den **Katz'schen Garten** vornehmen. Dazu überqueren wir die Murg und folgen dem Flusslauf bzw. der Bleichstraße ca. 5 Minuten in nördlicher Richtung. Der von der Familie Katz bereits Anfang des 19. Jh. angelegte Garten ist ein botanisches Kleinod. Mit blühenden Bananenstauden, verschiedenen Palmen, Säulenzypressen, Passionsblumen oder zweimal im Jahr tragende Feigenbäumen, findet man ähnliche Gartenanlagen erst an den oberitalienischen Seen wieder. Das Zusammenspiel der exotischen Pflanzen und den Skulpturen des Barockgartens verleiht der Anlage ein ganz besonders Flair.

Darüber hinaus sind das "Alte Rathaus", die Turmgasse, der Storchenturm sowie die Liebfrauenkirche gern besuchte Ziele in GERNSBACH.

Zurück am Womo wollen wir noch einmal hoch hinaus, was in unserem Fall einen Abstecher zum Schloss Eberstein bedeutet. Also fahren wir gleich nach dem Übernachtungsplatz links und schlängeln uns die 1,9 km den Berg hinauf.

Hier steht auf einer Felsnase, 130 m über der Murg, das Wahrzeichen des Murgtals, das **Schloss Eberstein**. Nicht zu verwechseln mit der Stammburg der Ebersteiner welche bei BADEN-BADEN steht!

Die ursprünglich als Burg gebaute Anlage wird 1272 erstmals urkundlich erwähnt und im Laufe der Jahrhunderte mehrmals

Turmgasse in GERNSBACH

umgebaut. Ihr heutiges Aussehen erhielt das Schloss erst im 19. Jahrhundert. Seit dem Jahr 2000 befindet sich das Schloss in Privatbesitz, so dass leider keine Führungen mehr angeboten werden. Allein in der Burgschenke, die dem Ruf eines Gourmetrestaurants gerecht wird, sind Sie willkommen.

Da wir heute Wachteleier schon zum Frühstück hatten, be-

GERNSBACH

schließen wir hier keinen Stopp einzulegen und brummen auf der schmalen Straße noch gut 5 km weiter bis zur Straßengabelung. Hier fahren wir links Richtung BADEN-BADEN und biegen gleich danach noch einmal links auf den Wanderparkplatz mit dem klangvollen Namen "Nachtigall".

(125) WOMO-Stellplatz: Gernsbach "Nachtigall"

GPS: N 48° 44' 47.0" E 8° 18' 03.0" **max. WOMOs:** 2-3
Ausstattung/Lage: Mülleimer, Gaststätte gegenüber / außerorts.
Zufahrt: Von Schloss Eberstein kommend an der Gabelung zweimal links.

Das war er nun, der letzte freie Stellplatz in diesem kleinen Büchlein. Wir hoffen, dass wir Ihnen den Schwarzwald, den Oberrhein mit seine warmen Badeseen sowie den Bodensee ein wenig näher bringen konnten. Was wir versucht haben, war der Spagat, Sie zu vielen unbekannten und natürlich auch den bekannten Zielen der Regionen zu führen und dabei die Touristenströme so gut es geht zu umgehen. Zu beurteilen, wie gut uns dies gelungen ist, liegt allein bei Ihnen.

Nach BADEN-BADEN und somit zur A5 ist es von hier aus nur noch einen Katzensprung. Aber vielleicht haben Sie ja noch jede Menge Zeit und noch überhaupt keine Lust wieder nach Hause zu fahren!? Nun, für diesen Fall können wir Ihnen noch folgende Reiseführer, welche die "Nachbargebiete" abdecken, nahe legen:

"Mit dem Wohnmobil ins Elsass", "Mit dem Wohnmobil in die Schweiz", "Mit dem Wohnmobil ins Schwabenländle" sowie "Mit dem Wohnmobil nach Österreich".

Dass diese ebenfalls beim WOMO-Verlag erhältlich sind, versteht sich von selbst.

Nun bleibt uns nur noch, Ihnen eine gute Heimfahrt zu wünschen.

Vielleicht treffen wir Sie ja mal beim Studieren des blauen Büchleins auf einem unserer Stellplätze an!?

TIPPS von A - Z alphabetisch geordnet

Adressen

Wir hoffen, Ihnen mit unserem Büchlein einen guten Überblick über die Ferienregionen Schwarzwald, Oberrheingraben und Bodensee geben zu können. Da unser Womo-Führer - anders wie Baedeker und Co - mit Sicherheit auch das ein oder andere interessante Städtchen auslassen muss und natürlich teilweise nur oberflächlich informieren kann, finden Sie unter dem Stichwort Literatur noch Empfehlungen namhafter Reiselektüre.
Die Touristeninfos der einzelnen Städten und Gemeinden freuen sich ebenfalls auf Ihren Besuch direkt vor Ort oder auf der jeweiligen Homepage.
Wir haben die Anschriften einiger überregionalen Informationsstellen aufgelistet, welche Ihnen gerne Prospektmaterial zur Urlaubsplanung zukommen lassen.

Schwarzwald:
Touristik Nördlicher Schwarzwald e.V.
Postfach 10 06 66; 75172 Pforzheim
Tel.: (07231) 14738-0
www.nördlicher-schwarzwald.de

Tourismus Mittlerer Schwarzwald
Schwenninger Straße 3; 78048 Villingen-Schwenningen
Tel.: (07721) 846410
www.schwarzwald-tourismus.com

Tourismus Südlicher Schwarzwald e.V.
Stadtstraße 2; 79104 Freiburg im Breisgau
Tel.: (0761) 2187304
www.schwarzwald-sued.de

Bodensee:
Internationale Bodensee-Tourismus GmbH
Hafenstraße 6; 78465 Konstanz
Tel.: (07531) 909490
www.bodensee-tourismus.com

Tourismus Untersee e.V.
Im Kohlgarten 2; 78343 Gaienhofen
Tel.: (07735) 919045
www.tourismus-untersee.de

Autogas:
Biberach - Waldseer Str. 107 (Agip)
Bonndorf - Lenzkircher Str. 3 (bft)
Bräunlingen - Hüfinger Str. 13 (Autohaus Hofheinz)
Emmendingen / Kollmarsreute - Hauptstr. 72a (Ortlieb & Schuler)
Endingen - Königschaffhauser Str. 14 (Auothaus Rosswog)
Freiburg / St. Georgen - Basler Landstr. 120 (Esso)
Freiburg, Industriegebiet Nord - Engesserstr. 13 (Extrol)
Freudenstadt - Stuttgarter Str. 109 (Oest)
Konstanz / Wollmatingen - Radolfzeller Str. 84 (bft)
Lörrach - Wiesentalstr. 62 (GWT)
Oberwolfach - Allmendstr. 15 (Sum Automobile)
Offenburg - In der Lieste 9 (Autohaus Ortenau)
Staufen - Am Gaisgraben 13 (Autohaus Sutter)
Triberg - Gerwigstr. 12b (Autohaus Kübler)
Überlingen - Abigstr.5 (Evi's AutoGas)

Anreise

Da unsere Startpunkte sowohl für die Schwarzwald- als auch für die Bodenseetouren in Deutschland liegen, haben wir hier auf detaillierte Anreisestrecken verzichtet, zumal die Regionen sowohl über die Autobahn als auch über Bundesstraßen gut zu erreichen sind.
Versuchen Sie jedoch im Sommer eine Anreise am ersten Ferienwochenende von Baden Württemberg zu vermeiden, da die Strecken in Richtung Süden und somit gerade auch in der Bodenseeregion heillos überfüllt sind. Sollte Ihre voraussichtliche Ankunftszeit in Baden-Baden auf den Abend fallen, können wir den Stellplatz am Aumattstadion empfehlen, welcher einigermaßen ruhig und gut zu finden ist (siehe Tour 1).
Unser Leitspruch für die kostbarsten Wochen des Jahres lautet: der Urlaub beginnt vor der Haustür! Nehmen Sie sich es zu Herzen und reisen entspannt an. Keine Fähre muss erreicht werden, keine Mautstation nervt, die Straßenschilder sind verständlich und bekannt, da kommt es auf ein paar Minuten bestimmt nicht an. Das alles spricht für einen guten und gelungenen Urlaubsstart ohne Stress, oder?

Baden

Für Sie gehört ein entspannter Nachmittag mit Baden, Sonnen und Relaxen auf jeden Fall zu einem gelungenen Urlaub? Für uns unbedingt und darum haben wir versucht, so viele Badeplätze wie möglich zu finden. In jeder Tour können wir Ihnen ein schönes Plätzchen zeigen, wo es sich herrlich planschen lässt. Unsere Highlights sind in diesen Punkt die Badetour am Rhein und die Strandbäder am Bodensee, aber auch auf den Schwarzwaldtouren gibt es genug Gelegenheit zum Schwimmen und Sonnenbaden.
Natürlich können die Seen im Schwarzwald nicht immer mit Badewannentemperaturen dienen, aber in den Baggerseen am Rhein kann man durchaus schon Ende Mai den Sprung ins "kühle" Nass wagen.
In der kälteren Jahreszeit bieten die zahlreichen Hallen- und Thermalbäder eine gute Alternative und sollte Ihnen das Wasser in den Seen doch zu kühl sein: Schwimmbäder gibt es zur Genüge!

Bergbau

Erz- und Mineralgänge im Schwarzwald entstanden größtenteils in der hypothermalen Phase während des Erstarrunsprozesses der magmatischen Schmelze. Der Bergbau hatte seine erste Blütezeit im Mittelalter, wo hauptsächlich nach Silber geschürft wurde. Während des 18. Jh. gab es eine zweite Hochzeit, es waren damals die Kobalterze im Kinzig-Gebiet von Interesse. Heute ist der Bergbau komplett eingestellt, jedoch zeugen viele Besucherbergwerke von dem einstmals regen Wirtschaftszweig. Die Medizin macht sich die alten Stollen ebenfalls zu Nutze, denn besonders Asthmatikern bekommt das Klima im Berg.
Neugier geweckt? Hier eine Auswahl der Bergwerke, welche saisonal Führungen anbieten:

Freudenstadt	- historisches Silberbergwerk
Münstertal	- Silberbergwerk "Teufelsgrund"
Schauinsland	- Museumsbergwerk Schauinsland
Todtmoos	- Schaubergwerk "Hoffnungsstollen"
Wieden	- Flussspat-Bergwerk "Finstergrund"
Waldkirch	- Silberbergwerk "Grube Erich"

Campingplätze

Freies Übernachten auf einsamen Waldparkplätzen ist nichts für Sie? Na-

türlich gibt es entlang unserer Touren (egal ob am Rhein, im Schwarzwald oder am Bodensee) immer die Möglichkeit, auf Campingplätzen zu Übernachten. Der Womo-Verlag und seine Autoren aber haben es sich zur Aufgabe gemacht, abseits dieser Einrichtungen ruhige und möglichst kostenfreie Übernachtungsmöglichkeiten zu finden und darum liegt auch unser Hauptaugenmerk auf der Beschreibung solcher Plätze. Nichtsdestotrotz haben wir auf unseren Karten Campingplätze für Sie aufgeführt, um einen Überblick zu verschaffen. Diese Auflistung ist keinesfalls komplett und enthält keine Wertung über Qualität und Ausstattung des Platzes. Sollten Sie die Übernachtung auf einem Campingplatz favorisieren, haben Sie sich mit Sicherheit schon mit einem entsprechenden Nachschlagewerk - z. B. dem ADAC-Campingplatzführer - ausgestattet.
Die kostenlose Broschüre (Schwarzwald Camping und Caravan) bietet eine Auswahl von Plätzen an, zu beziehen über den Info-und Prospektservice Schwarzwald (Tel.: 01805/661224)

Dialekt

"Wir können alles - außer Hochdeutsch" lautet der Werbeslogan des Landes Baden-Württemberg. Zugegeben, wer nicht aus dem Süden Deutschlands stammt, kann unter Umständen bei einem Gespräch unter Einheimischen nur Bahnhof verstehen.
Der nördliche Zipfel des Schwarzwaldes ist fest in schwäbischer Hand, der badische Teil ist von der alemannischen Aussprache geprägt. Je näher wir in Richtung Schweizer Grenze kommen, desto "kratziger" wird die Sprache und so manch einer wird sich fragen, ob hier wohl alle Leute Halsschmerzen haben. Müßig wäre es, hier eine Auflistung Schwäbisch/Badisch-Hochdeutsch oder ähnliches zu bringen. Unter dem Stichwort Gastronomie haben wir allerdings einige Begriffe aus den Speisekarten der Restaurants für Sie "übersetzt". Und keine Angst, so eine bisschen Hochdeutsch können auch die Süddeutschen - Ehrenwort.

Energieversorgung

Gas:
Hier in heimischen Gefilden ist der Umtausch der grauen 5 oder 11 kg Flaschen kein Problem, da mittlerweile fast jeder Baumarkt, Tankstelle, Camping- und Autozubehörhandel die Flaschen bevorratet.
Die Frage, wie lange der Gasvorrat ausreicht, hängt von vielen Faktoren ab und ist nicht pauschal zu beantworten. Wer es nicht ganz genau wissen muss, der kann davon ausgehen, dass eine 11 kg Flasche im Sommer nach ca. 3 Wochen und im Winter ca. 3 Tagen leer ist (ausgehend von einem zwei Personen "Haushalt"). Den Strategen unter uns wird diese grobe Einschätzung voraussichtlich nicht ausreichen, auch kein Problem. Auf dem Typenschild oder in den technischen Unterlagen jedes Gerätes sind die Verbrauchswerte (meist in g/h) angegeben, so dass jeder seinen ganz individuellen Gasbedarf ermitteln kann. Dabei werden Sie dann auch feststellen, dass die Heizung mit Abstand der größte Energiefresser ist.
Wir haben uns angewöhnt, immer zwei Gasflaschen mitzunehmen und nach dem Anschließen der Reserveflasche die leere gleich wieder umzutauschen, so dass wir nie in "Gasnot" kommen. Womofahrer, die über einen eingebauten Gastank oder eine Tankflasche verfügen, finden ein immer dichter werdendes Netz von Autogas-Tankstellen vor, so dass auch hier die Versorgung gewährleistet ist (siehe auch unter Adressen).

Strom:
Beim Thema Strom scheiden sich die Geister und es freut sich der Fachhandel. Da werden für horrende Summen Solaranlagen, Brennstoffzellen

oder ganz und gar unromantische Notstromaggregate angeboten. Wenn Sie einen Kompressorkühlschrank besitzen oder wochenlang autark stehen wollen, werden Sie um eine dieser Investitionen natürlich nicht herumkommen. Der "Durchschnittswohnmobilist", der samt seinem Absorberkühlschrank nach zwei bis drei Tagen wieder weiterzieht, kann in aller Regel auf diese Stromquellen verzichten. Eine Wohnraumbatterie (vorzugsweise eine Gelbatterie) mit einer Kapazität von 90 Ah versorgt Sie - selbst im Winter - gut und gerne zwei bis drei Tage mit Strom. Das aber auch nur dann, wenn Sie auf den Fernseher und die Festbeleuchtung mittels Halogenstrahler verzichten können. Dabei muss natürlich niemand im Dunkeln sitzen. Die meisten Halogenstrahler können durch LED-Strahler - die mittlerweile ein durchaus angenehmes Licht abstrahlen - ersetzt werden. Sollten Sie nicht auf Laptop, Fernseher und Co. verzichten wollen oder können, sind Sie mit einer Solaranlage natürlich immer gut bedient. Bei der Ermittlung Ihres individuellen Strombedarfs können Sie genau gleich vorgehen wie beim Gasbedarf.

Entsorgungsmöglichkeiten / Toilette

Das Wohnmobil ist heutzutage die perfekt ausgestattete, rollende Zweitwohnung und nicht nur eine behelfsmäßige Übernachtungsmöglichkeit. Die Nasszelle mit Dusche und vor allem auch mit der Toilette hat mit Sicherheit einen nicht unwesentlichen Anteil an dem Gefühl des "Luxuscampens".
Aber genau deshalb besteht auch häufig Bedarf an einer Entsorgungsmöglichkeit für den Abwassertank und die Campingtoilette.
Auf unseren Touren haben wir für Sie nach genau diesen Stationen gesucht und sie in unseren Karten und Texten beschrieben, so dass mit Sicherheit kein Entsorgungsnotstand herrschen wird. Es besteht also keinerlei Veranlassung, den Inhalt der Bordtoilette hinter den nächsten Baum zu kippen! Das Leeren des Tanks und des WC kostet an den Entsorgungsstationen nur wenige Euro oder manchmal auch gar nichts, und geht schnell und sauber vonstatten. Also helfen Sie bitte mit, den guten Ruf der Womofahrer weiterhin aufrecht zu erhalten und benutzen Sie diese Einrichtungen.
Sollte der Fäkaltank doch einmal zu schnell voll sein, wir haben auch jede Menge öffentlicher Toiletten für Sie vermerkt. So kann man selbstverständlich seine Hinterlassenschaften auch dort sauber entsorgen. Auch ist es sicher eine Überlegung wert, ob man nicht - wann immer es sich anbietet - seine "Geschäfte" nicht gleich hier erledigen soll. Das erspart einem mit Sicherheit die eine oder andere Leerung der Campingtoilette.
Ähnlich verhält es sich mit dem Abwassertank, den man nicht auf dem nächsten Picknickplatz leert sondern an den Entsorgungsstationen! Wir haben übrigens immer ein ca. zwei Meter langes, passendes Stück Schlauch dabei, mit dessen Hilfe wir gegebenenfalls das Abwasser besser in die entsprechende Entsorgungseinrichtung leiten können. Das Ablassen auf Ödland oder über dem nächsten Gullideckel würde der Natur zwar kaum Schaden zufügen, ist aber verboten!
Heftige Diskussionen unter Womofahrern löst auch immer das Thema Sanitärflüssigkeit für die Toilette aus. Ist es überhaupt nötig, wenn ja, was soll man am besten verwenden?
Umweltbewusste entscheiden sich dafür, keine Zusätze zu verwenden und leisten sich evtl. eine SOG-Toilettenentlüftung, welche mit Hilfe eines Schlauches und eines kleinen Elektrolüfters die unangenehmen Düfte nach draußen leitet.
Schmierseife, Oranex aus dem Bio-Laden oder mit etwas Wasser verdünnte Essigessenz sind weitere Alternativen.
Soll es doch die chemische Variante sein, beachten sie bitte genauestens die Dosierungsanleitung. Es gilt der Grundsatz erst einmal nur für die Hälfte des Fassungsvermögens zu dosieren. Wenn man dann schon an einer

Entsorgungsstation halt macht, leert man nicht unnötig die Hälfte der teuren Chemie in den Abfluss. Nachdosieren kann man bei Bedarf immer!

Fahrzeug

Bevor wir in den Urlaub starten, müssen wir unserem treuen Gefährt noch etwas Aufmerksamkeit widmen. Schließlich ist es nicht unser Ziel, die schönste Zeit des Jahres in der Autowerkstatt oder mit der Suche nach einem Zubehörhandel zu verbringen.
Unser Schnaufi ist gut bestückt mit solchen Zubehör, welches unter Umständen zur schnellen Selbsthilfe benötigt wird.
Mit an Bord ist immer:

- ein vollständiger Satz Glühbirnen
- Abschleppseil / Abschleppstange
- Schneeketten (von Oktober bis Ende April)
- Ersatzscheibenwischer
- Klappspaten
- Ersatzsicherungen aller benötigter Ampèrezahlen
- Gewebeklebeband
- kleine Tauchpumpe als Notlösung, wenn die Pumpe für den Wassertank streikt
- Sicherheitswesten
- Taschenlampe plus Batterien
- Warndreieck
- Wagenheber (vorher ausprobieren!)
- Werkzeugkoffer für kleinere Reparaturen
- 1-2 l Motoröl
- **gefüllter** Reservekanister!

Seit einem unfreiwilligen Stopp aufgrund eines leeren Tanks auf dem Pannenstreifen der A81 bestehe ich darauf.
Ein Kundendienst ist vor der Urlaubsfahrt sinnvoll, ebenso muss die Gültigkeit von TÜV, ASU und Gasprüfung kontrolliert werden. Beim Volltanken vor Fahrtantritt den Luftdruck der Reifen überprüfen (Reserverad nicht vergessen!)

Flora und Fauna

Der Bodensee und seine Pflanzenwelt

Der Naturraum Bodensee ist sehr vielfältig. Trotz der dichten Besiedlung und der doch sehr ausgeprägten landwirtschaftlichen Nutzung (Gartenbau, Land- und Forstwirtschaft) gibt es noch zahlreiche Naturrefugien, in denen man eine artenreiche Tier- und Pflanzenwelt bewundern kann.
In unmittelbarer Ufernähe gedeiht Schilfrohr, Seegras, Seggen bzw. Riedgras und Pfeifengras.
Etwas weiter landeinwärts findet man Feuchtigkeit liebende Buchen, Weiden, Pappeln, Erlen, Birken und sogar Kreuzdorn. Im Wollmatinger Ried fühlen sich Lungenenzian und Knabenkraut wohl, und das Eriskircher Ried ist bekannt für seine Irisblüte (Mai-Juni).
Im Gebirge findet man zahlreiche Laub- und Nadelbäume, darunter vor allem Buchen, Eichen, Erlen, Eschen, Fichten und Kiefern. Je höher man hinaufkommt, um so kleinwüchsiger werden die Bäume und desto häufiger treten die Nadelbäume in den Vordergrund. Anemonen, Mehlprimeln, gelber und blauer Enzian, Eisenhut, Alpenrosen, Silberdisteln und Türkenbund sind hier die typischen Gebirgspflanzen, auch Orchideen und Sonnenhut kann man finden.

Der Bodensee und seine Tierwelt

Im See sowie in den Flüssen sind etliche Fischarten heimisch. Sie werden

heute allerdings oft in Fischbrutanstalten herangezogen und später ausgesetzt. Am bekanntesten sind wohl die Felchen, aber auch Forellen, Saibling, Brasse, Barbe, Trüsche, Hecht und Aale fühlen sich hier wohl. Im Mindelsee hat man schon bis zu 2 m lange und 60 kg schwere Welse gefangen. Auf unser Tauchgängen haben wir auch schon Bekanntschaft mit den Bodenseekrebsen gemacht (besonders zahlreich in Meersburg).
In den Feuchtgebieten am Bodensee brüten Wasser- und Watvögel. Der aufmerksame Besucher kann Brachvögel, Kolbenenten, Haubentaucher, Singschwäne und Seeschwalben beobachten. Die Weißkopf- und Lachmöwen folgen den Ausflugsschiffen und im Schilf schimpfen die Rohrspatzen. Immer mehr Graureiher und Kormorane konkurrieren mit den Hobbyanglern.
In den Moor- und Riedflächen sind die Enten und Schwäne zu Hause und Weißstörche machen Jagd auf Frösche. Aber auch Weihe, Milan und Waldohreule wollen ein Teil der Beute abhaben.
Im Gestrüpp kommen relativ zahlreich Ringelnattern und vereinzelt auch Kreuzottern vor. In den Wäldern sind alle "gängigen" Säugetiere wie z. B. Reh, Hase, Igel und sogar der Siebenschläfer heimisch aber Dachse, Füchse, Uhus sowie Wanderfalken machen Ihnen das Leben nicht leicht.
In den schwerer zugänglichen Berggebieten lebt noch viel Rot- und Schwarzwild, in den Gebirgsregionen auch Gämsen und Murmeltiere.

Der Schwarzwald und seine Pflanzenwelt
Der Schwarzwald ist Deutschlands größtes Waldgebiet. Von den 6000 km² sind heute zwei Drittel bewaldet, wobei der Baumbestand von Nord nach Süd abnimmt. Der Norden weist mehr Nadelhölzer (87%) und weniger Laubbäume (13%) als der Süden auf (73% Nadel- 27% Laubwald).
Es dominiert Fichte gefolgt von Tanne und Kiefer. Bei den Laubbäumen steht die Buche an erster Stelle. Eiche, Esche, Bergahorn, Hainbuche und Vogelkirsche findet man nur an den Randzonen des Schwarzwaldes.
Seit der letzten Eiszeit hat die Region einen erstaunlichen Wandel erfahren.
Von einer Strauchtundra aus entwickelte sich ein geschlossener Laubwald in den Randbereichen und einem Tannen-Buchen-Wald in den Hochlagen. Nach und nach begann der Mensch mit seiner Siedlungstätigkeit die Landschaft nachhaltig zu verändern. Heute gibt es kaum noch natürlichen Wald, ausgenommen im Bannwald und in schwer zugänglichen Gebieten.
Die heute waldfreien Flächen wie Wiesen, Weiden und Heiden sind alle von Menschenhand geschaffen. Ausnahmen sind hierbei die baumlosen Flächen von Felsen, Mooren, Quell- und Rieselfluren oder Lawinenbahnen. Alle anderen freien Flächen sind durch Menschenhand gerodet und nutzbar gemacht worden und so konnten sich auf diesen Flächen Arnika, Schweizer Löwenzahn und Borstengras verbreiten.
Im Laufe der Jahrhunderte veränderte die intensive Nutzung den Wald. Es wurde Bauholz benötigt und auch Köhlerei, Harzerei sowie die unzähligen Eisen- und Glashütten hatten einen enormen Holzverbrauch. Besonders im nördlichen Schwarzwald wurden dadurch große Waldflächen vernichtet. Erst seit dem letzten Jahrhundert führt eine geordnete Forstwirtschaft zur Wiederbewaldung dieser Flächen.
Die Hochmoore gehören zur subalpinen Stufe, wobei das Bad Wildbader Moor das größte ist. Sie werden allein aus Niederschlägen gespeist und das Wasser ist dadurch mineral- und nährstoffarm. Dadurch bedingt wachsen nur recht anspruchslose Pflanzen wie Torfmoos und Wollgras und an den Rändern Erlen, Birken und Fichten.

Der Schwarzwald und seine Tierwelt
Auch die Tierwelt ist aufgrund der geologischen und standörtlichen Beson-

derheiten des Naturraums sehr artenreich.
Reich ist die Vogelwelt, besonders bei den waldbewohnenden Arten wie Tannenmeise, Haubenmeise, Fichtenkreuzschnabel und Tannenhäher. Aber auch Steinkauz und Schwarzspecht sind anzutreffen, ebenso der Zitronengirlitz. Auerhuhn, Haselhuhn, Kolkraben und Wanderfalken bevölkern die Felsenbereiche, an den Flussläufen und Seen sind Wasseramsel, Gebirgsstelze, Stockente und Graureiher anzutreffen.
Aber natürlich fühlen sich auch Reh, Hirsch, Wildschwein, Fuchs und Hase in der schönen Landschaft wohl.
Im Bereich des Feldberges wurden Ende 1930 wieder Gämsen und Murmeltiere ausgesetzt. Allerdings wurde deren Bestand durch Füchse und menschliche Störungen (Wanderer, Tierfotografen) stark dezimiert.

Gastronomie

Der Schwarzwald ist ein kulinarisches Paradies, und das nicht nur wegen der Gourmet-Küche in Baiersbronn. Zwar zeichnet sich die Küche durch recht deftige Speisen aus, sie bietet aber durchaus auch raffinierte Delikatessen. In fast jedem Ort hat man Gelegenheit in den Lokalen die Schwarzwälder Spezialitäten zu probieren.
Berühmt ist das **"Veschper"**, welches ursprünglich am Abend eingenommen wurde. Heutzutage kann man in den Gaststätten zu fast jeder Tageszeit vespern und sich **Schwarzwälder Schinken**, hausgemachte Blut- und Leberwurst sowie frisches Bauernbrot schmecken lassen. Ein Stamperl (Schnapsglas) **Kirschwasser** zur Verdauung darf hinterher natürlich nicht fehlen! Ob es da zum Nachtisch wohl noch ein Stück **Schwarzwälder Kirschtorte** sein darf??
Sehen lassen kann sich natürlich auch die warme Küche.
Auf den Speisekarten rund um den Bodensee stehen die jeweils typischen Gerichte der Anrainerstaaten. Überall zu finden ist allerdings der Bodenseefelchen, ein Speisefisch der in allen Variationen zubereitet wird. Außerdem stehen Seeforelle, Hecht und Zander auf der Karte. Fehlen darf natürlich auch nicht das frische, knackige Gemüse der Reichenau, der hervorragende Schweizer Käse und die österreichischen Süßspeisen.
Zum besseren Verständnis der Speisekarten hier ein paar Erläuterungen.

Bibbeliskäs:
Mit gehacktem Schnittlauch angerührter Speisequark, der gerne zu Pellkartoffeln gegessen wird. Der Name geht auf Bibbeli (Hühnerküken) zurück, die nach der Geburt mit Quark aufgepäppelt wurden.

Brägel:
Bratkartoffeln

Dampfnudel:
Eine wohlschmeckende Mehlspeise aus Hefeteig.

Flädlesuppe:
Fleischbrühe mit in Streifen geschnittenen Pfannkuchen als Einlage.

Flammkuchen:
Elsässische Abwandlung der Pizza belegt mit Sauerrahm, Speck und Zwiebeln. Ist hauptsächlich am Rhein und in Grenznähe zu Frankreich auf der Speisekarte zu finden. Das Glas Wein dazu darf natürlich nicht fehlen!

Kratzete:
Zerrupfter Pfannkuchen, wird gerne als Beilage zu Spargel gegessen.

Kutteln:
Säuerlich zubereitete Rinderinnereien.

Maultaschen:
Flache Nudelteig-Taschen, ursprünglich gefüllt mit Hackfleisch. Früher wurde das Fleischverbot in der Fastenzeit sehr strenggenommen. Da man aber auch in dieser Zeit nicht darauf verzichten wollte, erfand ein findiger Mönch die Maultaschen, denn die Fleischfüllung war ja- Dank des Nudelteiges- nicht zu sehen. So wird dieses typisch schwäbische Gericht auch "Herrgotts-Bscheisserle" genannt. Heute werden die Maultaschen auch mit anderen Füllungen angeboten und mit Kartoffelsalat gegessen.

Rahnensalat:
Salat aus Roter Beete.

Schäufele:
Mild gepökelte und geräucherte Schweineschulter.

Schupfnudeln:
Eine badische Gnocchi-Variante aus Kartoffelteig, auch Buabaspitzle genannt.

Spätzle:
Die Spätzle (auch Knöpfle) sind ein Bestandteil vieler warmer Mahlzeiten. Ein Teig bestehend aus Mehl, Ei und Wasser wird leicht gesalzen und vom Brett geschabt oder mit der Spätzlepresse direkt ins kochende Wasser befördert. Varianten sind die Käspätzle mit Emmentaler Käse oder Leberspätzle, wo dem Nudelteig noch gemahlene Leber untergemischt wird. Ein besonders im schwäbischen beliebtes Gericht sind Spätzle mit Linsen und Saitenwürstle (Wiener Würstchen).

Egal für welches Gericht Sie sich entscheiden, wir sind sicher es schmeckt und Ihnen einen guten Appetit!

Sport

So manch einer unter uns wird bei der Überschrift "Sport" wohl in Versuchung kommen schnell weiterzublättern, was ja auch nicht weiter schlimm ist. Denn schließlich ist der Schwarzwald bereits alleine der vielen schönen, aussichtsreichen Sträßlein wegen, die wir für Sie ausgesucht haben, eine Reise wert.
Für den Fall, dass Sie sich fürs Weiterlesen entschieden haben, wollen wir Ihnen eine ganze Reihe von Möglichkeiten für einen gelungenen Aktivurlaub in herrlicher Natur aufzeigen. Dabei würde es mich schon wundern wenn da nicht auch was für Sie dabei wäre.

Wandern:
Dass man im Schwarzwald hervorragend Wandern kann, versteht sich von selbst. Was leider viele immer noch nicht begriffen haben, ist die Tatsache, dass man auch im Schwarzwald nicht um ein paar vernünftige Wanderschuhe herumkommt. Immerhin handelt es sich hierbei um das höchste Mittelgebirge Deutschlands! Die fleißigen Helfer des Schwarzwaldvereines sind stets bemüht die Wege, Pfade und Stege in einem ordentlichen Zustand zu halten, was jedoch nicht über die zum Teil alpin anmutenden Strecken hinwegtäuschen sollte. Kommt dann noch Nässe und schlechte Sicht hinzu, verliert man mit der falschen Besohlung schnell mal die Haftung. So tauschen dann auch alle Jahre wieder ein Paar Modebewusste ihre schicken Sandalen oder Salonschleicher gegen einen weitaus unbequemeren "Gipsschuh" ein. Während Sie im Frühling bei sommerlichen Temperaturen den Kaiserstuhl durchstreifen, kann es durchaus sein, dass Sie ein paar Tage später auf den Höhen des Schwarzwaldes ein Schneefeld durchqueren müssen. Wohl dem der seinen Anorak dann dabei hat. Wenn Sie, wo-

von ich ausgehe, vernünftig ausgerüstet unterwegs sind, haben Sie unvergessliche Wandertage in einer der landschaftlich reizvollsten Gegenden vor sich. Die Wanderungen, die wir Ihnen in diesem Büchlein empfehlen, sind wir (bis auf wenige Ausnahmen) alle schon mindestens einmal abgelaufen. Mit der Beschilderung durch den Schwarzwaldverein, unseren Beschreibungen und dem bei Wohnmobilisten ohnehin vorhandenem Orientierungssinn, ist zusätzliches Kartenmaterial nicht zwingend nötig. Denjenigen die sich mit der kleinen Auswahl an Wanderungen die wir für Sie getroffen haben - für mehr reichte der Platz leider nicht aus - nicht begnügen, können wir unter dem Punkt "Literaturtipps" ein paar Empfehlungen bezüglich Karten und Wanderführer aussprechen.
Neben dem Schwarzwald bietet sich der Bodensee und sein Hinterland als vorzügliches Wandergebiet mit zum Teil grandioser Aussicht auf den See an.

Nordic Walking:
Dass es sich hierbei, anders als noch vor ein paar Jahren angenommen, nicht um eine neue Modesportart handelt, zeigt die kontinuierlich wachsende Zahl der Anhänger dieser Sportart. Längst schon haben sich die Gemeinden auf diese neue Art des Laufens eingestellt. So werden Sie an vielen unserer Stellplätze in freier Natur, sei es Wald- oder Wanderparkplatz, irgendwo einen ausgewiesener Streckenverlauf finden. Da das Sportgerät leicht zu verstauen ist und so gut wie keinen Platz weg nimmt, ist diese Art der Betätigung geradezu ideal für Wohnmobilisten.

Radfahren:
Wenn Sie ein Fahrrad Ihr eigen nennen, werden Sie sich garantiert ärgern, wenn Sie es zu Hause in der Garage vergessen haben.
Fast der gesamte Schwarzwald wird mittlerweile durch ein Netz gut ausgebauter Radwege durchzogen. Obwohl viele Strecken für Mountainbiker ausgewiesen sind, können die meisten mit einem einigermaßen guten Treckingrad problemlos befahren werden. Wer sich im Schwarzwald auf eine Mountainbikestrecke begibt, sollte sich vorher unbedingt das Streckenprofil anschauen. Denn obwohl die Berge hier nicht die höchsten sind, können sie durch die steilen Anstiege durchaus mit so mancher Alpenetappe mithalten. Aber keine Sorge, die Strecken die wir Ihnen empfohlen haben sind für jeden Hobbyradler ganz ohne Blutdoping zu schaffen.
Wer die Plagerei an den Schwarzwaldhängen scheut braucht sein Rad deswegen noch lange nicht zuhause lassen. Spätestens am Rhein (Tour 2) weisen die Strecken so gut wie keine Steigungen mehr auf und lohnend hier zu radeln ist es allemal! Der als Wanderweg ausgeschilderte "Rheinauenweg" ist mit dem Rad recht gut zu befahren und führt durch eine faszinierende Landschaft. Hier gehen Auenwälder, Rheinnebenarme, ruhige Badeseen und Totwasserbereiche ineinander über, so dass es nach jeder Biegung etwas Neues zu entdecken gibt. Der Wermutstropfen hier sind im Sommer die Stechmücken! Wenn Sie also auf das lästige Jucken - Skandinavienurlauber bekommen jetzt ein Déjà vu - verzichten können, ist ein Mückenmittel wie z. B. Autan keine schlechte Wahl.
Neben dem "Donauradweg" ist der "Bodenseeradweg" der wohl bekannteste in Süddeutschland und leider auch der überfüllteste. Hier "streiten" im Sommer tausende von Pedalritter um jeden Meter Teerstraße. Ich will Ihnen jetzt nicht die Freude verderben, sollten Sie sich schon lange darauf gefreut haben, den Bodensee mal mit dem Rad zu umrunden, keineswegs. Auf dem gut 200 km langem Weg werden Sie den See viel intensiver kennenlernen als das mit dem Womo jemals möglich sein wird. Dafür müssen Sie aber in Kauf nehmen, dass Sie (zumindest im Sommer) nur selten die Gelegenheit haben werden, gemütlich nebeneinander herzufahren. Der

schönste Streckenabschnitt ist unserer Meinung nach der auf der deutschen und österreichischen Seite. Das liegt nicht zuletzt daran, dass sich der Radweg auf der schweizer Seite oft vom See abwendet.
Aber wer sagt denn, dass man am Bodensee nur auf dem "Bodenseeradweg" schön radeln kann? Versuchen Sie es doch mal ein paar Kilometer weiter im Hinterland. Hier radeln Sie ganz entspannt durch riesige Obstplantagen und haben zum Teil einen herrlichen Blick auf den See. Eine weitere Möglichkeit, gerade für Mountainbiker, bietet der Pfänder. Wenn Sie sich eine Karte für die Seilbahn kaufen, können Sie Ihr Rad zwischen 9:00 - 10:00 sowie 18:00 - 19:00 kostenlos mit nach oben nehmen. Auf den gut ausgebauten Wegen werden Sie sicherlich viel Spaß haben, zumindest wenn Sie keine Steigungen scheuen.
Zum Schluss noch ein Bitte. Tun Sie sich und allen anderen einen Gefallen, indem Sie (sofern vorhanden) die Radwege benutzen! Sie nötigen sonst PKW- und Womo Fahrer nur unnötigen zu halsbrecherischen Überholmanöver, welche garantiert auch für Sie eine Erholungsbremse sind.

Skifahren:
Ein Mekka des Skisportes ist der Schwarzwald sicherlich nicht. Dennoch werden Sie in fast allen Gemeinden, die auf einer Höhe von ca. 900 m oder höher liegen einen oder mehrere Abfahrtshänge mit Schlepplift vorfinden. Der Mittelpunkt des Skisportes im Schwarzwald bildet das Feldbergmassiv. Hier schneit es mitunter am mei-sten, so dass auch die Infrastruktur am besten ist, was fast unvermeidlich überfüllte Pisten zur Folge hat. Alle anderen schneereichen Orte wie z. B. FURTWANGEN oder SCHONACH (die ja beide auf unserer Strecke liegen) bieten zwar kürzere Abfahrten und haben keine Kabinenbahn, dafür aber mehr Ruhe auf der Piste. Da die Winter allerdings immer milder werden (zumindest tendenziell) ebbt das Geschäft mit den Skisportler im Schwarzwald immer mehr ab.

Langlaufen:
Im Gegensatz zu den Abfahrern haben die Langläufer im Schwarzwald weiterhin Hochkonjunktur. Dies liegt sicherlich auch daran, dass man diese Art des Wintersportes schon bei wesentlich geringeren Schneemengen betreiben kann. So werden Sie überall im Schwarzwald ein gut gespurtes Loipennetz vorfinden und ob Sie es glauben oder nicht auch Strecken auf denen Sie fast alleine durch den märchenhaft wirkenden, winterlichen Schwarzwald laufen können. Preiswerter als das Abfahren ist das Langlaufen allemal. Die meisten Loipen sind kostenlos benutzbar und wenn Ihnen mal jemand einen Skiaufkleber, als Beitrag zur Erhaltung des Loipennetzes, verkaufen möchte, dann bewegt man sich hier zwischen 3 € und 10 €, für den ganzen Winter wohlgemerkt. Außerdem haben wir einige Plätze ausgesucht, die direkt an einer Loipe liegen, so dass man gewissermaßen direkt vor der Haustür starten kann, ohne von einem Lift oder ähnlichem abhängig zu sein.
Eine der bekanntesten Loipen im Schwarzwald ist der rund 100 km lange Skifernwanderweg, der in SCHONACH startet und - nach zahlreichen Einkehrmöglichkeiten - auf dem Belchen endet.

Surfen:
Surfen im Schwarzwald? Ja, das geht. Denken Sie nur mal an den Schluchsee der sich in Surferkreisen durchaus einen Namen gemacht hat oder den - wenn auch wesentlich kleineren - Riedsee bei DONAUESCHINGEN. Natürlich können diese Bergseen nicht mit dem Bodensee konkurrieren, der ein wahres Segel- und Surferparadies darstellt. Durch die zum Teil recht unerwartet schnell auffrischenden Winde oder der einsetzenden Föhnwirkung ist das Schwäbische Meer allerdings auch nur den erfahrenen Surfer

bzw. Segler zu empfehlen. Jeden Sommer müssen Wasserwacht und DLRG unerfahrene oder unvorsichtige Surfer und vor allem Freizeitkapitäne aus misslichen Situationen befreien. Das ist dann bei einem Wellengang von über 2 m für alle Beteiligte eine unangenehme Sache. Also schenken Sie vor dem Hinausfahren dem Wetterbericht und vor allem den rund 40 Sturmwarnleuchten Ihre Aufmerksamkeit. Diese mahnen mit einer Blinkfrequenz von 40 Signalen pro Minute zur Vorsicht und bei einer 90er Frequenz steht ein Sturm unmittelbar bevor. Bei der Ausrüstung sollte man dem Neoprenanzug durchaus ein hohes Maß an Aufmerksamkeit schenken. Denn die Wassertemperaturen sind bis Anfang Juni alles andere als tropisch, sowohl in den Schwarzwaldseen als auch im Bodensee.

Tauchen:
Mit Korallenriffen und bunten Fischen können wir nicht dienen, wohl aber mit warmen Baggerseen am Rhein, fischreichen Bergseen im Schwarzwald und natürlich dem Bodensee.
Die Baggerseen am Rhein sind zwar nichts für Tiefenjäger, bieten aber meistens recht gute Sichtverhältnisse und recht wohltemperiertes Wasser. Hier können auch Anfänger ihre Erfahrungen in Neptuns Reich sammeln.
Bei dem Schluchsee sollten Sie schon ein paar Einträge in Ihrem Logbuch haben ehe Sie sich in den recht kühlen Stausee wagen. Wie bereits in Tour 6 erwähnt haben die Taucher ihr "Basislager" in SEEBRUGG aufgeschlagen. Hier gibt es auch eine Tauchschule, wo man Ihnen gerne mit Rat und Tat weiterhilft. Die versunkenen Gebäude oder die alte Poststraße sind auf jeden Fall einen Tauchgang wert.
Als passionierte Taucher haben wir schon vor vielen Jahren den Bodensee als unser Tauchrevier ausgemacht. Sind es für die Surfer und Segler die böigen und schnell aufkommenden Winde, die den See so tückisch machen, so sind für die Taucher Dunkelheit, Kälte und Orientierungsprobleme auf keinen Fall zu unterschätzende Risiken! Wir wollen hier keinem die Vorfreude rauben oder sein taucherisches Können in Frage stellen, dennoch ist es unerlässlich auf die Tücken des Sees hinzuweisen. Immer noch bezahlen jedes Jahr so manche Urlaubstaucher, die Ihre Ausbildung in warmen Tropengewässer gemacht haben und alle Warnungen ignorieren, ihre Selbstüberschätzung mit dem Leben.
Genug gepredigt, nun zu den schönen Dingen die man hier unter Wasser erleben kann. Das Mekka der Taucher ist zweifelsohne ÜBERLINGEN. Hier ist für jeden Taucher was dabei, von dem zum Teil steil abfallenden Ufer bis zur Steilwand, die senkrecht bis in eine Tiefe von über - für Sporttaucher viel zu tiefen - 70 m hinunterreicht. Besonders reizvoll sind Nachttauchgänge Ende Juli bis Anfang September. Zu dieser Jahreszeit tummeln sich tausende Fische in einer für Taucher angenehmen Tiefe zwischen 8 m - 12 m. Vertreten ist dann alles was sich im See so herumtreibt, Felchen, Krätzer, Aale und mit ein wenig Glück gleitet auch noch ein kapitaler Hecht in Greifweite an einem vorbei. Krebse, die vor allem in MEERSBURG anzutreffen sind, zeugen genau so wie die allgegenwärtigen Muscheln von der guten Wasserqualität. Selbst Wracktauchen ist im Bodensee möglich. Das berühmteste ist sicherlich der im Konstanzer Trichter liegende Schaufelraddampfer "Jura", aber auch die alte Lädiene zwischen LUDWIGSHAFEN und BODMAN hat durchaus etwas zu bieten und den Vorteil, dass man sie von Land aus erreichen kann.
Bevor ich jetzt ins Schwärmen komme und den Rahmen dieses Büchlein sprenge, zum Abschluss noch ein paar Worte zur Ausrüstung. Noch viel, viel, mehr als das beim Surfen der Fall ist sollten Sie sich um den Kälteschutz, sprich Tauchanzug kümmern. Der Shorty aus dem letzten Ägyptenurlaub taugt bestenfalls als Unterzieher für den 7 mm Anzug. Lassen Sie sich von dem warmen Wasser an der Oberfläche nicht täuschen. Selbst in

warmen Sommer liegt die sogenannte Sprungschicht, welche die Grenze zwischen warmen und kaltem Wasser darstellt selten tiefer als 12 m - 15 m. Ab einer Tiefe von ca. 35 m herrschen sowieso das ganze Jahr über Temperaturen zwischen 4C° - 6C°! Sollten Sie über keine geeignete Ausrüstung, zu der natürlich auch Kaltwasser taugliche Lungenautomaten gehören, verfügen, so können Sie sich diese in einer der Tauchschulen ausleihen. Wenn Sie nun schon dabei sind, sich etwas Vernünftiges auszuleihen, denken Sie bitte auch an eine geeignete Lampe. Sollte man Ihnen etwas anderes anbieten als einen Halogenstrahler mit einer Leistung zwischen 35 und 50 Watt, will man Sie übers Ohr hauen und auf die im Urlaub üblichen Stablampen können Sie gleich ganz verzichten. Ab ca. 15 m Tiefe ist der See so dunkel, dass man ohne eine gute Lampe nur noch ein grünes Schimmern zu sehen bekommt. Am besten ist die Sicht in den Wintermonaten, dann sollte man, wenn einem das Frieren nicht unbedingt viel Freude bereitet, auf einen Trockentauchanzug zurückgreifen.
Vernünftig ausgerüstet, steht nun einem Unterwassererlebnis in einem der anspruchsvollsten Tauchgebiete überhaupt nun nichts mehr im Wege. Gut Luft.

Kühlschrank

Ein Luxus, auf den wohl kein Wohnmobilist mehr verzichten möchte, ist der Kühlschrank. Dennoch treten gerade hier immer wieder Probleme auf, so dass man die kühle Vorratskammer durchaus als "Sorgenkind" bezeichnen darf. Wenn man das Funktionsprinzip des Absorberkühlschrankes, der Einzug in die allermeisten Womos gehalten hat, versteht, kann man in den meisten Fällen leicht Abhilfe schaffen.

Funktionsweise:
Der Absorberkühlschrank ist einem Destillationsapparat einer Schnapsbrennerei nicht unähnlich. Hier wird durch Erhitzen mittels Strom oder Gas, Salmiak in Wasserdampf und Ammoniak aufgespalten. Der Ammoniakdampf verflüssigt sich im nachgeschalteten Kondensator, um anschließend durch den Verdampfer im Kühlfach zu fließen, wo er unter Aufnahme von Wärme (z. B. Ihrem Bier) wieder verdampft. Da bei diesem Prinzip keine beweglichen Teile vonnöten sind, funktioniert der Kühlschrank völlig geräuschfrei. Der entscheidende Nachteil ist, dass das Prinzip nur bis zu einer Aussentemperatur von ca. 40° C funktioniert. Aber wärmer dürfte es auch in Zeiten der Klimaerwärmung in unseren Breiten nicht werden.

Tipps bei Störungen:

- Achten Sie beim Abstellen des Womos darauf, dass es möglichst gerade steht. Denn schon bei einer Neigung von 4 - 6° ist ein deutlicher Leistungsabfall zu verzeichnen.
- Wenn es möglich ist, sollten Sie immer so parken, dass die Lüftungsgitter Richtung Norden zeigen. Bei einem Wärmestau kann das Entfernen der Gitter Abhilfe schaffen. Ebenso hat sich bei uns der Einbau eines kleinen Lüfters hinter dem oberen Lüftungsgitter bewährt.
- Die Dichtgummis an der Kühlschranktür (vor allem unten) sollten regelmäßig auf einen korrekten Sitz geprüft werden.
- Die beste Kühlleistung erreicht man im Gas oder 230 Volt Betrieb. Beim 12 Volt Betrieb während der Fahrt wird meist nur die vorher erreichte Temperatur gehalten und nur selten weiter runtergekühlt. Außerdem sollten Sie sich vergewissern - sofern Sie keinen Kühlschrank mit automatischer Betriebswahl besitzen - dass Sie über ein Trennrelais verfügen, welches die Stromzufuhr beim Parken unterbricht. Anderenfalls wird Ihnen der Kühlschrank, sollten Sie das

Umstellen vergessen, innerhalb weniger Stunden die Batterie leersaugen.
- Nach Möglichkeit sollten Sie den Kühlschrank einen Tag vor Reiseantritt an das 230 V Netz anschließen und ihn anschließend auf keinen Fall über Gebühr vollstopfen.
- Arbeitet der Kühlschrank im Gasbetrieb unzulänglich, ist die Ursache meistens am Brenner zu suchen (sofern Sie die oben stehenden Punkte bereits überprüft haben). Das Brennen des Flämmchens ist durch ein leises Zischen an der Außenwand festzustellen. Nun können allerdings Staub, Dreck, Rost... den Brenner verdrecken, so dass die Flamme zwar brennt aber eben zu schwach, um den "Destillationsapparat" in Betrieb zu halten. Nun hilft nur noch, den Kühlschrank auszubauen und den Brenner zu reinigen, für jeden Hobbybastler problemlos zu schaffen. Die zwei Stunden Arbeit sind immerhin besser, als den restlichen Urlaub ohne Kühlschrank oder an der Steckdose auf dem Campingplatz zu verbringen.
- Bei uns befinden sich des weiteren immer 2 - 3 handelsübliche Kühlakkus im Gefrierfach. Diese werden bei ausreichender Kühlleistung z. B. nachts tiefgefroren und wenn die Kühlschranktemperatur zu steigen beginnt einfach in den Kühlraum gelegt. Das bringt ein paar Grad und kann einen über so manch heißen Tag retten. Um die Kühlschranktür so wenig wie möglich zu öffnen, haben wir zur Temperaturüberwachung einfach den Sender eines Außenthermometers (schnurlos) im Kühlschrank befestigt.

Wer einen Kompressorkühlschrank eingebaut hat, wird über die obengenannten Probleme nur müde lächeln können. Allerdings nur dann, wenn er über eine ausreichend dimensionierte Solaranlage oder sonstige Stromquellen verfügt.

GPS

Was vor wenigen Jahren noch exotisch anmutete und kritisch beäugt wurde, gehört mittlerweile fast schon zur Standardausrüstung vieler Fahrzeuge, sei es Womo oder PKW. Wir haben für Sie fleißig die Koordinaten aller Übernachtungsplätze und vieler weiterer Parkplätze notiert, um Ihnen einen möglichst entspannten Urlaub zu ermöglichen. Denn schließlich hat der Schwarzwald weitaus schönere Aussichten zu bieten als jede Straßenkarte. Die Koordinaten sollten Sie möglichst schon zu Hause in aller Ruhe in Ihr Navigationsgerät eingeben, denn da kann Ihnen das sonst vielleicht sehr zuverlässige Gerät durchaus einen Strich durch die Rechnung machen. Nicht bei jedem Gerät bzw. Software (wie z. B. Navigon) ist das Eingeben von Koordinaten möglich oder nur sehr umständlich! Wenn Sie noch kein GPS-Gerät besitzen, dann sollten Sie sich **vor** dem Kauf unbedingt über die Eingabemöglichkeiten erkundigen, vorzugsweise beim Verlag. Dort können Sie auch die "GPS-CD zum Buch" erwerben und sich das mühevolle Eintippen jeder einzelner Koordinate sparen, indem Sie alle Koordinaten automatisch vom PC zum Navigationsgerät übertragen.

Kleidung

Beim Thema "Koffer packen" ist hauptsächlich entscheidend, zur welcher Jahreszeit sie aufbrechen möchten.
Im Sommer darf natürlich das **Badezeug** und das dazugehörende Equipment (Sonnenbrille, Kopfbedeckung,...) nicht fehlen. Sollten Sie vorhaben, auch unsere Wandertipps auszuprobieren, gehören auf jeden Fall die richtigen Schuhe - **Wanderschuhe mit guter Profilsohle** - ins Gepäck. Angenehm ist sogenannte Funktionskleidung, die den Schweiß nach außen ab-

gibt und nicht aufsaugt um dann klatschnass zu sein (die Erkältung wäre vorprogrammiert).
Gerade auf den Schwarzwaldhöhen ist es teilweise auch im Hochsommer kühl und windig, das heißt auch **ein wärmender Fleece-Pullover und eine Jacke** dürfen nicht fehlen. Natürlich muss man sich auf Regenschauer einstellen und die Regenklamotten sollten immer mit im Rucksack sein. Wir haben uns mittlerweile nicht nur mit **Regenjacken** sondern zusätzlich auch mit **Regenhosen** ausgestattet und können so fast jedem Wetter trotzen.
Im Kaiserstuhl und am Rhein kehrt der Frühling teilweise schon recht früh ein und man kann teilweise schon im April im **T-Shirt** spazieren gehen. Dafür wird auf dem Feldberg noch Ski gefahren und die **Winterjacke** kommt so noch einmal zu Ehren.
Der Winter ist im Schwarzwald teilweise sehr schneereich und so müssen in der kalten Jahreszeit **warme, hohe Winterschuhe, Schal, Mütze und Handschuhe** mit in den Womo-Kleiderschrank.
Sollte ein Abendessen bei den Sterneköchen in Baiersbronn auf Ihrem Programm stehen darf die schicke Abendgarderobe für die Dame und den Herrn auch nicht fehlen.
Zusätzlich benötigen Sie selbstverständlich noch die spezielle Kleidung und Ausrüstung zum Walken, Skifahren, Langlaufen, Tauchen, Surfen,....

Klima

Im Schwarzwald ist das für waldreiche Mittelgebirge typische Schonklima verantwortlich für die Entstehung der zahlreichen heilklimatischen Luftkurorte. In den höheren Lagen im südlichen Schwarzwald und auch im Winter überwiegen die Reizfaktoren des Klimas und teilweise stärkere Winde.
Die Region liegt in einer ozeanisch geprägten Klimazone, was einen ausgeglichenen Temperaturgang und hohe Niederschläge zu Folge hat. Das Gebirge hebt sich dabei von den umliegenden Randgebieten durch erhöhte Schnee- und Regenfälle sowie niedrigere Temperaturen ab. Das Maximum der Niederschläge liegt im Winter und ist damit für den Schneereichtum verantwortlich. Der Nordschwarzwald toppt dabei deutlich den Süden. So fallen auf dem Feldberg ca. 1900 mm/Jahr und auf der Hornisgrinde 2200 mm/Jahr. Grund hierfür sind die Hochvogesen, welche den Feldberg abschirmen, wogegen die Hornisgrinde den schneebringenden Westwinden schutzlos ausgesetzt ist. Durchschnittlich kann man mit 130 Schneetagen mit Wintersportmöglichkeiten im gesamten Schwarzwald rechnen. Vergleichsweise wenig Feuchtigkeit erhalten das durch die Vogesen abgeschirmte Oberrheintal und die Baar, welche im Schutz des Schwarzwaldes steht.
Sehr kontrastreich gestalten sich die Temperaturen in den verschiedenen Schwarzwaldregionen. So weist das Oberrheintal die höchsten Temperaturwerte in Deutschland mit einem Jahresmittel von 9°C auf (Januarmittel über 0°C, Julimittel 19°C). In den Höhenlagen hingegen sorgt die lang anhaltende Schneedecke für eine langsame Erwärmung. Außerdem engen früh einsetzende Nachtfröste im Herbst die Vegetationsperiode deutlich ein. Im Bergland ist die Jahrestemperatur relativ ausgeglichen und weist keine Extreme auf. So beträgt die jährliche Schwankung nur etwa 16,5°C und kühle Sommer (bei 1000 m Höhe Julimittel 14°C) stehen relativ milden Winter (Januarmittel -2°C) gegenüber. Eine Ausnahme hierzu bildet die Baar, welche zu den Kältezonen von Baden-Württemberg gehört. Sie hat das kälteste Januarmittel von -4°C und die Anzahl der frostfreien Zeit liegt bei nur 118 Tagen.
Die im Herbst und Winter auftretenden Hochdruckwetterlagen verursachen eine Temperaturumkehr mit Kaltluftseen und dichter Nebelwand in den Tälern und sonnigen und wolkenfreien Höhenlagen. So ist der Feldberg im Winter deutlich sonnenreicher als die Rheinebene.

Der Bodensee gehört zu einer besonders milden Gegend in Deutschland. Je weiter man sich allerdings vom See entfernt, desto rauer und kühler wird das Klima. Im Raum Bodensee sind die Temperaturschwankungen geringer als in anderen süddeutschen Gebieten. Der Grund hierfür ist der See selbst, da seine enorme Wassermasse stark temperaturausgleichend wirkt. Die Jahresdurchschnittstemperatur liegt bei 9°C, im Juli wird oft ein Durchschnitt von knapp 20°C erreicht. Durch die späte Schneeschmelze erwärmt sich der Bodensee erst relativ spät im Jahr, allerdings kann man in geschützten Badebuchten schon Anfang Juli eine Wassertemperatur von 20°C erwarten.
Die höchsten Niederschlagsmengen sind im Spätfrühling und im Frühsommer zu erwarten, wobei diese von West nach Ost rapide zunimmt. So fallen in Friedrichshafen rund 900 mm Niederschlag pro Jahr, in Bregenz sogar 1500 mm.
Durch die Verdunstung des warmen Bodenseewassers entsteht im Herbst und Winter über dem See und im Uferbereich häufig Nebel. Föhn sorgt in dieser Jahreszeit für starken Temperaturanstieg und klare Sicht.

Reisezeit

Der **Schwarzwald** hat das ganze Jahr Saison und ist somit immer eine Reise wert.
Im Frühjahr fasziniert zum Beispiel der Kaiserstuhl mit seiner prachtvollen Obstblüte, während es in den Hochlagen noch empfindlich kalt sein kann und dort der Frühling erst Mitte Mai Einzug hält.
Die Sommermonate bieten dann ein vielfältiges Freizeitangebot. Baden, Radfahren und Nordic Walking sind nur einige Möglichkeiten. Während es dann am Rhein und im Kaiserstuhl sehr heiß wird sind die Temperaturen in den höheren Lagen noch sehr angenehm.
Der Herbst lockt mit seinem bunten Blätterdach und milden Temperaturen zu ausgedehnten Wanderungen. Die Weinbauorte der Ortenau, des Kaiserstuhls und des Markgräflerlandes locken mit urigen Weinfesten, wo der Rebensaft ausgiebig verkostet werden kann.
Zwischen Januar und März ist auf den Schwarzwaldhöhen oft das beste Wetter zu erwarten und mit einer guten Fernsicht findet man oft ideale Bedingungen zum Skifahren, Langlaufen und Schneeschuhwandern vor.
Der **Bodensee** lockt seine Gäste fast das ganze Jahr. Im Frühjahr und Herbst die Zeit der Radfahrer und Wanderer.
Im April lockt die eindrucksvolle Blüte der Obstbäume und der gelb blühende Löwenzahn verwandelt das Alpenvorland in riesige gelbe Teppiche.
Der Sommer gehört den Wassersportlern und Badefreunden, wobei die eigentliche Badesaison erst im Juli einsetzt, dafür aber teilweise bis in den Oktober hineinreicht. Wer in der Hauptreisezeit in Richtung Bodensee aufbricht, muss mit vielen anderen Touristen auf den Radwegen und in den Strandbädern rechnen.
Der Herbst ist mit seinen leuchtenden Farben zur Obst und Weinlese nicht minder attraktiv und die große Besucherwelle des Sommers ist abgeklungen, so dass man auch Mal ein ruhiges Plätzchen am See für sich allein beanspruchen kann.

Medikamente

Ein nicht zu vernachlässigender Punkt ist unsere Meinung nach die Bordapotheke. Natürlich sind wir nicht im Dschungel sondern in Deutschland oder in deutschsprachigen Ländern unterwegs, aber am Sonntag die dienstbereite Apotheke zu finden kann doch sehr lästig sein.
Als erstes sollten sie vor Fahrtantritt Ihren Erste-Hilfe-Kasten auf Vollständigkeit und Verfallsdaten überprüfen. So können Sie sich die Mitnahme weite-

re Mullbinden, Kompressen und Pflaster sparen.
Wichtig sind natürlich Ihre Medikamente, welche Sie regelmäßig einnehmen müssen. Reicht der Vorrat auch noch für die gesamte Reisezeit aus oder muss im Vorfeld noch ein Rezept beim Arzt zu Hause geholt werden? Müssen diese Medikamente gekühlt aufbewahrt werden (siehe Rubrik Kühlschrank!)?

Zusätzlich sollten Sie noch mit an Bord nehmen:

- Blasenpflaster für wunde Wandererfüße
- leichte Schmerzmittel gegen Kopfschmerzen oder ähnliches
- Kohletabletten gegen Durchfall
- Fenistil oder Soventol, hilft bei Insektenstichen und Sonnenbrand
- Voltaren-Gel oder vergleichbares für verstauchte Knöchel und schmerzende Rücken
- Halsschmerztabletten oder alternativ Salbeibonbons
- Fieberthermometer und evtl. fiebersenkendes Medikament(z. B. Paracetamol)
- Zeckenzange (der Schwarzwald ist Zeckengebiet!!!)
- Pinzette

Wir hoffen natürlich, dass Sie ihre Bordapotheke ungenutzt nach dem Urlaub wieder ausräumen können!

Souvenirs

Das ganz typische Bodenseesouvenir gibt es leider nicht. Vielmehr die einzelnen Spezialitäten der Anrainerstaaten sind es, die zum Kauf locken. Die Schweiz kann dabei mit Spitzen- und Stickereiarbeiten Freude machen, ebenso mit Schokolade, Schokoküssen und Käse. Ein weiters beliebtes Mitbringsel aus der Schweiz sind Uhren, Schmuck und Taschenmesser.
Bestimmt freuen sich Ihre Lieben zu Hause auch über Bodenseewein, Schnaps und Obst, das oft an Ständen auf der Straße verkauft wird.
Beim Stichwort Schwarzwald fällt den Meisten wohl Bollenhut und Kuckucksuhr ein. Aber nicht jeder möchte so tief in die Tasche greifen nur um eine neue Uhr im Wohnzimmer zu haben. Dennoch ist diese schwarzwälder Erfindung untrennbar mit dem Schwarzwald verbunden. Die liegt nicht zuletzt daran, dass diese Errungenschaft schon vor über 200 Jahren von den sogenannten "Uhrenträger" in die ganze Welt "exportiert" wurde. Als Hochburg der Kuckucksuhr gilt auch heute noch die Region um Schonach (hier wurde sie erfunden) und Triberg.
Groß ist die Auswahl an schönen Gläsern, Karaffen und Christbaumschmuck in den zahlreichen Glasbläsereien, aber auch kleinere Drechselarbeiten und Bilderrahmen werden in vielen Ortschaften in guter Qualität angeboten.
Typisch für den Schwarzwald sind auch Korb- und Stroharbeiten.
Eine schmackhafte Erinnerung an den Urlaub ist der Schwarzwälder Schinken / Speck. Aber bitte kaufen sie nicht den "Original Schwarzwälder Schinken", den man Ihnen z. B. in den Andenkenläden rund um die bekannten Touristenziele (natürlich vakuumverpackt) andrehen will. Hier lohnt auf jeden Fall der Gang in eine kleine Landmetzgerei.
Obstbrände wie das Schwarzwälder Kirschwasser sind ebenfalls beliebt und werden am besten direkt beim Erzeuger bzw. in der Winzergenossenschaft gekauft. Hier können sie sich auch gleich noch mit einem guten Tropfen Wein eindecken.
Leider eignet sich die berühmte Schwarzwälder Kirschtorte nicht zum Transport, sie muss an Ort und Stelle genüsslich verzehrt werden. Aber wie wäre es statt dessen mit einem Gläschen Tannenhonig?

Sicherheit

Feuerlöscher:
So ein Womo ist teuer, da fängt man beim Kauf schon mal an das eine oder andere von der Wunschliste zu streichen. Aber sparen Sie nicht an der falschen Stelle, denn egal wie viel Sie für Ihr Womo ausgegeben haben, die paar Euro für einen Feuerlöscher sollten Sie auf alle Fälle noch draufpacken. Dabei reichen die, mittlerweile überall erhältlichen, 2 kg Pulverlöscher. Diese sind schön handlich, gut zu verstauen und reichen für kleinere Brände völlig aus. Der beste Feuerlöscher bringt Ihnen allerdings nichts, wenn er „sicher" im Staukasten oder sonst wo verstaut, und im Ernstfall nicht sofort griffbereit ist!

Rauchmelder:
Hier gilt das Gleiche wie beim Feuerlöscher. Ein handelsüblicher Rauchmelder, wie Sie ihn aus der Wohnung kennen, wird seine Dienste auch im Womo verrichten. Vor allem nach längeren Standzeiten sollten Sie die Batterien überprüfen.

Gaswarnanlage:
Im Campingfachhandel wird man geradezu mit den verschiedensten Geräten überhäuft. Da gibt es welche für Flüssiggas, für Narkosegas, und welche die beides können. Wenn Sie mit einem solchen Gerät in dem mobilen Zuhause (trotz der äußerst seltenen Vorfälle) ruhiger schlafen können, spricht da nichts dagegen. Aufpassen sollten Sie beim Erwerb eines Kombigerätes. Dieses sollte unbedingt mit einem zweiten Sensor ausgestattet sein, denn Flüssiggas ist schwerer als Luft und die Narkosegase sind leichter. Folglich wird sich das eine oben und das andere unten sammeln, so dass das Gerät bei einem der beiden Gase mit ziemlicher Sicherheit versagen wird. Deshalb sollte ein Sensor in der Nähe des Schlafplatzes z. B. Alkoven und einer in Bodennähe montiert werden.

Einbruchschutz:
Die Gefahr, dass jemand in Ihr Womo einsteigt während Sie schlafen ist, gerade in Deutschland, äußerst gering. Denn Diebe bleiben gerne unerkannt und legen in aller Regel keinen Wert auf eine Konfrontation. Nun sind Sie aber nicht immer in der Nähe Ihres geliebten Womos, aber Sie können einiges tun um Langfinger auf Distanz zu halten. Mit dem „Knackerschreck" z. B. den Sie beim Womo-Verlag erwerben können. Den spannen Sie ganz einfach zwischen Fahrer- und Beifahrertür und beim Anblick des robusten Gestänges vergeht so manch einem Strolch dann auch schon die Lust bei der Sache. Denn bekommen Diebe ein Womo nicht innerhalb kürzester Zeit (meist nicht länger als eine Minute) auf, suchen sie sich ein anderes. Für die Aufbautür hält der Zubehörhandel jede Menge Sicherheitszubehör (leider auch viel Unsinn) bereit. So können Sie getrost auf einen Bügel verzichten, den Sie am Aufbau festschrauben und beim Verlassen des Womos dann vor die Tür klappen. Durch die Hebelwirkung ist es ein einfaches, den Bügel komplett aus der Aufbauwand zu reißen. Besser sind Sie da mit einem zusätzlichen Schloss bedient. Wer seinen Flachbildfernseher, Laptop, und die neue Videokamera offen zu Schau stellt, dem kann man dann auch nicht mehr helfen.

Freies Übernachten

Deutschland:
Übernachten dürfen Sie überall dort, wo es nicht verboten ist. Trotzdem sollten Sie einige Grundregeln beherzigen, um den guten Ruf der Womo-Familie aufrechtzuerhalten (siehe auch unter „Zum Schluss").

- Auf einem gut frequentierten Stellplatz (vor allem in Ortsnähe) sollten Sie es unterlassen, die Markise herauszukurbeln oder den Grill aufzustellen. Anders verhält es sich bei einsamen Wander-, Bade- oder Waldparkplätzen. Hier wird kaum jemand was dagegen haben, wenn man sich sein Abendessen im Freien zubereitet.
- Wenn Sie einen längeren Aufenthalt an einem Ort planen, so ist es empfehlenswert, einen Campingplatz oder einen ausgewiesenen Stellplatz anzufahren.
- Parkplätze in unmittelbarer Campingplatznähe sind keine gute Wahl, denn der Betreiber würde Sie lieber als zahlenden Gast auf dem Campingplatz sehen.
- Auf größeren Picknickplätzen mit Grillhütte usw. kann es am Wochenende schon mal sein, dass Sie nicht ganz alleine sind.

  Bei den Plätzen, die wir für Sie ausgesucht haben - über 120 an der Zahl - ist alles dabei. Ob einsamer Waldparkplatz, Picknickplatz, Badeplatz, zentrumsnaher Parkplatz oder ausgewiesener Stellplatz. Viele davon haben wir bereits zu den unterschiedlichsten Zeiten selbst genutzt und immer als gut befunden.

Schweiz:

Freies Camping ist in der Schweiz nicht gestattet. Die Eidgenossen sind jedoch ein tolerantes Volk. Wenn Sie nicht durch „schlechtes Benehmen“ unangenehm auffallen, wird man Sie wohl kaum eines Platzes verweisen. Wie bei uns sollten Sie natürlich, bei einem längeren Aufenthalt, auch in der Schweiz einen Campingplatz anfahren.

Osterreich:

Da sich unser Abstecher nach Österreich auf Bregenz beschränkt, haben wir hier keine Übernachtung eingeplant.

Trinkwasser

Um sauberes Wasser brauchen Sie sich auf unseren Touren am aller wenigsten sorgen. Ob sprudelnde Quellen, vor sich hinplätschernde Dorfbrunnen oder einfach nur der Wasserhahn hinter der Friedhofsmauer, das kühle Nass wird Ihnen nicht ausgehen. Um die Wasserstellen besser zu finden, haben wir diese sowohl in den Karten eingezeichnet als auch im Text (bis auf wenige Ausnahmen) beschrieben. Manche haben wir sogar mit GPS Koordinaten versehen. Eine hohe Qualität des Wassers ist - wie im Schwarzwald nicht anders zu erwarten - stets gesichert. War das sprudelnde Nass mal nicht als Trinkwasser gekennzeichnet (z. B. bei einer Quelle), haben wir uns bei Ortskundigen nach der Qualität erkundigt, bevor wir diese in unsere Sammlung aufgenommen haben. So können Sie - anders als in so manch einer südeuropäischen Urlaubsregion - auch mit der chemischen Keule durchaus sparsam umgehen. Wir verwenden höchstens mal ein Mittel auf Basis von Silberionen um das Nachverkeimen zu verhindern. Eine weitere Möglichkeit, stets sauberes Wasser zu haben, sind transportable Kanister fürs Trinkwasser, die gut zu reinigen sind (auch außerhalb des Womos) und der fest eingebaute Tank für die Dusche. So kann man dann auch mal bedenkenlos sein Duschwasser aus einem sauberen Bach schöpfen.

Winterreifen

Mit dem Thema Winterreifen sollte sich jeder Schwarzwaldurlauber, der diesen Landstrich zwischen Oktober und April aufsuchen will befassen! Wie bereits erwähnt, sind die Straßen oft schmal, steil und kurvenreich. Wenn dann noch die weiße Pracht hinzu kommt, haben die Sommerpneus schnell ihre Grenzen erreicht. Mit durchdrehenden Reifen an einem Berg hängenbleiben ist dann noch das harmloseste was einem mit dem schweren Womo passieren kann. Neben Winterreifen sollten **Schneeketten** fest zur Winterausrüstung gehören, vor allem wenn Sie zum Skifahren oder Langlaufen wollen. Bedenken Sie bitte auch im Frühling, wenn Sie in Köln oder Trier bereits im Straßencafé sitzen, dass da in den Höhenlagen des Schwarzwaldes noch der Winter das Zepter schwenkt. Sollten Sie sich aus irgendeinem Grund doch mit Sommerreifen in den Winterurlaub wagen, dann meiden Sie bitte die allerschmalsten und steilsten Sträßlein. Mit Hilfe unserer Karten ist eine Ausweichrute schnell ermittelt und zum Teil haben wir solche bereits eingezeichnet.

Literatur

Wir haben versucht einen bunten Mix von Kultur, Natur und schönen Plätzchen in diesem Büchlein unterzubringen. Dabei mussten wir uns, um den Rahmen nicht zu sprengen, oft auf das nötigste konzentrieren. Beim Zeichnen der Karten sind wir akribisch vorgegangen und haben versucht, diese übersichtlich und so informativ wie möglich zu gestalten. Dennoch werden Sie ohne eine vernünftige Übersichtskarte wohl nicht auskommen.
Um Ihnen die lästige Suche etwas zu erleichtern, werden wir Ihnen ein paar Vorschläge bezüglich Karten, Wander- und Reiseführer unterbreiten.

Straßenkarten:
Eine Straßenkarte in einem vernünftigen Maßstab zu finden, auf der das gesamte zu bereisende Gebiet verzeichnet ist war gar nicht so einfach. Letztendlich haben wir uns für "Die Generalkarte Blatt 11" im Maßstab 1:200.000 entschieden. Hier sind alle von uns befahrenen Straßen vom nördlichen Schwarzwald bis zum Bodensee übersichtlich eingezeichnet.
Beim WOMO-Verlag erhält man die F&B-Karte Schwarzwald (1:150.000).

Wanderkarten:
Bei den Wanderkarten haben wir uns für die "Wander- und Bikekarten" von Kompass entschieden. Mit einem Maßstab von 1:75.000 erfüllen diese dann auch sowohl die Anforderungen der Biker als auch die der Wanderer. Für den Schwarzwald gibt es die Blätter 769 (Nordblatt), 770 (Mittelblatt) und 771 (Südblatt).
Beim Kaiserstuhl haben wir auf das Blatt mit der Nummer 883 in dem Maßstab von 1:30.000 (Wanderkarte) zurückgegriffen.
Am Bodensee haben uns die Blätter 1a (Bodensee West) und 1b (Bodensee Ost) gute Dienste geleistet.

Wanderführer:
Hier werden Sie vermutlich im Buchladen vor dem Regal stehen und sich nicht so schnell entscheiden können. Für den Schwarzwald können wir Ihnen die Wanderführer von Rother empfehlen (gibt's beim WOMO-Verlag). Beim Bodensee hält sich die Auswahl dagegen in Grenzen, wir haben uns letztendlich für den Führer von Kompass entschieden.

Reiseführer:
Hier sind Sie überall mit den Führern von Michael Müller (Schwarzwald Süd, Mitte/Nord und und Breisgau), Baedeker oder dem ADAC gut bedient.

Kunst:
Da der Dumont Kunstreiseführer für den Schwarzwald nicht mehr (zumindest vorerst) neu aufgelegt wird, können wir Ihnen nur den vom Bodensee nahelegen.

Schweiz

Einreise:
Für einen Aufenthalt in der Schweiz (bis zu drei Monaten) ist für deutsche Staatsbürger ein gültiger Personalausweis oder Reisepass ausreichend. Kinder unter 12 Jahren, auch Neugeborene müssen einen Kinderreisepass mit biometriefähigem Bild mitführen (bei Säuglingen ist man nicht so streng).

Fahrzeug:
Sie benötigen den Führerschein und die Fahrzeugpapiere.
Empfehlenswert ist die Mitführung einer internationalen grünen Versicherungskarte. Sie gilt als Versicherungsnachweis und hilft im Fall eines Unfalls bei der Abwicklung.

Tiere:
Der EU-Heimtierausweis mit einer eingetragenen Kennzeichnung (Chip oder Tätowierung) und die Tollwutimpfung werden anerkannt. Die Impfung muss mindestens 30 Tage alt sein und darf höchstens 12 Monate zurückliegen.

Straßengebühren:
Autobahnen oder autobahnähnliche Straßen (Weiß-grüne Beschilderung) sind in der Schweiz mautpflichtig. Die erforderliche Vignette gilt für **Fahrzeuge bis 3,5 t** und ist beim Zoll oder beim ADAC für 27,50 Euro erhältlich. Sie gilt jeweils für ein Jahr (plus Dezember des Vorjahres und Januar des Folgejahres). **Wir haben auf unsere Route durch die Schweiz auf Mautstraßen verzichtet!**
Besitzer von "Dickschiffen" aufgepasst!!! **Für Fahrzeuge über 3,5 t zulässiges Gesamtgewicht muss in der Schweiz für das gesamte Straßennetz eine Schwerlastabgabe entrichtet werden!**
Sie ist bei der Einreise am Zoll zu entrichten.
Die Gebühr kann für verschieden lange Zeiträume entrichtet werden z. B. für 1 bis 30 aufeinanderfolgende Tage- pro Tag 3,25CHF, **mindestens aber 25CHF**!

Höchstgeschwindigkeiten in km/h:

	bis 3,5t	über 3,5t
innerorts	50	50
außerorts	80	80
Schnellstraße	100	80
Autobahn	120	80

Die wichtigsten abweichend Verkehrsbestimmungen:
Innerorts haben Schienenfahrzeuge auf gleichberechtigten Straßen Vorfahrt.
In Tunnels muss das Abblendlicht immer eingeschaltet werden.
Gelbe Kreuze am Fahrbahnrand, welche mit einer gelben Linie verbunden sind, bedeuten Parkverbot, an gelben Linien Halteverbot.
Auf Bergstraßen muss im Bedarfsfall das abwärts fahrende Fahrzeug rechtzeitig anhalten.

Österreich:

Einreise:
Auch hier ist bei einem Aufenthalt bis zu drei Monaten nur der Personalausweis oder Reisepass nötig (Siehe auch Schweiz).
Fahrzeug:
Sie benötigen ebenfalls Führerschein und Fahrzeugpapiere. Die grüne Versicherungskarte ist empfehlenswert (siehe auch Schweiz).

Tiere:
EU-Heimtierausweis und Tollwutimpfung (siehe auch Schweiz).
Für Hunde ab einer Schulterhöhe von 50 cm besteht Leinenpflicht!

Straßengebühren:
Die Autobahnen und Schnellstraßen sind in Österreich meist mautpflichtig. Das "Pickerl" **für Fahrzeuge bis 3,5t** ist zum Beispiel beim ADAC, an Tankstellen und Kiosken in Grenznähe erhältlich. Die Jahresvignette (plus Dezember des Vorjahres und Januar des Folgejahres) kostet 73,80 Euro, die 2-Monatsvignette 22,20 Euro und die 10-Tages-Vignette 7,70 Euro. Fahrzeuge über 3,5 t benötigen die GO-BOX. **Aber auch in Österreich führt unsere Route nicht über mautpflichtige Straßen.**

Höchstgeschwindigkeiten in km/h:

	bis 3,5t	über 3,5t
innerorts	50	50
außerorts	100	70
Schnellstraße	100	70
Autobahn	130	80

Die wichtigsten abweichend Verkehrsbestimmungen:
Im Bereich von 80 m vor und nach Bahnübergängen herrscht Überholverbot.
Vorfahrtsberechtigte verlieren durch Anhalten die Vorfahrt.
An Schulbussen darf nicht vorbeigefahren werden, wenn Warnblinkanlage und die gelb-roten Warnleuchten eingeschalten sind.
In den meisten Städten gelten Kurzparkzonen-Regelungen, auf welche nur am Beginn und am Ende hingewiesen wird.
Am eingeschränkten Halteverbot darf maximal 10 Minuten geparkt werden.
Gelbe Zick-Zack-Linien bedeuten Halte- und Parkverbot.
Das Parken auf Fahrbahnen mit Gegenverkehr ist untersagt, wenn nicht mindestens zwei Fahrstreifen frei bleiben.
Kindern ist immer das Überqueren der Fahrbahn zu ermöglichen.
Im Falle einer Panne oder eines Unfalls ist außerorts das Tragen einer reflektierenden Warnweste beim Verlassen des Fahrzeugs Pflicht.
Tagsüber ist das Abblendlicht einzuschalten.

Zecken

Auf den Zeckenkarten, welche bei fast jedem Arzt im Wartezimmer hängen ist der gesamte Schwarzwald rot eingezeichnet und das heißt Risikogebiet. Nun sollten Sie sich bei aller Vorsicht nicht verrückt machen lassen. Natürlich kann eine Impfung für Leute die sich viel in freier Natur aufhalten sinnvoll sein. Dennoch ist es - auch wenn es von den Medien gerne so dargestellt wird - nicht "grob fahrlässig" ohne Impfschutz zu einer Wanderung aufzubrechen. Achtet man auf lange Beinkleidung und sucht sich abends nach den Plagegeister ab, so kann man Gefahr eines Bisses schon erheblich verringern. Denn eine Zecke ist meistens mehrere Stunden auf dem Körper unterwegs auf der Suche nach einer geeigneten Einstichstelle. Wird man dennoch gebissen, so erkrankt man bei weitem nicht automatisch an der gefürchteten FSME, denn nur ein geringer Prozentsatz der Zecken ist FSME verseucht. Wesentlich höher ist die Gefahr nach einem Zeckenbiss an Borreliose (eine bakterielle Infektion) zu erkranken. Dagegen wiederum gibt es keinen Impfschutz.
Wer sich fürs Impfen entscheidet, sollte rechtzeitig damit beginnen, denn um einen wirksamen Schutz aufzubauen, sind mindestens zwei von insgesamt drei Impfungen nötig.

Zum Schluss:
In eigener Sache - oder der Sache aller!?

Urlaub mit dem Wohnmobil ist etwas ganz besonderes. Man kann die Freiheit genießen, ist ungebunden, dennoch immer zu Hause, lebt mitten in der Natur - **wo man für sein Verhalten völlig selbst verantwortlich ist!**

Seit nunmehr 28 Jahren geben wir Ihnen mit unseren Reiseführern eine Anleitung für diese Art Urlaub mit auf den Weg. Außer den umfangreich recherchierten Touren haben wir viele Tipps allgemeiner Art zusammengestellt, unter ihnen auch solche, die einem WOMO-Urlauber eigentlich selbstverständlich sein sollten. Weil wir als Wohnmobiler die Natur in ihrer ganzen Schönheit und Vielfalt hautnah erleben dürfen, haben wir auch besondere Pflichten ihr gegenüber, die wir nicht auf andere abwälzen können.

Jährlich erhalten wir viele Zuschriften, Grüße von Lesern, die mit unseren Reiseführern einen schönen Urlaub verbracht haben und sich herzlich bei uns bedanken. Wir erhalten Hinweise über Veränderungen an den beschriebenen Touren, die von uns bei der Aktualisierung der Reiseführer Berücksichtigung finden.
Aber: Wir erhalten auch Zuschriften über das Verhalten von Wohnmobilurlaubern, die sich **egoistisch, rücksichts- und verantwortungslos** der Natur und ihren Mitmenschen - nachfolgenden Urlaubern und Einheimischen - gegenüber verhalten.
In diesen Briefen geht es um die Themen Müllbeseitigung, Abwasser- und Toilettenentsorgung. Es soll immer noch Wohnmobilurlauber geben, die ihre Campingtoilette nicht benutzen, dafür lieber den nächsten Busch mit Häufchen und Toilettenpapier "schmücken", die den Abwassertank nicht als Tank benutzen, sondern das Abwasser unter das WOMO trielen lassen, die ihren Müll neben dem Wohnmobil liegenlassen und davondüsen, alles frei nach dem Motto: **"Nach mir die Sintflut!"**

Liebe Leser!
Wir möchten Sie im Namen der gesamten WOMO-Familie bitten: Helfen Sie aktiv mit, diese Schweinereien zu unterbinden! Jeder Wohnmobilurlauber trägt eine große Verantwortung, und sein Verhalten muss dieser Verantwortung gerecht werden. Bestimmt hat mancher, dem Sie auf Ihrer Tour begegnen und der sich unwürdig verhält, das gleiche Büchlein in der Hand wie Sie. Er weiß zumindest jetzt, worum es geht. Sprechen Sie ihn an und weisen Sie ihn auf sein Fehlverhalten hin. Der nächste freut sich, wenn er den Stellplatz sauber vorfindet, denn auch er hat sich seinen Urlaub verdient!
Vor allem aber: Wir erhöhen damit die Chance, dass uns unsere über alles geliebte Wohnmobil-Freiheit noch lange erhalten bleibt.

Helfen Sie mit, den Ruf der Sippe zu retten!
Verhindern Sie, dass einzelne ihn noch weiter in den Schmutz ziehen!
Wir danken Ihnen im Namen aller WOMO-Freunde!

Ihr WOMO-Verlag

Stichwortverzeichnis

Der WOMO®-Pfannenknecht

ist die saubere Alternative zum Holzkohlengrill.

* Kein tropfendes Fett,
* Holz statt Holzkohle,
* vielfältige Benutzung –
* vom Kartoffelpuffer bis zur Gemüsepfanne.

Massive Kunstschmiedearbeit, campinggerecht zerlegbar, Qualitäts-Eisenpfanne von Rösle, bequeme Handhabung im Freien, einfachste Reinigung.

Nur 49,90 € – und nur bei WOMO!

Der WOMO®-Aufkleber

WOMO® fan
www.womo.de

* passt mit 45 cm Breite auch auf Ihr Wohnmobil.
* ist das weit sichtbare Symbol für alle WOMO-Freunde.

Nur 2,90 € – und nur bei WOMO!

Der WOMO®-Knackerschreck

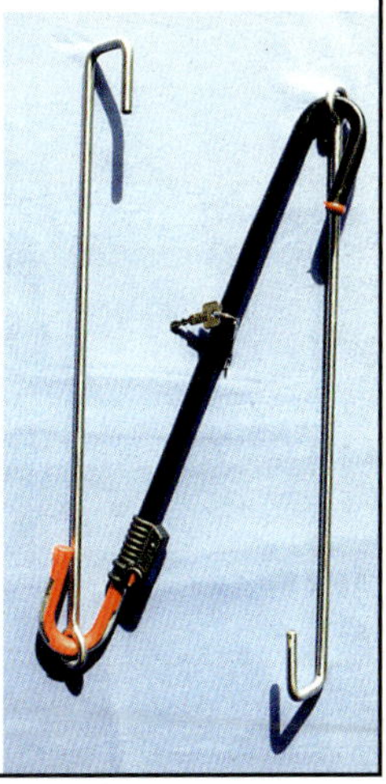

* ist die universelle und **sofort sichtbare Einbruchssperre**.
* Wird einfach in die beiden Türarmlehnen eingehängt, zusammengeschoben und abgeschlossen. (tagsüber unter Einbeziehung des Lenkrades, nachts direkt, somit ist Notstart möglich).
* Passend für Ducato, Peugeot, MB Sprinter sowie VW (LT & T4).
* Krallen aus 10 mm starkem (Edel-) Stahl, d. h. nahezu unverwüstlich.

Ab 44,90 € – und nur bei WOMO!

Info-Blatt für das WOMO-Buch: Schwarzwald '13

(ausgefüllt erhalte ich 10% Info-Honorar auf Buchbestellungen direkt beim Verlag)

Lokalität: Seite: Datum:

(Stellplatz, Campingplatz, Wandertour, Gaststätte, usw.)

unverändert gesperrt/geschlossen folgende Änderungen:

Lokalität: Seite: Datum:

(Stellplatz, Campingplatz, Wandertour, Gaststätte, usw.)

unverändert gesperrt/geschlossen folgende Änderungen:

Lokalität: Seite: Datum:

(Stellplatz, Campingplatz, Wandertour, Gaststätte, usw.)

unverändert gesperrt/geschlossen folgende Änderungen:

Lokalität: Seite: Datum:

(Stellplatz, Campingplatz, Wandertour, Gaststätte, usw.)

unverändert gesperrt/geschlossen folgende Änderungen:

Lokalität: Seite: Datum:

(Stellplatz, Campingplatz, Wandertour, Gaststätte, usw.)

unverändert gesperrt/geschlossen folgende Änderungen:

Lokalität: Seite: Datum:

(Stellplatz, Campingplatz, Wandertour, Gaststätte, usw.)

unverändert gesperrt/geschlossen folgende Änderungen:

Meine Adresse und Tel.-Nummer:

Nur komplett ausgefüllte, zeitnah eingesandte Infoblätter können berücksichtigt werden!

Wir bestellen zur sofortigen Lieferung: (Alle Preise in € [D], Preisänderungen vorbehalten)

❑ Wohnmobil Handbuch	19,90 €	❑ Heitere WOMO-Geschichten	6,90 €	❑ WOMO-Pfannenknecht	49,90 €
❑ Wohnmobil Kochbuch	12,90 €	❑ Gordische Lüge – WOMO-Krimi	9,90 €	❑ WOMO-Knackerschreck	ab 44,90 €
❑ Multimedia im Wohnmobil	9,90 €	❑ WOMO-Aufkleber "WOMO-fan"	2,90 €	Fahrzeugmarke/Bj.: ______	

WOMO-Reiseführer: Mit dem WOMO ins/durch/nach....

❑ Albanien	19,90 €	❑ Neuseeland	19,90 €	❑ Schwarzwald	17,90 €
❑ Allgäu	17,90 €	❑ Niederlande	19,90 €	❑ Schweden (Nord)	18,90 €
❑ Auvergne	17,90 €	❑ Normandie	17,90 €	❑ Schweden (Süd)	19,90 €
❑ Bayern (Nordost)	19,90 €	❑ Norwegen (Nord)	19,90 €	❑ Schweiz (West)	18,90 €
❑ Belgien & Luxemburg	18,90 €	❑ Norwegen (Süd)	19,90 €	❑ Sizilien	17,90 €
❑ Bretagne	18,90 €	❑ Österreich (Ost)	19,90 €	❑ Slowenien	17,90 €
❑ Burgund	17,90 €	❑ Österreich (West)	18,90 €	❑ Spanien (Nord/Atlantik)	17,90 €
❑ Dänemark	17,90 €	❑ Ostfriesland	19,90 €	❑ Spanien (Ost/Katalonien)	17,90 €
❑ Elsass	18,90 €	❑ Peloponnes	18,90 €	❑ Spanien (Süd/Andalusien)	17,90 €
❑ England	18,90 €	❑ Pfalz	17,90 €	❑ Süditalien (Osthälfte)	17,90 €
❑ Finnland	18,90 €	❑ Piemont/Aosta-Tal	19,90 €	❑ Süditalien (Westhälfte)	17,90 €
❑ Franz. Atlantikküste (Nord)	17,90 €	❑ Polen (Nord/Masuren)	17,90 €	❑ Süd-Tirol	18,90 €
❑ Franz. Atlantikküste (Süd)	17,90 €	❑ Polen (Süd/Schlesien)	17,90 €	❑ Thüringen	19,90 €
❑ Griechenland	19,90 €	❑ Portugal	17,90 €	❑ Toskana & Elba	19,90 €
❑ Hunsrück/Mosel/Eifel	19,90 €	❑ Provence & Côte d'Azur (Ost)	18,90 €	❑ Trentino/Gardasee	17,90 €
❑ Irland	18,90 €	❑ Provence & Côte d'Azur (West)	17,90 €	❑ Tschechien	18,90 €
❑ Korsika	17,90 €	❑ Pyrenäen	17,90 €	❑ Tunesien	17,90 €
❑ Kroatien (Dalmatien)	17,90 €	❑ Sachsen	19,90 €	❑ Türkei (West)	18,90 €
❑ Languedoc/Roussillon	19,90 €	❑ Sardinien	19,90 €	❑ Umbrien & Marken mit Adria	17,90 €
❑ Ligurien	17,90 €	❑ Schleswig-Holstein	19,90 €	❑ Ungarn	17,90 €
❑ Loire-Tal/Paris	17,90 €	❑ Schottland	18,90 €	❑ Venetien/Friaul	19,90 €
❑ Marokko	18,90 €	❑ Schwabenländle	17,90 €	.... und jährlich werden's mehr!	

Absender:

Datum Unterschrift

Schwarz '13

WOMO®-VERLAG

Versandabteilung

Wiesenweg 4-6

98634 Mittelsdorf/Rhön

DIE REISE- UND ERLEBNISFÜHRER

* Bequeme Touren durchs ganze Urlaubsland.
* Viele Plätzchen für freie Übernachtungen mit GPS.
* Genaue Hinweise auf viele Trinkwasserstellen.
* Die schönsten Badeplätze, die nicht jeder kennt.
* Bergtouren und Spaziergänge für groß und klein.
* Die besten Anreiserouten, Fähren, usw.
* 300 Tipps und Tricks – für Ausrüstung, Reisevorbereitung und Urlaub.
* Ausgefeilte Profipackliste.
* Spezialkarten mit supergenauen Einträge der freien Stellplätze, Trinkwasserstellen und Entsorgung.

DAS KOCHBUCH

* Einrichtung der WOMO-Küche.
* Lebensmittel-Grundausstattung.
* Konserven selbst gemacht.
* Backen in der Bratpfanne – Kuchen, Pizza, Brote.
* Viele, viele WOMO-Rezepte für zwei Gasflammen – einfach, schnell und lecker!
* Einkochen im Urlaub.
* Spezialrezepte für den Dampftopf.
* Der WOMO-Pfannenknecht.

DAS HANDBUCH

* Beratung bei Kauf und Miete.
* Gas-, Wasser-, Elektroinstallation.
* Einrichten des Wohnmobils.
* Tipps & Tricks fürs Wochenende.
* 3200 freie deutsche Stellplätze.
* 700 deutsche Entsorgungsstationen.
* Urlaubsvorbereitung, Profipackliste.
* .Stellplatz-Infos für ganz Europa.
* Wohnmobil und Wintersport.
* Der WOMO-Urlaubspartner-Service.
* Gastankstellen in ganz Europa.

Unsere Bücher erhalten Sie in jeder Buchhandlung oder auf Rechnung direkt vom Verlag. Hier gibt's auch die aktuellen Infos über unsere ständigen Neuerscheinungen. (Versandkosten 1,20 €, ab 10 € portofrei / Ausland 4 €, Preisänderungen vorbehalten).

24 Std.-Bestell-Telefon: 036946-20691*Fax: 036946-20692
Internet: www.womo.de * eMail: verlag@womo.de**